Intelligence artificielle et modélisation du risque de crédit

Collection « L'esprit économique »

fondée par Sophie Boutillier et Dimitri Uzunidis en 1996
dirigée par Sophie Boutillier, Blandine Laperche, Dimitri Uzunidis

Si l'apparence des choses se confondait avec leur réalité, toute réflexion, toute Science, toute recherche serait superflue. La collection « L'esprit économique » soulève le débat, textes et images à l'appui, sur la face cachée économique des faits sociaux : rapports de pouvoir, de production et d'échange, innovations organisationnelles, technologiques et financières, espaces globaux et microéconomiques de valorisation et de profit, pensées critiques et novatrices sur le monde en mouvement...
Ces ouvrages s'adressent aux étudiants, aux enseignants, aux chercheurs en sciences économiques, politiques, sociales, juridiques et de gestion, ainsi qu'aux experts d'entreprise et d'administration des institutions.

La collection est divisée en six séries :

Dans la série *Economie et Innovation* sont publiés des ouvrages d'économie industrielle, financière et du travail et de sociologie économique qui mettent l'accent sur les transformations économiques et sociales suite à l'introduction de nouvelles techniques et méthodes de production. L'innovation se confond avec la nouveauté marchande et touche le cœur même des rapports sociaux et de leurs représentations institutionnelles.

La série *Economie formelle* a pour objectif de promouvoir l'analyse des faits économiques contemporains en s'appuyant sur les approches critiques de l'économie telle qu'elle est enseignée et normalisée mondialement. Elle comprend des livres qui s'interrogent sur les choix des acteurs économiques dans une perspective macroéconomique, historique et prospective.

Dans la série *Le Monde en Question* sont publiés des ouvrages d'économie politique traitant des problèmes internationaux. Les économies nationales, le développement, les espaces élargis, ainsi que l'étude des ressorts fondamentaux de l'économie mondiale sont les sujets de prédilection dans le choix des publications.

La série *Krisis* a été créée pour faciliter la lecture historique des problèmes économiques et sociaux d'aujourd'hui liés aux métamorphoses de l'organisation industrielle et du travail. Elle comprend la réédition d'ouvrages anciens, de compilations de textes autour des mêmes questions et des ouvrages d'histoire de la pensée et des faits économiques.

La série *Clichés* a été créée pour fixer les impressions du monde économique. Les ouvrages contiennent photos et texte pour faire ressortir les caractéristiques d'une situation donnée. Le premier thème directeur est : mémoire et actualité du travail et de l'industrie ; le second : histoire et impacts économiques et sociaux des innovations.

La série *Cours Principaux* comprend des ouvrages simples, fondamentaux et/ou spécialisés qui s'adressent aux étudiants en licence et en master en économie, sociologie, droit, et gestion. Son principe de base est l'application du vieil adage chinois : « le plus long voyage commence par le premier pas ».

Karim Amzile

Intelligence artificielle et modélisation du risque de crédit

L'Harmattan

5-7, rue de l'École-Polytechnique ; 75005 Paris

http://www.editions-harmattan.fr/

ISBN : 978-2-14-031174-1
EAN : 9782140311741

Dédicace

Je dédie ce travail,

À mes chers parents, source de vie et d'amour.
À mon cher frère et mes chères sœurs, source de motivation et d'espoir.
À mes chers professeurs de la FSJES-Agdal.
À mes chers collèges de travail,
À mes chers amis
À vous chers lecteurs

Remerciement

Mes sincères premiers mots sont pour mon professeur Sâad BENBACHIR, je tiens à le remercier pour la confiance qu'il m'a accordée depuis le début, cette confiance m'a permis d'avoir la liberté d'appréhender cette recherche, je tiens à le remercier aussi d'avoir guidé mes pas jusqu' au terme de ce travail. Je le suis reconnaissant aussi pour ses conseils et tout le soutien qu'il m'a apporté.

Merci également à professeur HABACHI Mohammed pour l'intérêt qu'il a porté à mon travail et ses pertinents conseils et directives.

Je tiens à remercier aussi professeur Monsieur EL HADDAD Mohammed, ainsi mes sincères remerciements vont également aux professeurs Madame Jalila AIT SOUDANE et Monsieur Cheklekbire MALAININE, pour leurs conseils et remarques pertinentes qui m'ont conduit à parvenir à ce produit scientifique final.

Sommaire

Liste des figures

Liste des tableaux

Liste des annexes

Liste des abréviations

Liste des équations

Abstract

Traditional credit risk modeling models are characterized by their static nature. However, innovative approaches complement these models through the integration of new probabilistic and stochastic factors that serve to quantify this type of risk. Prudential regulations come later to defend the same goal, which is to protect credit institutions against the different risks through new agreements and recommendations to exploit new sophisticated tools.

Therefore, we have tried in this thesis to unravel the classical process of credit risk modeling. Thus, we have been able to evaluate and elucidate the performance of a number of methods derived from artificial intelligence in the management of said risk.

To this end, a range of classical and modern methods were compared according to their level of accuracy in predicting the creditworthiness of bank customers. Among the methods used, there are K-nearest neighbors (KPV/KNN), Decision Tree (AD/DT), Logistic Regression (LR), Artificial Neural Network (ANN), Support Vector Machines (SVM) and Naïve Bayes (NB). Subsequently and at the end of this work we compared the performance of the models obtained according to the metrics emanating from the confusion matrix.

At the end of our thesis, we compared the performance of each model by the evaluation metrics offered by the Python libraries, namely, the ROC curve and the AUC rate, as well as the accuracy, error ratios and many other metrics emanating from the confusion matrix.

In conclusion, the results of this comparative study reveal the importance of new techniques from artificial intelligence to the prediction of creditworthiness of bank customers, this importance lies in the performance of the models obtained in terms of quality of accuracy, but also the level of adaptability to the methods used with banking data.

Keywords: Credit risk, Linear Discriminant Analysis (LDA), Scoring, Logistic Regression (LR), SVM, K-NN, RNA, Python, Artificial Intelligence (AI), Data Mining (DM), Banking

Résumé

Les modèles classiques de modélisation du risque de crédit se caractérisent par leurs caractères statiques. Cependant les approches innovantes viennent compléter ces modèles via l'intégration de nouveaux facteurs probabilistes et stochastiques qui ont pour vocation de quantifier ce type de risque. La réglementation prudentielle vient par la suite pour défendre le même objectif qui est celui de protéger les établissements de crédit contre les différents risques via de nouveaux accords et des préconisations pour exploiter de nouveaux outils sophistiqués.

De ce fait, nous avons essayé dans la présente étude de décortiquer le processus classique de modélisation du risque de crédit. Ainsi, nous avons pu évaluer et élucider la performance d'un certain nombre de méthodes issues de l'intelligence artificielle dans la gestion dudit risque.

À cet effet, une panoplie de méthodes classiques et modernes ont été comparées selon leurs niveaux de précision de prédictibilité de la solvabilité des clients bancaires. Parmi les méthodes utilisées, il y a K-plus proches voisins (KPV/KNN), Arbre de Décision (AD/DT), Régression logistique (RL), Réseau de Neurones artificiels (RNA/ANN), les machines à vecteurs de support (MVS/SVM) et Naïve Bayes (NB). Par la suite et au terme de ce travail, nous avons comparé la performance des modèles obtenus, selon les métriques émanant de la matrice de confusion.

À l'issue de notre étude, nous avons comparé le rendement de chaque modèle par les métriques d'évaluation offertes par les librairies de Python, notamment, la courbe ROC et le taux AUC, ainsi nous avons utilisé les métriques Accuracy, Précision, les ratios d'erreur et bien d'autres métriques émanant de la matrice de confusion.

En guise de conclusion, les résultats tirés de cette étude comparative dévoilent l'importance des nouvelles techniques issues de l'intelligence artificielle à la prédiction de solvabilité des clients bancaires, cette importance réside dans la performance des modèles obtenus en termes de qualité de précision, mais aussi le niveau d'adaptabilité aux méthodes utilisées avec les données bancaires.

Mots clefs : Risque de crédit, Analyse Discriminante Linéaire (AD), Scoring, Régression logistique (RL), SVM, K-NN, RNA, Python, Intelligence artificielle (IA), Data Mining (DM), Banque

Introduction générale

Les banques ont pour mission de protéger l'argent et d'autres objets de valeur pour leurs clients, elles fournissent également des prêts, des services de crédit et de paiement tel que les comptes courants et les chèques de caisse. Les banques peuvent également offrir des produits d'investissement et d'assurance ainsi qu'une vaste gamme de services financiers.

La nature même de l'activité bancaire est si sensible vu que plus de 80 % de leur passif sont des dépôts de clients (Saunders, Cornet, 2005). Cependant, les banques utilisent ces dépôts pour générer du crédit pour leurs emprunteurs, ce qui est en fait une activité génératrice de revenus pour la plupart des banques.

En outre, la création des crédits est la principale activité génératrice de revenus pour les banques. Mais cette activité comporte d'énormes risques pour le prêteur et l'emprunteur. Ce processus de création de crédit expose les banques à un risque de défaut élevé qui pourrait entrainer des difficultés financières. Tout de même, à côté d'autres services, les banques doivent créer de crédits pour leurs clients afin de faire de l'argent, de croître et de survivre à une concurrence féroce sur le marché.

Toutefois, le risque qu'un client ne remplisse pas ses obligations en vertu du contrat à la date d'échéance ou à tout moment peut compromettre grandement le bon fonctionnement des activités d'une banque. D'autre part, une banque avec un risque de crédit élevé a un risque de faillite élevé qui met les déposants en danger.

De ce fait, le risque de crédit est devenu un sujet de grande préoccupation pour la plupart des autorités bancaires et des organismes de réglementation bancaire, ainsi que le risque de crédit qui peut facilement et très probablement conduit à la faillite de la banque, à cet effet une meilleure gestion dudit risque aura des retombés tangibles sur les plus-values de la banque.

Le risque de crédit peut être défini comme étant la possibilité qu'un emprunteur bancaire, qu'il soit particulier ou professionnel, ne remplisse pas ses obligations conformément aux modalités convenues lors de la conclusion du contrat de crédit.

Alors que l'objectif de la modélisation du risque de crédit est de maximiser le taux de rendement ajusté du risque d'une banque, en maintenant l'exposition au risque de crédit dans des paramètres acceptables. La modélisation du risque de crédit a pour objectif d'assigner des clients à l'un des deux groupes : solvable ou non-Solvable, étant donné qu'un client qui appartient au groupe Solvable est considéré comme susceptible de rembourser son obligation financière.

En effet, la modélisation du risque de crédit ou bien la gestion du risque de crédit (GRC) est l'un des principaux processus des banques visant à évaluer, mesurer et contrôler les risques découlant de la probabilité de défaut (PD) dans les remboursements de prêts. Ce processus affecte leurs approches stratégiques et opérationnelles concernant la diversification du portefeuille de crédits, l'allocation de capital la plus efficace, l'évaluation des besoins en fonds propres et en liquidité et les politiques commerciales d'octroi de crédits à la clientèle, etc. (Van Gestel et aesens, 2008, Saunders et Allen, 2010).

Par conséquent, une gestion adéquate et rationnelle du risque de crédit dans les établissements financiers est essentielle à la survie et à la croissance dudit établissement. Dans le cas des banques, la question de modélisation du risque de crédit préoccupe les responsables bancaires, en raison des niveaux plus élevés de risques perçus découlant de certains profils de clients et des conditions d'affaires dans lesquelles ils se trouvent.

En outre, le désordre des marchés financiers qui a accompagné la crise financière de 2007 a mis l'accent sur la grande proportion des banques qui repose sur le crédit (Thomas, 2009). Cependant, après l'avènement de cette crise, la modélisation du risque de crédit est devenue une étape sine qua non dans le processus d'évaluation du risque de crédit que représente un client (Hand et Henley, 1997).

La gestion du risque est un concept applicable à de nombreux domaines, le secteur bancaire reste le principal secteur d'activités soumis à cette notion. En effet, les opérations de prêt dans une banque font paraitre le risque qu'un débiteur n'a pas la capacité d'honorer sa dette à échéance. Ce risque est lié à trois paramètres fondamentaux, à savoir le montant du crédit, la probabilité de défaut et la part de non-recouvrement de la créance en cas de défaut.

À cet effet, les banques doivent gérer le risque de crédit inhérent à l'ensemble du portefeuille ainsi que le risque inhérent à chaque crédit ou transaction, les banques devraient également tenir compte des relations entre le risque de crédit et les autres risques. La gestion efficace du risque de crédit est un élément essentiel d'une approche globale de la gestion du risque et primordiale sur le long terme de toute organisation bancaire, bien que ce risque doive être géré actuellement par des méthodes plus sophistiquées et robustes.

Ainsi, les réglementations prudentielles imposent aux banques des contraintes strictes dans la gestion de leur risque de crédit. De ce fait, les banques utilisent une panoplie de méthodes classiques pour la modélisation du risque de crédit. Parmi ces techniques, nous pouvons citer l'analyse discriminante linéaire et la régression linéaire et logistique.

Cependant, plusieurs auteurs (Eisenbeis 1977 ; Deakin, 1976; Joy et al, 1975) ont adressé un certain nombre de critiques à l'encontre de ces méthodes classiques, qui portent surtout sur le caractère contraignant des hypothèses de base nécessaires pour leur mise en œuvre. L'hypothèse restrictive la plus critiquable est l'hypothèse de la normalité des lois des variables retenues.

Ces dernières années, ces facteurs intrinsèques de complexité de la GRC se sont accrus suite à l'évolution de la législation visant à faire face aux crises financières internationales et aux risques potentiels de défaut des banques (Wilson et al., 2010 ; Giovannoni et al., 2016).

Dans le contexte européen, les principales mesures dans ce domaine concernaient, entre autres : les nouvelles exigences de fonds propres introduites en 2010 par « Bâle III », qui seront renforcées en 2021 par « Bâle IV » ; les « Principles for a Effective Risk Appetite Framework » publiés en 2013 par le Conseil de stabilité financière ; les nouvelles mesures sur les systèmes de contrôle interne bancaire, qui ont intensifié les activités de contrôle sur le suivi de la performance du crédit (EBA, 2011) ; la nouvelle « approche des pertes attendues » introduite par IFRS[1]-9 qui a également impacté les appréciations managériales des variables de risque de crédit et la classification de la solvabilité des clients.

Malgré les différentes perspectives, ces mesures affectent toutes les phases du processus de modélisation du risque de crédit bancaire. Elles visent notamment à renforcer les dispositifs de mesure du risque de crédit, avec un impact significatif sur le calcul de l'adéquation des fonds propres à allouer aux actifs bancaires, y compris les prêts accordés, en fonction des pondérations de risque attribuées aux différentes expositions.

Ainsi, pour le risque de crédit, le dispositif Bâle III offre un éventail d'options comprises entre l'approche standard, qui pondère l'exposition des banques en fonction de la notation externe du risque de crédit de chaque emprunteur, et l'approche Internal Rating-Based (IRB).

Ce dernier, prévu dans une version « fondation » et « avancée », permet aux banques de s'appuyer sur les différents degrés de sophistication de leurs systèmes internes de mesure du risque de crédit de l'emprunteur. Ainsi, leurs appréciations de la qualité de crédit du client se reflètent directement dans le montant minimum qu'ils doivent détenir pour les exigences de fonds propres.

Ces systèmes de mesure du risque de crédit, et notamment celles de l'IRB, doivent accompagner la GRC bancaire en fournissant des estimations de risque de crédit de plus en plus sophistiqué associées, notamment, à la PD, qui mesure la probabilité que l'emprunteur fasse défaut dans les 12 prochains mois, la Loss Given Default (LGD), qui mesure la quantité d'expositions qui sera perdue en cas de défaut, et l'Exposition en cas de défaut (EAD), qui mesure pour les engagements de prêt le montant de la facilité qui est susceptible d'être utilisé en cas de défaut.

L'analyse de ces facteurs de risque de crédit varie selon le rôle attribué par la GRC de chaque banque à une série de variables qui influent sur l'appréciation de la solvabilité du demandeur et le coût associé du prêt. Ces éléments concernent le type de client (privé, entreprise, organismes publics, etc.), la valeur des garanties, le rôle du client dans les politiques commerciales

---

[1] Les normes IFRS (International financial reporting standards). Sont les normes internationales d'informations financières destinées à standardiser la présentation des données comptables échangées au niveau international.

de la banque et d'autres caractéristiques de l'historique de crédit de l'emprunteur.

Dans le cas d'une entreprise, les évaluations de ces facteurs sont étayées par des paramètres quantitatifs, par des paramètres qualitatifs (tels que des indicateurs statistiques sectoriels, ou la position de marché de l'entreprise, ratios financiers), en analysant ses relations avec le système bancaire et surtout l'historique de crédit de l'entreprise auprès de la banque prêteuse afin de définir un score de crédit et d'estimer la PD (Van Gestel et al 2008 ; Saunders et al, 2010).

Dans ce cadre, il existe plusieurs approches de mesure du risque de crédit utilisées par les banques, avec une gamme d'options diversement étudiées par la littérature (Allen et Powell, 2011 ; Altman et al., 2004 ; Onay et Ozt urk, 2018), qui partent des modèles de notation de crédit externe, fournis par des entreprises spécialisées dans l'analyse de crédit, et s'étendent aux modèles d'analyse de notation de crédit discriminante multiple initiés par Altman (Altman, 1968).

Cependant, pour pallier les insuffisances de ces méthodes classiques, d'autres méthodes de GRC ont vu, le jour, exploitant l'importance de la base de données dont disposent les banques. Une panoplie de méthodes du Data Mining (DM) issues de l'intelligence artificielle (IA) ont été introduites récemment pour exploiter la masse de données (Big Data) disponibles dans plusieurs domaines (Marketing, Éducation, Robotique, Médicine, banques, Assurances ...).

Ces techniques ont dévoilé leurs importances dans la modélisation du risque de crédit, et ce, via une panoplie de recherches scientifiques, et des chercheurs qui ont manié ces techniques et qui ont trouvé qu'il est important de profiter de la capacité et de la robustesse de ces techniques dans la modélisation du risque de crédit en utilisant les données volumineuses stockées au préalable par les établissements de crédit.

Par conséquent, ces techniques du DM issues de l'IA permettent aux banques de développer des modèles plus avancés pour prévoir les risques de crédit, encourageant ainsi l'augmentation des investissements dans les applications d'analyse prédictive connexes pour soutenir les approches de GRC (FBS, 2017). En fait, une banque peut tirer parti de l'énorme croissance des données à de nombreux égards, en extrayant des connaissances utiles pour améliorer les processus de prise de décisions.

En d'autres termes, DM représente le cœur du processus de découverte des connaissances (Mackinnon et Glick, 1999) et leur transformation en connaissances utiles est devenue un facteur critique de succès dans la gestion de toutes les entreprises, y compris la banque (Chitra et Subashini, 2013). En effet, dans le secteur de l'intermédiation financière, le phénomène récent des « FinTech » révolutionne les moteurs de l'activité consolidée les modèles et les acteurs traditionnels du marché (Goldstein et al., 2019). En détail, les techniques d'exploration de données peuvent être adoptées pour résoudre des problèmes commerciaux en trouvant des modèles, des associations et des corrélations qui sont cachées dans les informations commerciales stockées dans la base de données (Frawley et al., 1992).

Ainsi, la littérature a étudié l'efficacité de DM dans la GRC bancaire grâce à l'utilisation de différentes techniques telles que l'apprentissage automatique (Lessmann et al., 2015), les réseaux de neurones (Angelini et al., 2008) ou les modèles hybrides (Tsai et Chen, 2010), afin de développer des approches avancées de modélisation des risques pour estimer la PD, ou construire des modèles d'alerte précoce, ou de gérer les prêts non productifs (Saunders et Allen, 2010 ; Kruppa et al., 2013 ; Chitra et Subashini, 2013 ; Bruno et al., 2015 ; Bjorkegren et Gris-sen, 2018).

L'avènement des nouveaux outils de modernisation des services financiers a été accueilli avec beaucoup d'enthousiasme par tous les intervenants du secteur bancaire. La possibilité actuelle pour les banques de se diversifier dans une gamme plus large de services et de produits qui vont rendre la vie vraiment flexible pour les clients et les gestionnaires bancaires. Mais cet avantage de diversification devrait être consommé avec une certaine prudence, car cela implique beaucoup de risque.

C'est dans ce cadre que notre projet de recherche s'inscrit, dont la vocation est d'étudier le comportement des méthodes issues de l'intelligence artificielle dans la modélisation du risque de crédit, c'est dans ce contexte-là que la problématique abordée dans ce travail découle, à cet effet, notre étude a pour vocation de répondre à deux questions fondamentales à savoir :

Comment peut-on faire pour perfectionner la modélisation du risque de crédit en utilisant les techniques issues de l'intelligence artificielle ?

Est-ce que ces techniques peuvent être une meilleure alternative des méthodes statistiques classiques dans la modélisation du risque de crédit ?

À cet effet, nous avons suivi la voie scientifique pour réaliser notre étude, cependant inscrire son projet de recherche dans un paradigme épistémologique impose beaucoup de contraintes au chercheur, mais en même temps, il cadre son travail de recherche et lui procure une valeur scientifique.

En outre, l'épistémologie est l'étude de la constitution des connaissances valables. Bien que, se positionner épistémologiquement, choisir sa posture épistémologique ou encore définir son paradigme épistémologique signifie que le chercheur se rejoint aux principes des techniques et valeurs d'une communauté scientifique.

Cependant, sur le plan méthodologique, le choix du paradigme épistémologique est l'une des décisions les plus déterminantes dans tout le processus de recherche. En effet, l'inscription dans un paradigme conditionnerait en grande partie notre raisonnement méthodologique.

De ce fait, pour notre étude nous avons opté le paradigme épistémologique positiviste[2], étant donnée, que les positivistes partent de « l'observation de

[2] " le mot positif désigne le réel" (Le Moigne, 1995)

faits particuliers pour remonter à des lois générales » (Gavard-Perret et al 2012). Par ailleurs, ils préconisent la méthode expérimentale et la vérification d'hypothèse par les tests statistiques (Gavard-Perret et al 2012).

Cependant, les positivistes préconisent une démarche de type hypothético-déductif, qui commence avec une problématique et les répartir sous forme de questions et se transforment en hypothèses qui vont être testées au terme du travail de recherche. La notion hypothético-déductive qualifie également un process qui s'appuie sur des propositions hypothétiques pour en déduire des conséquences logiques.

Ainsi, une approche déductive consiste à élaborer une ou plusieurs hypothèses sur la base d'une théorie existante, puis à suivre une méthodologie appropriée et à constituer un plan de recherche pour tester l'hypothèse.

La principale préoccupation et problématique de notre étude centrée sur deux axes complémentaires ; le premier explore l'importance des techniques du Data Mining issues de l'Intelligence artificielle (IA) à la prédiction de la solvabilité des clients bancaires et bien évidement la modélisation du risque de crédit, quant au deuxième axe, il franchit la performance de ces techniques vis-à-vis aux méthodes statistiques classiques.

À cet effet, nous avons soulevé 2 hypothèses :

H_1 : Les méthodes du Data Mining issues de l'Intelligence artificielle utilisées à la prédiction de la solvabilité des clients bancaires, sont performantes en termes du niveau de prédictibilité et de précision.

H_2: Les techniques du Data Mining issues l'Intelligence artificielle représentent une meilleure alternative des méthodes classiques de statistiques dans la modélisation du risque de crédit.

Pour vérifier ces 2 hypothèses susvisées, nous devons suivre une méthodologie bien ficelée, de ce fait, le choix d'un meilleur processus de construction de modèles de prédiction de la solvabilité des clients bancaires est crucial ; pour une gestion efficace du risque de crédit, il permet, s'il est rigoureux, l'obtention d'un modèle qui réduit les risques assumés par les banques ou au moins il conduit à les prendre en toute connaissance de cause.

En effet, afin de répondre à notre problématique et vu que nous avons adopté une approche quantitative, qui suit principalement la méthode scientifique de confirmation, à cet effet, nous avons choisi comme méthodologie de travail de suivre les étapes suivantes :

- Exposer la problématique ;
- Revue de la littérature et présentation des hypothèses à vérifier ;
- Énumération des théories, ainsi que les différentes méthodes adoptées dans le présent travail ;
- Définition de l'outil de modélisation ainsi que les différentes métriques que nous avons utilisés pour évaluer les différents modèles, et ce, en suivant le processus adopté par les méthodes du Data Mining.

Par conséquent, le processus adopté par les techniques du Data Mining, se répartit selon les quatre phases ci-après :

La sélection et prétraitement des données :

Dans cette étape, nous préparons les données que nous allons utiliser pour entrainer notre modèle, cette phase représente le noyau de notre processus de modélisation. Nous commençons par le nettoyage des données et la détection des valeurs aberrantes ou seulement atypiques, par la suite nous faisons une étude des distributions des structures de corrélation afin de choisir les meilleures variables explicatives, par la suite nous procédons à la codification des données qualitatives pour le cas des méthodes qui ne supportent que des valeurs quantitatives (RNA…).

La préparation des données :

Dans cette seconde étape, nous procédons à une préparation structurelle des données, qui consiste à diviser les données en ensembles d'apprentissages, de test et de validation, l'intérêt de cette répartition des données et d'éviter le surapprentissage (**Over-ffiting**) ou le sous-apprentissage (**Under-ffiting**), mais aussi de fournir une source de données juste pour évaluer les performances du modèle obtenu.

Le choix du meilleur outil et la meilleure méthode du DM :

Dans cette étape, nous procédons au choix d'un moyen d'exploitation des méthodes émanant de DM, ainsi, il existe une panoplie d'outils, il y en a ceux qui sont sophistiqués avec un accès non-libre, et d'autres qui ont un accès libre et qui sont gratuits, mais qui offrent des fonctionnalités très limitées.

Dans notre étude, nous avons choisi un langage de programmation (Python) assez puissant, en matière de fonctionnalités, mais aussi en termes de sa robustesse de manipulation des données assez volumineuses.

Quant au choix de la méthode qui sera utilisée pour modéliser notre problématique, il faut comparer les modèles optimaux obtenus (pour chaque méthode utilisée), et ce, par estimation de l'erreur de prévision sur l'échantillon test ou bien par la comparaison des différentes métriques d'évaluation des modèles obtenus.

L'évaluation et la validation des modèles :

Après avoir choisi la méthode retenue en fonction de ses capacités de prédiction et de sa robustesse, l'étape de validation du modèle par la proportion de test arrive, cela va nous permettre de nous assurer sur le niveau de robustesse de notre modèle en termes de précision, mais éventuellement, de l'interprétabilité.

En somme, cette étude présente certains objectifs, théoriques et managériaux. Ce travail part du constat que les banques ont besoin d'un modèle de prédiction de la solvabilité des clients, étant donné que ces modèles doivent fournir une précision et une prédictibilité assez élevée.

D'un point de vue théorique, cette recherche tend à contribuer à fournir des modèles émanant des techniques du DM issues de l'IA. De ce fait, cette étude défend l'idée que les techniques issues de l'intelligence artificielle peuvent être une meilleure alternative des techniques de statistique classique.

D'un point de vue managérial, les retombées managériales de cette étude sont importantes. Les décideurs dans le secteur bancaire auront des outils innovants, faciles et rapides à mettre en œuvre, en leur permettant d'évaluer la solvabilité des clients bancaires et bien évidemment la modélisation du risque de crédit. En effet, les modèles proposés cherchent à mettre en évidence l'importance d'utilisation des nouvelles méthodes de l'intelligence artificielle dans la modélisation du risque de crédit.

À cet effet, nous avons réparti notre étude en deux parties, la première aborde les soubassements théoriques pour guider une recherche de modélisation du risque de crédit, et elle est scindée en trois chapitres ; le premier décrit soubassements théoriques et démarche méthodologique de la recherche, alors que le deuxième expose les fondements théoriques de la modélisation du risque de crédit, quant au troisième chapitre, nous avons énuméré les différentes approches de modélisation du risque de crédit

Pour la deuxième partie, elle traite la modélisation du risque de crédit en utilisant les techniques du data Mining ; il s'agit d'une étude faite sur le comportement de demi-douzaine méthodes différentes relavant du Data Mining, pour ce faire, nous avons réparti cette partie en trois chapitres. Dans le premier chapitre, nous avons étudié et illustré les différentes techniques du data Mining, ainsi nous avons illustré les valeurs statistiques des données utilisées, par la suite nous avons élaboré les modèles de prédiction de la solvabilité des clients d'une banque avec différentes méthodes proposées, à savoir SVM, K-NN, ANN, AD, NB et RL, à l'issue de cette partie nous avons synthétisé les résultats atteints par une étude comparative des différents résultats obtenus en termes de précision et de qualité de prédiction.

Partie 1 : les soubassements théoriques pour guider une recherche de modélisation du risque de crédit.

Un prêt est une dette et comme tous les instruments de dette, un prêt implique la redistribution des actifs financiers au fil du temps, entre le prêteur et l'emprunteur. L'emprunteur reçoit initialement une somme d'argent du prêteur, qu'elle doit être remboursée, mais parfois pas toujours en versements réguliers.

Cependant, chaque opération de crédit représente un service, qui est généralement fourni en contrepartie d'une rémunération, connue sous le nom d'intérêt sur la dette. Le prêteur peut soumettre l'emprunteur à certaines restrictions appelées engagements de prêt. L'une des principales obligations des établissements financiers est de fournir des prêts, qui sont généralement la source de revenus des banques, les prêts bancaires et le crédit constituent également l'un des moyens d'accroître la masse monétaire dans l'économie.

Ainsi, un établissement de crédit peut rencontrer différents types de risque : risque de crédit, risque de marché (risque de taux d'intérêt, risque de change, risque de modèle), risque opérationnel (risque de désastre, risque de fraude, risque de traitement, risque technologique), risque de liquidité et risque stratégique.

De nos jours, dans le secteur financier et précisément le secteur bancaire, le risque majeur demeure le risque de crédit qui est également la forme la plus ancienne du risque sur le marché des capitaux. Bien que la plupart des banques, les prêts représentent la source la plus importante et la plus évidente de risque de crédit.

Toutefois, les banques ont connu des difficultés au fil des années, et ce, pour de nombreuses raisons, la principale cause de graves problèmes bancaires demeure liée directement au laxisme des normes de crédit pour les emprunteurs et les contreparties et à la mauvaise gestion du risque de portefeuille, ou un manque d'attention à l'évolution des circonstances économiques ou autres pouvant conduire à une détérioration de la qualité de crédit des contreparties d'un établissement de crédit.

En outre, d'autres sources de risque de crédit existent tout au long des activités d'une banque, y compris dans le portefeuille bancaire, tant au bilan qu'à l'extérieur. Les banques sont de plus en plus confrontées au risque de crédit (ou au risque de contrepartie) dans divers instruments financiers autres que les prêts, y compris les transactions interbancaires, le financement des opérations commerciales, les opérations de change, les contrats financiers à terme, les swaps, les obligations, les actions, les options, et dans l'extension des engagements et des garanties, et le règlement des transactions.

CROUHY, 2000 affirme que le risque de crédit et la codification des relations entre prêteurs et emprunteurs étaient déjà au cœur des préoccupations des rois des premières civilisations. Ainsi, ceux qui avaient des dettes étaient autorisés à ne pas payer d'intérêt pendant un an. C'était le premier contrat d'option qui n'ait jamais été écrit, permettant ainsi le transfert du risque d'une mauvaise récolte de l'emprunteur au prêteur, et créant ainsi un risque de crédit pour le prêteur.

À cet effet, le processus de modélisation du risque de crédit, dont l'objectif est d'aider les banques et les autorités de contrôle à satisfaire aux contraintes réglementaires, doit rassembler les trois éléments fondamentaux suivants : l'évaluation des risques, la gestion et le contrôle des expositions, ainsi que la surveillance permanente des risques.

Les techniques de modélisation du risque de crédit ont connu un développement considérable depuis les années quatre-vingt-dix. Tout en élevant la performance du système, leur progrès a aussi accru sa complexité et sa fragilité, mais il faut probablement un temps de gestation.

Bien que l'évaluation du risque de crédit revienne à se poser la question de la solvabilité de l'emprunteur considéré. Cette solvabilité dépend non seulement d'éléments internes, intrinsèques à l'emprunteur, mais aussi d'éléments contextuels externes, tels que le chiffre d'affaires, niveau d'endettement actuel pour le cas d'une entreprise, ou bien le salaire et le lieu de résidence pour le cas d'un particulier.

De ce fait, cette partie sera structurée en trois chapitres. Le premier chapitre sera dédié aux soubassements théoriques et à la démarche méthodologique de la recherche. Le deuxième sera dédié au fondement théorique de la modélisation du risque de crédit, quant au dernier chapitre exposera les approches de modélisation du risque de crédit.

Chapitre 1 : soubassements théoriques et démarche méthodologique de la recherche

Les études de recherche constituent des processus complexes visant à résoudre des problèmes donnés. Cependant, leurs résultats peuvent être de nature cognitive. Toutefois, la recherche peut être effectuée en vue d'aboutir à des objectifs pratiques déterminés, réalisés dans toutes les branches, ainsi la recherche se compose d'éléments figés, à savoir l'analyse et la synthèse. Cependant, l'apport des éléments particuliers dépend du caractère des phénomènes examinés.

Par conséquent, tout travail de recherche est une production de la connaissance. Quel que soit, peu ou trop investigué, dans lequel éventuellement, des travaux ont été développés. La condition d'un travail de recherche est d'apporter une valeur ajoutée à l'édifice de la connaissance dans tel ou tel domaine. (Source : http://www.babounia.com/mdr.pdf)

Toutefois, pour qu'une recherche en sciences de gestion progresse, il est important que les chercheurs évaluent les méthodes qu'ils utilisent. Les retombées des études de gestion dépendent de la pertinence et de la rigueur des méthodes de recherche choisies. Les choix de conception concernant l'instrumentation, l'analyse des données, la validation des concepts, etc. Peuvent affecter les types de conclusions tirées (Sackett et al., 1990).

Dans ce chapitre nous allons présenter les principes qui influent sur le choix de la piste d'une recherche scientifique et de donner une image globale des positions épistémologiques et méthodologiques possibles dans les sciences de gestion, ainsi que des différentes méthodes et techniques susceptibles d'être utilisées au cours des étapes d'un travail de recherche, et bien évidemment aussi dans le présent travail.

Section 1 : soubassements théoriques de la recherche scientifique

1 Type de recherche scientifique

Une panoplie de classification du type de recherche est distinguée par les chercheurs. Néanmoins, une des classifications de la recherche peut être présentée en termes du résultat obtenu de l'étude. Différents types d'études peuvent être planifiés à savoir :

- Étude exploratoire,
- Étude descriptive,
- Étude analytique :
  - Explicative et confirmative,

Tableau 1: les différents types de recherche [Voss (1999)] (Reproduit par nos propres soins)

Type de recherche	Description
Exploratoire	• essayer de connaître davantage sur un sujet sur lequel le chercheur connaît très peu • conçu pour fournir des résultats utiles avec des prétentions minimales
Descriptive	• tentatives d'expliquer ou prévoir des résultats basés sur des effets d'autres variables • peut impliquer les expériences et les aperçus qui examinent la théorie
Analytique - explicative - confirmatoire	• tentatives d'expliquer ou prévoir des résultats basés sur des effets d'autres variables • peut impliquer les expériences et les aperçus qui examinent la théorie
Étude pilote	• l'étude préliminaire est conçue pour obtenir l'information qui peut aider à déterminer si davantage de recherche est justifiée • en général, incapable de fournir des résultats concluants définitifs
Développement d'échelle	• le but primaire est de développer un instrument de mesure pour un ou plusieurs concepts liés aux objectifs de recherches

2 Le lien entre la théorie et la pratique :

S'il y a coopération entre le chercheur et l'organisation, et si l'objectif est de produire des connaissances valables à la fois en termes scientifiques et pratiques, il faut convenir que la théorie et la pratique sont liées méthodologiquement.

Dans le cadre de la science empirique, la connaissance est formée par une vérification des hypothèses de recherche liée à la recherche ; elle fait appel à la fois aux logiques d'induction et aux logiques formelles classiques. Dans les sciences de gestion, il est recommandé de créer des théories scientifiques conformément à ce concept, c'est-à-dire en passant des détails aux généralisations (Niemczyk, 2016).

La recherche empirique fait surtout référence à l'évaluation, en fonction de la taille, d'un ensemble de phrases logiques potentielles qui confirment une hypothèse donnée. À cette fin, quelques solutions ont été élaborées, à savoir (Niemczyk, 2016, p. 21) :

Cependant, les méthodes de recherche empirique sont des méthodes appropriées pour les sciences de gestion. Au sens large, il faut exploiter des méthodes adéquates permettant de vérifier les hypothèses de recherche et de répondre aux questions de recherche. Les méthodes déductives, complétées par l'intuition devraient être une source d'hypothèse de recherche ou une base pour formuler des questions de recherche. La réalisation d'une recherche en sciences de la gestion exige davantage de discipline de recherche (Niemczyk, 2011).

Toutefois, les méthodes de recherche ont fait l'objet, au cours des dernières années, de changements et de développements profonds. Dans les sciences de gestion, nous pouvons observer une tendance à rejeter la pensée traditionnelle qui est basée sur les modèles standardisés, et ce en faveur de la pensée combinatoire[3].

3 Le rôle du chercheur :

La principale mission d'un chercheur réside dans le fait de concevoir et **conduire** des projets de recherche concernant l'acquisition de connaissances abstraites ou spéculatives. Ainsi, un chercheur vérifie des hypothèses par des expérimentations appropriées. Il élabore et organise les interprétations théoriques des expériences et des analyses.

Le souci de comprendre signifie que le rôle du chercheur est de découvrir comment fonctionne le système en question et, en même temps, comment il

[3] Sur le plan de la mathématique, la combinatoire est la discipline qui étudie les lois des différentes formes de combinaison que l'on peut faire entre des objets (lois mathématiques concernant les permutations, les arrangements avec ou sans répétition d'objets, etc.). En psychologie génétique, la combinatoire désigne cette forme de la pensée formelle qui consiste à combiner de façon systématique, selon des principes proches de ceux que dégage par ailleurs la mathématique, soit des objets matériels, soit des propositions logiques et les opérations qui les relient.

évoluerait si certaines mesures étaient adoptées. **Piaget** [4]Dira plus tard que *" knowledge is not the discovery of necessities but the up-dating of possible ". « La connaissance n'est pas la découverte des nécessités, mais la mise à jour des possibles ».*

Lewin [5]*a défini* ***le rôle du chercheur*** *en ces termes :*

"Il peut enquêter sur ce qu'il convient de faire pour atteindre certains objectifs sociaux. Il peut obtenir des données qui seront importantes pour l'analyse d'une politique donnée et de ses effets, et qui seront pertinentes pour toute détermination rationnelle de la politique".

Ainsi, un chercheur, en analysant un problème de recherche donné, est obligé de lutter énormément pour trouver la bonne méthode de recherche pour analyser le phénomène donné. En outre, il doit également élaborer un programme de recherche qui couvre non seulement un domaine de recherche défini, mais aussi un problème de recherche précis et ses objectifs. Le plus souvent, le choix de la boîte à outils peut dépendre de l'objectif de recherche adopté (Niemczyk, 2016, p. 23-24).

4 Les étapes d'élaboration d'une recherche scientifique :

Tableau 2 : Les étapes d'élaboration d'une recherche scientifique (F. Chaouki) (Reproduit par nos propres soins)

Étape	Description
Phase de conception (cadrer l'objectif de la recherche)	• Choisir et formuler une problématique • Énoncer les questions, les objectifs, les hypothèses de recherche définir les variables • Élaborer une revue de littérature
Phase méthodologique	• Choisir les méthodes et les instruments de collecte de données • Définir la population et l'échantillon d'étude • Décrire le déroulement de la collecte des données • Présenter le plan d'analyse des données recueillies • Collecter les données

[4] Jean William Fritz Piaget était un psychologue suisse connu pour ses travaux sur le développement de l'enfant. La théorie du développement cognitif et la vision épistémologique de Piaget sont appelées ensemble "épistémologie génétique".

[5] Kurt Lewin était un psychologue germano-américain, connu comme l'un des pionniers modernes de la psychologie sociale, organisationnelle et appliquée aux États-Unis.

Phase de traitement (analyse, modélisation, interprétation, discussion)	• Analyser les données collectées, ordonner, classer, comparer, mesurer la corrélation entre les variables • Interpréter/discuter les résultats : vérifier la légitimité des résultats obtenus, les hypothèses, interroger les théories, etc..

5 Définition des sciences de gestion :

Le Petit Robert propose cette définition de la science : « *Ensemble de connaissances, d'études d'une valeur universelle, caractérisées par un objet et une méthode déterminée, et fondées sur des relations objectives vérifiables* ».

Selon Larousse, la science et les sciences différemment :

- La science : Ensemble cohérent de connaissances relatives à certaines catégories de faits, d'objets ou de phénomènes obéissant à des lois vérifiées par les méthodes expérimentales.
- Les sciences : Disciplines ayant pour objet l'étude des faits, des relations vérifiables.

Selon Larousse la définition du mot gestion a pris 4 sens :

- Action ou manière de gérer, d'administrer, de diriger, d'organiser quelque chose ; période pendant laquelle quelqu'un gère une affaire : La gestion d'un stock.
- Administration d'une entreprise soit dans sa globalité, soit dans une de ses fonctions.
- Ensemble des opérations d'un comptable public soit pendant une année financière, soit pendant la durée de ses fonctions.
- Règle de la comptabilité publique impliquant qu'on rattache une recette ou une dépense publique à l'année de son exécution et non forcément à celle où elle a pris naissance.

Cependant, pour Jean Fabrice Leray (1992), la gestion et le management se diffèrent, elles représentent deux concepts différents. Au sens large, un manager qui excelle dans son métier n'est forcément pas un bon gestionnaire et vice-versa. La gestion concerne essentiellement le calcul, le management réfère à la découverte.

« *Gérer, c'est mettre en évidence la solution d'un problème qui, par construction, se trouve dans l'énoncé. Il convient dans ce cas d'épuiser la logique d'une situation …* » (Jean Fabrice Lebraty, 1992)

« *Manager, c'est, en revanche, trouver une solution qui n'est pas forcément contenue dans les données du problème. C'est, parfois même, découvrir le problème ...* » (Jean Fabrice Lebraty, 1992)

5.1 Les soubassements théoriques de la recherche en sciences de gestion :

La recherche en sciences de gestion est une discipline scientifique dans le cadre des sciences économiques. Elle est également classée, de manière nonformelle, parmi les sciences sociales. Il est ainsi indiqué que les méthodes de recherche empiriques sont des méthodes appropriées pour les sciences de gestion « *elles permettent de vérifier les hypothèses de recherche ou de trouver des réponses aux questions de recherche* » (Niemczyk, 2016).

Les sciences de gestion sont un ensemble de disciplines, de sous-disciplines et de champs scientifiques, qui dérivent d'autres branches des sciences, et donc elles ne disposent pas de leur propre kit d'outils méthodologiques et cognitifs (Krzyżanowski, 1999, p. 134)

Un chercheur en sciences de gestion doit mettre l'accent en particulier sur la création d'une méthodologie de recherche correcte, tout en distinguant les notions de base utilisées dans les sciences de gestion. Cependant, ces notions sont les suivantes :

5.2 Méthode de recherche en sciences de gestion :

La méthode de recherche au sens large comporte en soi un élément normatif. Elle impose la manière dont les tâches doivent être réalisées, dans le sens où elle traite d'une notion de bon travail (Hejduk, 2000). Cependant en sciences de gestion, une méthode de recherche est utilisée de manière systématique afin d'étudier divers problèmes.

Or, nous utilisons les résultats écoulés de cette recherche pour créer des généralisations théoriques et des principes empiriques de nature pratique. Au sens large, c'est un ensemble d'activités et de méthodes utilisées pour résoudre des problèmes scientifiques et évaluer les résultats de la recherche (Pieter,1975).

5.3 Méthodologie en sciences de gestion :

Une méthodologie, c'est une branche de la connaissance des méthodes utilisées dans les sciences. La méthodologie comprend les méthodes suivantes :

- Déductives et inductives ;
- Analyse et synétude.

La méthodologie est une théorie des méthodes efficaces, efficientes et économiques de la culture scientifique (Such, 1969).

Cependant, la méthodologie des sciences de gestion vise à élaborer des procédures systématiques et efficaces pour reconnaître et développer les organisations et leur gestion. Cependant, les questions fondamentales se réfèrent aux dispositifs épistémologiques et pragmatiques (Sułkowski, 2005).

6 Paradigme d'une recherche scientifique :

Un paradigme scientifique détermine les outils à sélectionner afin de faciliter la compréhension et l'explication d'un phénomène donné, en particulier dans les sciences sociales, malgré du fait que la littérature professionnelle suggère que la recherche quantitative est considérée comme adéquate et fournit des connaissances plus fiables que la recherche qualitative.

Néanmoins, dans de nombreux cas, la recherche doit revêtir un caractère qualitatif, au moins en raison des caractéristiques d'un problème donné (Niemczynski, 2003).

Les paradigmes représentent un axe primordial dans la science. L'origine du terme « paradigme » se trouve dans le livre de (Thomas Kuhn) intitulé « *La structure des révolutions scientifiques* », publié en 1962 (JUIGNET, 2015).

(Kuhn, 1962) a défini le paradigme comme « *une découverte scientifique universellement reconnue qui, pour un temps, fournit à la communauté de chercheurs des problèmes types et des solutions* ». Selon lui « L'utilité d'un paradigme est de renseigner les scientifiques sur les entités que la nature contient ou ne contient pas et sur la façon dont elles se comportent ».

Ces renseignements fournissent une carte dont les détails seront élucidés par les travaux scientifiques plus avancés. En apprenant un paradigme, l'homme de science acquiert à la fois une théorie, des méthodes et des critères de jugement, généralement en un mélange inextricable. Un paradigme « *détermine la légitimité des problèmes et aussi des solutions proposées* » (Ibid, cité par JUIGNET, 2015).

6.1 Le positionnement épistémologique :

Le positionnement épistémologique d'un chercheur conditionne ses choix méthodologiques (déductive / inductive), ces derniers définissent à leur tour les méthodes de recherches à mobiliser (Qualitatives / quantitatives) et aussi la connaissance à produire.

Ceux qui se sont essayés à en donner une définition s'appuient en général sur l'étymologie du terme. Ils soulignent ainsi que « l'épistémologie » est la combinaison de deux mots grecs : « *épistèmè* », qui signifie « *science* », connaissance, savoir ; et « *logos* », qui veut dire « *discours, langage, jugement* ». L'épistémologie est ainsi, selon les cas, soit une étude sur la science, soit une étude sur la connaissance.

Selon le dictionnaire philosophique, l'épistémologie est « *discours sur la connaissance* ». Il s'agit d'une discipline qui fait « *l'étude de la constitution des connaissances valables* » (Piaget, 1967).

L'épistémologie est aussi « *une branche de la philosophie spécialisée dans l'étude des théories de la connaissance..* » (Gavard-Perret et al, 2012)

Plusieurs auteurs ont conclu et donné des avis différents sur les classifications de recherche possibles dans le contexte de la variété des méthodologies utilisées dans le domaine des sciences de la gestion. (Cecez-Kecmanovic, 2007) a conclu qu'il existe de nombreuses méthodes de recherche empirique, qui englobent les approches positivistes, interprétatives.

Chua (1986) a également identifié les trois catégories de classifications de recherche, à savoir positivistes, interprétatives et critiques. Dans le domaine des sciences de gestion, l'objectif de l'approche positiviste est d'étudier et de tester les théories et les réalités causales qui prédisent les phénomènes ayant un impact sur une organisation. Cette méthodologie repose sur des hypothèses et des tests d'hypothèse sur la base d'un échantillon de population (Myers, 2004).

(Thiétart et al., 2003) indiquent que pour établir la validité et la légitimité d'une recherche, une réflexion épistémologique est nécessaire pour tout chercheur. Ils ajoutent que la réflexion épistémologique est essentielle pour tout chercheur dans la mesure où elle permet d'établir la validité et la légitimité d'un projet de recherche.

D'après Cohen (1996), l'épistémologie correspond à un simple retour critique de la connaissance sur elle-même, sur son objet, sur ses conditions de formation et de légitimité ; elle est définie comme la philosophie de connaissance, la théorie des sciences ou encore comme la théorie de la connaissance. (Hazem Ben aissa, 2001)

Cependant, ces principaux paradigmes épistémologiques (Voir Figure ci-dessous) reconnus comme étant les principales sources de référence épistémologique en sciences de l'organisation (Thiétart et al., 2003) et qui sont souvent utilisées dans les sciences de la gestion (Séville et Perret, 2007).

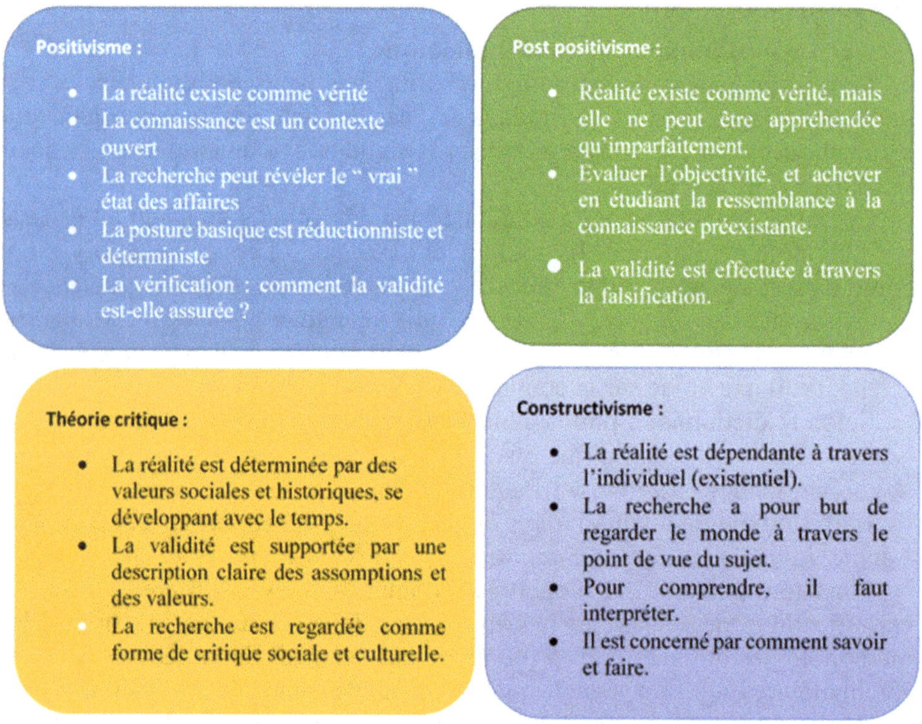

Figure 1 : Les caractéristiques principales des différents paradigmes épistémologiques [Croom (1999)] (Hazem Ben Aissa, 2001) Reproduit par nos propres soins

6.1.1 Positivisme :

Le paradigme positiviste est le paradigme majoritairement adopté dans les sciences de gestion. La connaissance objective répond à la découverte des lois de la réalité extérieure et indépendante du chercheur et du contexte d'interactions des acteurs (Thiétart, 2014).

Le positivisme implique, tout d'abord, une croyance fondée sur l'hypothèse. Cette croyance suppose que les modèles (tendances), les généralisations, les méthodes, les procédures, les questions de cause et d'effet sont également appropriés pour les sciences sociales. (Bryman,1984 ; Lewis, 2003 et Lincoln et al., 2011). Ainsi, le positivisme soutient que les objets des sciences sociales sont adaptés à la mise en œuvre de méthodes scientifiques.

Par conséquent, le positivisme est fondé sur la conviction que la connaissance pertinente est le résultat d'une observation directe. Dans cette optique, l'observation signifie que seules les preuves empiriques sont acceptées comme étant des preuves valables. Autrement dit, il n'y a pas de place pour les phénomènes qui ne peuvent être observés ni directement, par l'expérience et l'observation, ni indirectement, par des instruments.

Au sens large, le positivisme suggère que la connaissance scientifique est obtenue par l'accumulation de faits vérifiés. Ces faits alimentent l'édifice théorique relatif à un domaine particulier de la connaissance. Ainsi, la théorie exprime et reflète la recherche empirique. Ces résultats résultent souvent de régularités établies empiriquement (Bryman, 2005).

D'autre part, les positivistes considèrent que les théories scientifiques fournissent des hypothèses, qui sont ensuite soumises à des tests empiriques (De Vos et al., 2011b). Cela implique que la science est déductive, car elle cherche à extraire des propositions spécifiques de récits de réalité. Une hypothèse est ainsi dérivée pour permettre au chercheur de soumettre l'hypothèse à un examen empirique rigoureux avant de la rejeter, de la réviser ou de l'accepter.

6.1.2 Post Positivisme :

Le positivisme soutient l'idée de l'existence d'une réalité objective à étudier, à saisir et à comprendre, tandis que les post-positivistes affirment que la réalité ne peut jamais être pleinement appréhendée, mais simplement approchée (De Vos et al., 2011).

Le post positivisme selon Denzin et Lincoln (2011), se base sur de multiples méthodes pour saisir la réalité autant que possible. En même temps, l'accent est mis sur la découverte et la vérification des théories. Les critères d'évaluation traditionnels, tels que la validité interne, sont mis en avant, tout comme l'utilisation de procédures qualitatives qui se prêtent à une analyse structurée.

Dans le post-positiviste, le chercheur se concentre sur la compréhension de l'étude au fur et à mesure de son évolution au cours de l'enquête. Une problématique dont elle découle une question et une hypothèse est formulée avant le début de l'étude (Morris, 2006).

Cependant, pour les post-positivistes, la recherche positiviste est souvent difficile et peu pratique pour de nombreuses formes de recherche sociale (Glicken, 2003). Toute recherche tend à véhiculer une notion spécifique qui peut - par la répétition - mettre en lumière des données précieuses.

Toutefois, pour les chercheurs le post positivisme leur fournissent des mesures plus particulières pour recueillir des informations. Le degré de loyauté du chercheur peut être un problème dans ce genre de recherche, dans la mesure où la subjectivité peut influencer les données de manière négative. Glicken (2003) estime que la recherche post-positiviste offre au chercheur en sciences sociales la possibilité de mener des recherches à petite échelle en utilisant des méthodologies très créatives.

6.1.3 Constructivisme :

Le constructivisme reflète essentiellement une remise en question des paradigmes positivistes et post-positivistes (Creswell 2014 ; Crotty, 1998). Des similitudes entre les paradigmes interprétatif et constructiviste peuvent être établies (Creswell, 2014 ; Crotty, 1998). Le constructivisme et l'interprétativisme sont des concepts complémentaires qui visent à comprendre le monde tel que les autres le vivent. Les constructivistes se distinguent des positivistes par leurs hypothèses sur la nature de la réalité.

6.2 Le Mode de raisonnement :

La construction de la connaissance peut se faire à travers deux processus : l'exploration ou le test (Charreire Petit et Durieux, 2014). Cependant, en sciences de gestion, l'exploration permet d'expliquer, prédire ou comprendre, par conséquent pour mener une recherche, il faut adopter l'un des modes de raisonnement (Induction & Déduction).

L'induction et la déduction sont au cœur de l'empirisme. Dans le processus d'induction, nous généralisons à partir d'un ensemble de cas spécifiques ; dans le processus de déduction, on génère des spécificités à partir d'une règle générale. L'induction peut être considérée comme une recherche de la généralité ; la déduction peut être considérée comme une recherche de la spécificité.

6.2.1 La déduction

La déduction est plus étroitement liée à la génération de prédictions en science : le processus d'utilisation de principes, de lois, d'hypothèse ou de théories pour prédire une certaine quantité observée dans certaines conditions spécifiées. (Carl J. Wenning, 2009)

La déduction est basée sur la démonstration : si les hypothèses formulées initialement sont validées, la conclusion est alors vraie (Grawitz, 2000, cité par Allard-Poesi et Maréchal 2007). Nous distinguons deux types de déduction qui sont la déduction formelle et la déduction constructive. La déduction formelle est généralement un syllogisme où l'on passe de l'implicite à l'explicite. Tandis que la déduction constructive est une démonstration basée sur des hypothèses et qui adopte une démarche hypothético-déductive.

Les méthodes déductives se caractérisent par le fait que le processus de développement de la connaissance scientifique s'effectue par l'acceptation de conditions logiquement justifiées. Il n'est pas nécessaire de vérifier les connaissances de manière empirique. La déduction vise à créer des énoncés scientifiques et leurs falsifiabilités. Elle est basée sur l'application de logiques formelles.

La logique déductive se caractérise par le fait que le processus de développement de la connaissance scientifique s'effectue par l'acceptation de conditions logiquement justifiées. Il n'est pas nécessaire de vérifier les connaissances de manière empirique.

La déduction vise à créer des énoncés scientifiques et leur falsifiabilité. Elle est basée sur l'application de logique formelle. Un rôle important dans le déplacement de l'importance et de la place de la déduction au sein de la méthodologie scientifique a été joué par (Immanuel. Kant) qui croyait que nos expériences n'étaient pas entièrement objectives, puisque la cognition à travers les expériences était également affectée par les déclarations basées sur le raisonnement.

6.2.2 L'induction

L'induction est plus étroitement liée à la génération de principes et de lois en science. Les principes identifient des relations générales entre des variables telles que "Lorsque l'eau est chauffée dans un récipient ouvert, elle s'évapore". Les lois identifient des relations spécifiques entre certaines quantités observables, comme "La période d'un pendule est proportionnelle à la racine carrée de sa longueur". Les principes et les lois sont descriptifs, et presque sans exception peuvent être énoncés en une seule formulation, et n'ont aucun pouvoir explicatif. (Carl J. Weening, 2009)

Cependant, l'observation est au cœur du processus inductif en science. L'observation est la clé de nombreuses sciences. Les biologistes, par exemple, apprennent à connaître la vie et le comportement des animaux en faisant des observations. Ils accumulent une grande quantité de données.

Les logiques déductives et inductives sont complémentaires pour tester et explorer des phénomènes. En effet, la production de la connaissance peut se faire à partir de la logique induction ou déduction puis, les prémisses dégagées sont alors testées pour expliquer ou prédire (Charrerie Petit et Durieux, 2014). La figure (ci-dessous) illustre la complémentarité des modes de raisonnement scientifique.

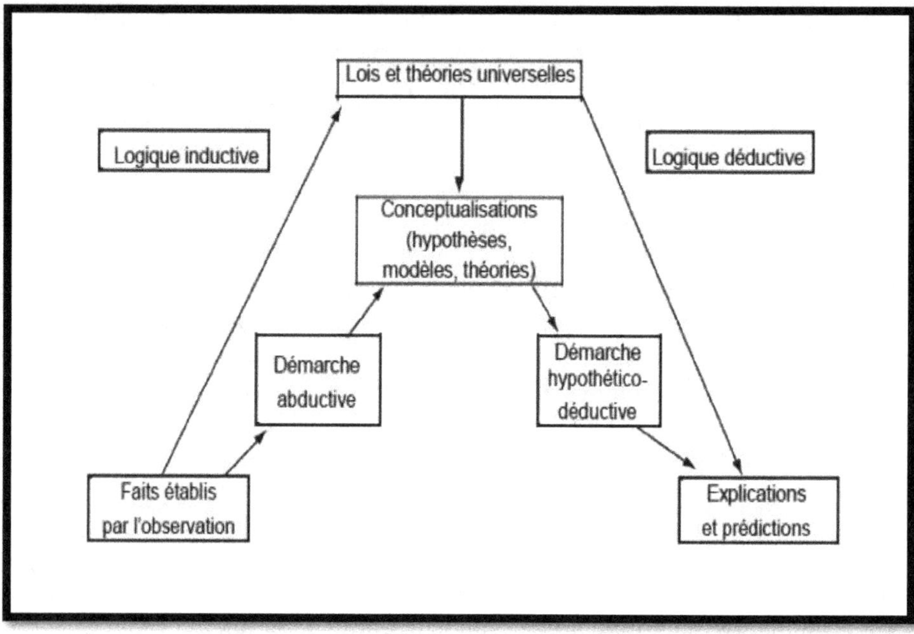

Figure 2 : L'alliance entre les modes de raisonnement scientifique (Source : Kharoubi, C., & Thomas, P. (2016a). Analyse du risque de crédit : Banque & marchés. RB édition.)

6.3 Les modes de recherche

Les racines des approches qualitatives et quantitatives s'étendent à différents paradigmes de recherche philosophique, à savoir ceux du positivisme et du post positivisme (Patton 2002 ; Rossman et al. 2003 ; Abbott 2004 ; Creswell, 2009 ; Gratton et al., 2010 ; Rubin et al., 2010 ; Blumberg et al., 2011 ; Pierson et al., 2010).

6.3.1 Mode de Recherche quantitative :

La recherche quantitative est une recherche empirique ; elle implique la mesure de variables déterminées de manière quantitative, à l'aide d'outils de mesure quantitatifs. Cette recherche est utilisée lorsqu'un problème donné et les résultats de la recherche peuvent être décrits à l'aide de mesures quantitatives. L'ensemble de la recherche quantitative englobe également les enquêtes qui visent à vérifier les hypothèses formulées en analysant la fréquence des énoncés (Niemczyk, 2016).

Les lois quantitatives sont élaborées à l'aide de formules mathématiques. Dans le cas de ces lois, une action préalable consiste à énumérer les conditions qui détermineraient l'apparition de ladite relation.

La recherche quantitative donne une expression chiffrée aux données et les analyse à l'aide de méthodes statistiques. Elle favorise les outils, la technicité, les procédures explicites, formalisées et quantifiées en privilégiant les processus techniques plus que les acteurs. Son objectif est de mesurer les phénomènes sociaux (J.P.Deslauriers, 1991).

6.3.2 Mode de Recherche qualitative :

Les lois qualitatives sont des lois définies au moyen d'un langage typique d'une branche donnée des sciences, elles visent à déterminer les caractéristiques d'une classe d'objets donnée. Les lois en question présentent une description moins précise d'un prédécesseur, contrairement aux lois quantitatives.

7 Originalité dans la recherche en sciences de gestion :

L'originalité peut être perçue comme un facteur d'accélération de la science ; elle est un facteur déterminant des compétences et de l'identité d'un chercheur. La recherche de l'originalité en sciences de gestion peut prendre la forme de trois sortes (Strużyna, 2016) :

- **Un modèle traditionnel :** dans lequel un problème est posé dans le présent.
- **La Problématique :** lorsqu'un problème est posé dans le présent ou lorsqu'un chercheur se tourne vers l'avenir et remet en question ce qui est présent aujourd'hui.
- **La recherche de l'évidence initiale :** c'est-à-dire le fait de revenir à l'origine du problème et de le remettre en question ou de le poursuivre. (Strużyna, 2016)

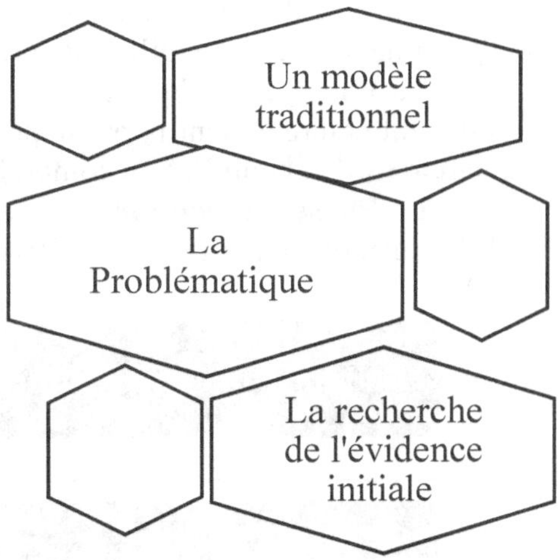

8 Fondement théorique de la méthodologie de recherche en sciences de gestion

Dans un travail de recherche, plusieurs concepts et paradigmes peuvent être adoptés à la fois et peuvent être complémentaires. Il existe des questions où il est préférable d'utiliser une approche quantitative et pour d'autres une approche qualitative. Ainsi plusieurs auteurs tels que Bryman (1989) ne font pas une différenciation entre les méthodes de recherche, mais favorisent une recherche guidée par l'objectif et le problème à résoudre qui permettra d'employer différents moyens et méthodologies afin de le résoudre.

Au sens littéral, la méthodologie est la science intégrée des méthodes, la méthode étant la démarche raisonnée de l'esprit pour découvrir la vérité ou résoudre un problème. Selon Paul Valery la méthodologie est un « *Système d'opérations extériorisables qui fasse mieux que l'esprit le travail de l'esprit* »

Au sens large, la méthodologie est l'étude de la meilleure façon que nous pouvons avoir, selon l'état de nos connaissances actuelles sur un sujet, d'aborder des problèmes spécifiques ; elle ne recherche pas des solutions toutes faites, mais le choix des manières de les trouver en intégrant les connaissances acquises sur les méthodes en vigueur dans différentes disciplines.

En science de gestion, les recherches mises en œuvre se distinguent par leurs modes de raisonnement. Nous pouvons distinguer d'après Jameux (1996) quatre formes de mode de raisonnement différentes. Les deux premières formes reposant sur une construction théorique ou de test d'hypothèse de type déductif. Les deux autres formes sont des travaux théoriques, en se basant sur un raisonnement inductif via des études exploratoires ou d'action du chercheur dans le cas d'une recherche-action. (Hazem Ben Aissa, 2001)

Une méthodologie efficace doit suivre les étapes suivantes :

- **La phase pré-analytique :**

Elle recouvre d'une manière générale la phase exploratoire pour le recueil de l'information, les possibilités de processus de mesure et de description.

- **La Phase analytique :**

Elle suit naturellement la phase pré-analytique. Elle regroupe la phase de validation (test et contrôle), la compréhension et l'explication.

- **La Phase d'exécution :**

Elle concerne la phase de décision et de maîtrise.

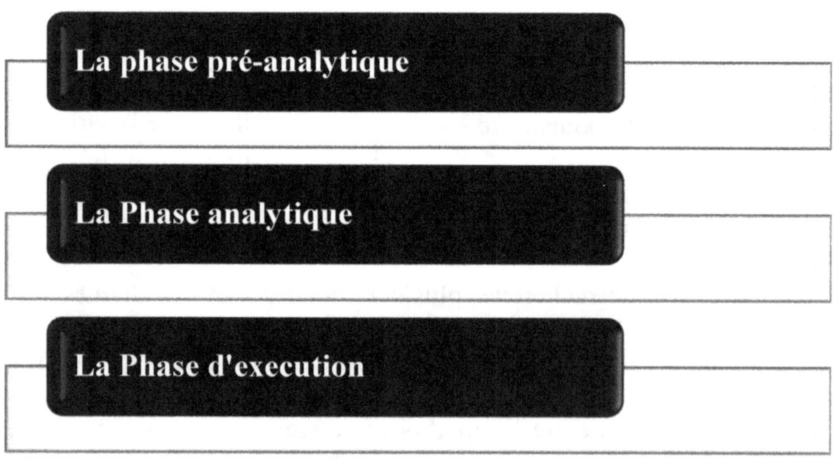

Figure 3 : Les phases d'une méthodologie de recherche Reproduit par nos propres soins

Section 2 : Fondements théoriques de notre étude

Positionner épistémologiquement, c'est choisir sa posture épistémologique ou encore déterminer son paradigme épistémologique désigne que le chercheur se rejoint aux principes des techniques et valeurs d'une communauté scientifique, ainsi de procurer une valeur scientifique à son travail.

À cet effet, nous avons suivi la voie scientifique pour réaliser notre étude, cependant inscrire son projet de recherche dans un paradigme épistémologique exige une panoplie de contraintes au chercheur, mais au même temps, il cadre son travail de recherche et lui affecte une valeur scientifique.

Cependant, sur le plan méthodologique, le choix du paradigme épistémologique est l'une des décisions les plus déterminantes dans tout le processus de recherche. En effet, l'inscription dans un paradigme conditionnerait en grande partie notre raisonnement méthodologique.

De ce fait, pour notre étude, nous avons adopté le paradigme épistémologique positiviste[6,] étant donnée, que les positivistes partent de « l'observation de faits particuliers pour remonter à des lois générales » (Gavard-Perret et al 2012). Par ailleurs, ils préconisent la méthode expérimentale et la vérification d'hypothèse par les tests statistiques (Gavard-Perret et al 2012).

En conséquence, les positivistes préconisent une démarche de type hypothético-déductif, qui commence avec une problématique répartie en question et se transforment en hypothèses qui vont être évaluées et testées au terme de travail. Bien que la notion hypothético-déductive qualifie également une démarche qui s'appuie sur des propositions hypothétiques pour en déduire des conséquences logiques. (Meriam BOUYZM et al, 2017)

1 Contexte de notre étude :

Comme toute autre catégorie d'entreprises, un établissement bancaire évolue dans un environnement caractérisé par une profonde crise économique et financière tangible, qui touche la majorité des secteurs de l'économie ainsi que la majorité des pays du monde, notamment les pays occidentaux.

Selon l'édition 2014 du rapport des Nations Unies intitulé « Situation et perspectives de l'économie mondiale »[7], l'économie mondiale serait en train de se rectifier, mais reste exposée à des contradictions vieilles et nouvelles qui pourraient atténuer la reprise.

À la suite de la crise financière, la communauté internationale a pareillement pris des mesures pour diminuer les risques à l'échelle mondiale

---

[6] " le mot positif désigne le réel" (Le Moigne, 1995)

[7] Source : http://www.un.org/en/development/desa/policy/wesp/index.shtml

et consolider le système financier international, et ce, à travers l'adoption du nouveau cadre de Bâle III par les différents établissements bancaires.

Pour réduire le coût du risque, en améliorant le processus d'octroi des crédits afin de réduire le risque de non-remboursement en cas de défaut. La banque a donc la potentialité de réduire les dotations aux provisions pour défaut de remboursement et d'améliorer le recouvrement de ses créances et voire même de réduire son exposition au risque.

De ce fait, le perfectionnement du recouvrement des créances parait plus fin, car elle intervient a posteriori de la décision d'octroi, et à un moment pendant lequel la situation du débiteur peut être déjà fortement compromise. Une bonne connaissance du client, de son environnement et de leur évolution permet à la banque de mieux récupérer ses créances et surtout de pouvoir anticiper ce recouvrement face à d'éventuelles difficultés de son débiteur. Ainsi, une démarche de modélisation du risque de crédit qui améliore la connaissance du client, de son environnement, pourrait contribuer à réduire le poids du coût du risque de crédit.

Bien que le risque de crédit conçoive un risque principal dans le dispositif du « Risk Management » d'un établissement bancaire, il fait aussi l'objet d'une grande attention avec la nouvelle réforme du ratio Cooke. Cette dernière place en effet de nouvelles règles prudentielles pour que le risque de crédit soit mieux calculé sous un processus de surveillance prudentielle renforcé. Cependant, le comité de Bâle autorise ainsi, dans une clarté vis-à-vis du marché, que les banques développent dans un cadre semblable dans son principe et ses objectifs au modèle interne « marché », leurs propres modèles internes pour l'évaluation du risque de crédit. Toutefois, la modélisation du risque de crédit se trouve confrontée à certaines difficultés méthodologiques dont la réponse exige l'architecture des futurs modèles internes plus sophistiqués.

C'est dans ce contexte que notre étude se positionne, qui est bien précisément le secteur bancaire et porte plus particulièrement sur le domaine du risque de crédit bancaire et de la gestion dudit risque dans le cadre de la décision d'octroi du prêt et du suivi tout au long de la vie du crédit.

Cependant, nous nous intéresserons aux banques commerciales (banques de détail) et de façon plus précise à cette composante de ces banques qui s'occupent du financement des particuliers (Crédit d'habitat ou de consommation) et des entreprises.

2 Problématique de notre étude :

L'énoncé du problème précise au minimum les variables à étudier et la relation entre elles. Les variables sont également définies de manière opérationnelle pour permettre à d'autres de reproduire, vérifier et confirmer les résultats.

Toutefois, la définition opérationnelle d'une variable signifie que le trait à mesurer est défini en fonction de la façon dont il est utilisé, mesuré ou observé dans l'étude. Cependant, les méthodologies typiques comprennent des modèles expérimentaux, corrélationnels et quantitatifs. Les instruments de collecte de données comprennent des questionnaires, des observations, des expériences et des tests ainsi que des bases de données bien structurées.

Par conséquent, dans le secteur bancaire, bien, avant de parler de systèmes décisionnels, on utilisait déjà les outils statistiques classiques sur des fonds de données historiques, et ce, pour segmenter la clientèle.

L'avènement des nouveaux outils de modernisation des services financiers a été accueilli avec beaucoup d'enthousiasme par tous les intervenants du secteur bancaire. La possibilité actuelle pour les banques de se diversifier dans une gamme plus large de services et de produits qui vont rendre la vie vraiment flexible pour les clients et les gestionnaires bancaires. Mais cet avantage de diversification devrait être consommé avec une certaine prudence, car cela implique beaucoup de risque.

C'est dans ce cadre que notre projet de recherche s'inscrit, dont la vocation est d'étudier le comportement des méthodes issues de l'intelligence artificielle dans la modélisation du risque de crédit, c'est dans ce contexte-là que la problématique abordée dans ce travail découle, à cet effet, notre étude a pour vocation de répondre à deux questions fondamentales à savoir :

Q_1 : Comment peut-on faire pour perfectionner la modélisation du risque de crédit en utilisant les techniques issues de l'intelligence artificielle ?

Q_2: Est-ce que ces techniques peuvent être une meilleure alternative des méthodes statistiques classiques dans la modélisation du risque de crédit ?

Pour répondre à ces questions de manière contextuelle et plus détaillée, il nous faudra cerner et décrire les enjeux en termes de l'application des techniques issues de l'intelligence artificielle dans la modélisation du risque de crédit aussi bien côté client que côté banque.

3 Hypothèses et méthodologie de recherche :

La principale préoccupation et problématique de notre étude centrée sur deux axes complémentaires ; le premier explore l'importance des techniques du Data Mining issues de l'Intelligence artificielle (IA) à la prédiction de la solvabilité des clients bancaires et bien évidemment la modélisation du risque de crédit, quant au deuxième axe il franchit la performance de ces techniques vis-à-vis aux méthodes statistiques classiques.

À cet effet, nous avons soulevé 2 hypothèses :

H_1 : Les méthodes du Data Mining issues l'Intelligence artificielle utilisées à la prédiction de la solvabilité des clients bancaires, sont performantes en termes de niveau de prédictibilité et précision.

H_2: Les techniques du Data Mining issues l'Intelligence artificielle représentent une meilleure alternative des méthodes classiques de statistiques dans la modélisation du risque de crédit.

Pour vérifier ces 2 hypothèses susvisées, nous devons suivre une méthodologie bien ficelée, de ce fait, le choix d'un meilleur processus de construction de modèles de prédiction de la solvabilité des clients bancaires est crucial ; pour une gestion efficace du risque de crédit, il permet, s'il est rigoureux, l'obtention d'un modèle qui réduit les risques assumés par les banques ou au moins il conduit à les prendre en toute connaissance de cause.

Ainsi, une approche déductive consiste à élaborer une ou plusieurs hypothèses sur la base d'une théorie existante, puis à suivre une méthodologie appropriée et à constituer un plan de recherche pour tester l'hypothèse.

En effet, pour répondre à notre problématique et vu que nous allons adopter une approche quantitative, qui suit principalement la méthode scientifique de confirmation, à cet effet, nous avons choisi comme méthodologie de travail de suivre les étapes suivantes :

- Exposer la problématique ;
- Revue de la littérature et présentation des hypothèses à vérifier ;
- Énumération des théories, ainsi que les différentes méthodes adoptées dans le présent travail ;
- Définition de l'outil de modélisation ainsi que les différentes métriques que nous avons utilisés pour évaluer les différents modèles, et ce, en suivant le processus adopté par les méthodes du Data Mining.

4 Structure détaillée de l'étude

Dans l'objectif de montrer en quoi une démarche d'application des techniques issues de l'intelligence artificielle permettrait de modéliser le risque de crédit bancaire, à cet effet, nous avons choisi un plan structuré qui vise à entourer notre sujet dans sa globalité avec ses difficultés et ses possibilités. Par conséquent, notre étude scindée en 2 parties, et chaque partie comporte 3 chapitres.

Cependant, la structure détaillée de notre étude est la suivante :

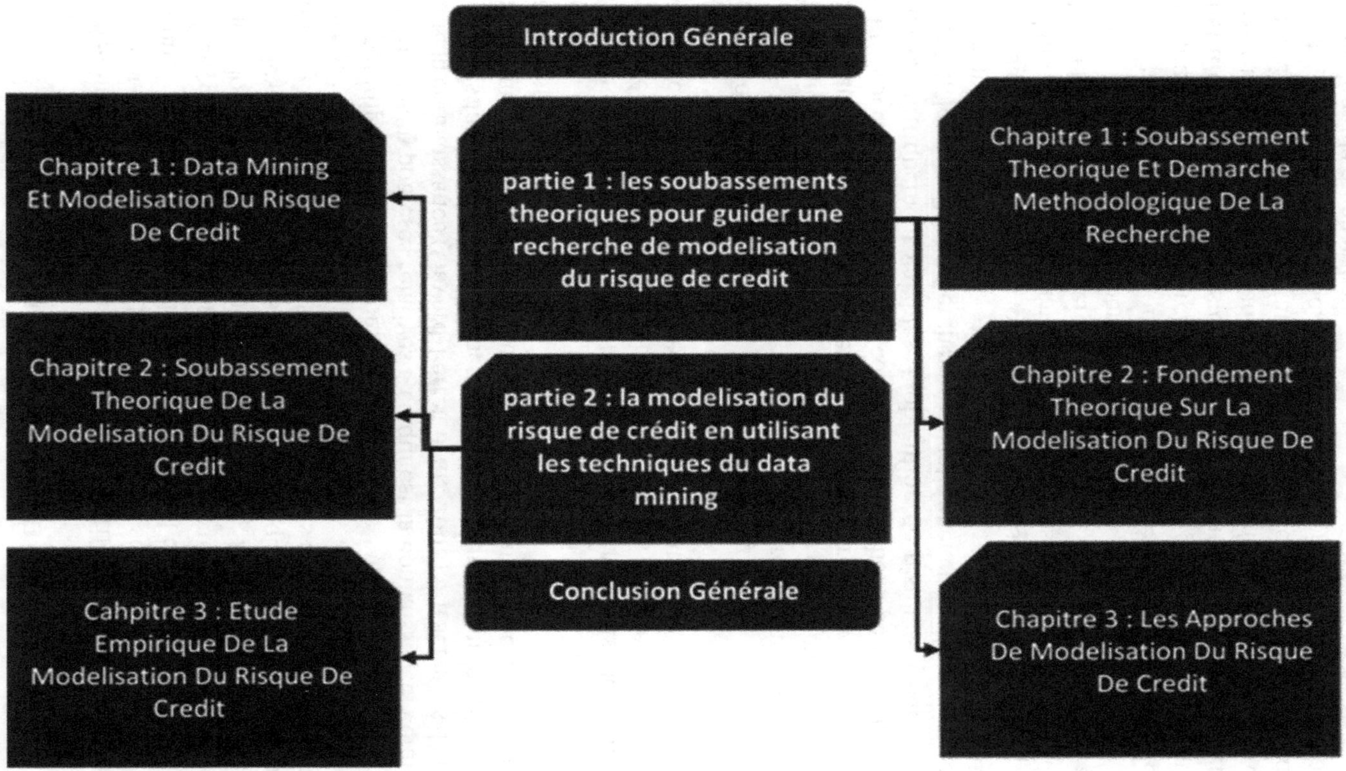

Figure 4 : Logigramme du plan de l'étude (Source Auteur)

Conclusion Chapitre 1

Le développement des connaissances scientifiques exige une certaine discipline et une approche professionnelle de la science. De ce fait, afin de sélectionner les bonnes méthodes de recherche, il est nécessaire de connaître les différences entre les méthodes ou approches de recherche déterminées dans la méthodologie des sciences sociales. Néanmoins, la méthodologie de gestion combine des objectifs à la fois cognitifs et pratiques. Ces objectifs peuvent être convergents, mais dans certaines situations, ils peuvent se contredire (Gill et Johnson, 1997).

Un paradigme épistémologique représente un système regroupant l'ensemble des hypothèses relatives à ce qui est la connaissance, comment se constitue la connaissance (Gavard-Perret, et al., 2008). En sciences de gestion, deux grandes familles de paradigmes épistémologiques sont les plus connues : le paradigme épistémologique positiviste et le paradigme épistémologique constructiviste.

En outre, et dans le paradigme positivisme ainsi pour le post positivisme, le but de la recherche est de faire la prédiction des résultats, de vérifier et de tester une théorie ou de trouver la force des relations entre les variables ou une relation de cause à effet. Les chercheurs quantitatifs commencent par des idées, des théories ou des concepts qui sont définis tels qu'ils sont utilisés dans l'étude, afin de mettre en évidence les variables d'intérêt.

Par conséquent, inscrire son projet de recherche dans un paradigme épistémologique impose beaucoup de contraintes au chercheur, mais au même temps, il cadre son travail de recherche et lui procure une valeur scientifique. Ainsi, un processus de recherche correctement élaboré permet d'obtenir des résultats scientifiquement valables. L'obtention de résultats valables dépend également de la capacité du chercheur à sélectionner et à utiliser des méthodes de recherche (Sudoł, 2007).

Cependant, les chercheurs en sciences de gestion ont indiqué qu'il y a aujourd'hui un manque décevant d'idées nouvelles et un manque de l'impact fort des résultats de la recherche en sciences de gestion sur les aspects pratiques. (Alvesson, et Sandberg, 2013),

Dans ce chapitre, nous avons présenté une démarche générale de choix méthodologique dans la recherche en sciences de gestion. Ce processus nous a permet d'éclairer les facteurs qui permettent d'influencer le chercheur dans le choix d'une méthodologie adéquate. Cependant, ce process prend comme base deux éléments fondamentaux dans le choix de la méthodologie adéquate : la spécificité de la recherche en science de gestion et le statut philosophique et épistémologique du chercheur.

Chapitre 2 : Fondement théorique de la modélisation du risque de crédit

La banque définit une relation entre elle et ses clients (entreprises, particulier) qui doivent s'exprimer mieux dans la facilité. C'est la raison pour laquelle elle doit fixer des limites pour empêcher les excès et les défauts pouvant survenir pendant la relation. Les banques sont fréquemment affectées par une panoplie de types de risques financiers, à savoir le risque de marché, d'option, opérationnel, de crédit et bien d'autres.

Cependant, le risque de crédit est le risque de perte résultant de l'inaptitude d'un débiteur à honorer ses obligations. Parmi les autres sources de risque, c'est la plus importante que les institutions financières doivent traiter en raison des grandes expositions concentrées dans les portefeuilles. Pour cette raison, les institutions financières doivent quantifier le risque de crédit au niveau du portefeuille.

Globalement, le risque majeur éprouvé par la banque est le risque de crédit qu'il doit circonvenir par une bonne définition et une bonne analyse pour pouvoir avoir une mesure assez juste lorsqu'elle prête à tel ou tel client (entreprise ou particulier). Le risque de crédit, nommé également risque de contrepartie ou défaut, est le risque le plus habituel. Il existe un tas de types de risque de crédit, celui de non-remboursement est majeur.

Certes, le risque de crédit est l'un des prétextes majeurs de la volatilité des résultats et des établissements financiers. Comme toute entreprise, un établissement de crédit est exposé à une pluralité de risque.

Dans ce but, plusieurs mesures de risque basées sur les distributions de pertes du portefeuille existent, à savoir, la perte attendue et inattendue, sont définies comme l'espérance et la déviation standard, respectivement, de la variable de perte du portefeuille. D'autres mesures de risque sont la $Value - at - Risk$ (VaR) et l'$Expected\ Shortfall$ (ES) qui seront présentés dans ce chapitre.

Cependant, la modélisation du risque de crédit est une approche structurée de la gestion des incertitudes par l'évaluation du risque, l'élaboration de stratégies de gestion et l'atténuation du risque de crédit, les stratégies comprennent le transfert à une autre partie, l'évitement du risque, la réduction des effets négatifs du risque et l'acceptation d'une partie ou de la totalité des conséquences d'un risque particulier.

Toutes ces mesures de risque présentent de nombreux avantages comme, par exemple, l'agrégation d'une position unique à l'ensemble du portefeuille. De plus, les effets de diversification et de compensation peuvent être reflétés et les distributions de pertes sont comparables entre les portefeuilles.

Par conséquent, plusieurs travaux de recherche ont été réalisés pour repérer à l'avance les empruntes qui seront défaillants de ceux qui ne seront pas. Ces travaux sont basés principalement sur l'analyse des comptes, ainsi de quelques méthodes classiques de prédiction de la solvabilité des clients bancaires.

Cependant, au cours de la dernière décennie, la plupart des approches de modélisation du risque de crédit impliquent l'estimation de trois paramètres : la probabilité de défaut (PD), la perte en cas de défaut (LGD) et la corrélation entre les défauts et les pertes (Crouhy et al., 2000).

Or, le présent chapitre sera consacré pour illustrer les différentes méthodes de modélisation du risque de crédit, ainsi que les éléments de guide pour sa gestion et de sa maitrise, dans la mesure de révéler l'importance de gérer ce risque. Ce même chapitre est subdivisé en 2 sections, la première sera consacrée pour la définition du risque de crédit, la deuxième traitera le dispositif prudentiel du Comité de Bâle.

Section 1 : Fondement théorique du risque de crédit

La banque est une institution financière qui s'occupe des rentrées de fonds, des sorties de fonds, des crédits, etc. Elle prête de l'argent aux personnes dans le besoin, accepte les dépôts et sert d'intermédiaire entre les prêteurs et les emprunteurs. Les Banques s'occupent non seulement de l'argent, mais aussi des producteurs de cet argent.

Une panoplie de définitions ont été publiées par différents auteurs et organisations, nous citons parmi elles :

- Selon Walter Leaf a défini la banque comme suit : « société qui se présente pour recevoir du public des dépôts payables sur demande par chèque ».
- Selon Horace White, la banque est : « comme une usine de fabrication des crédits et une machine pour faciliter les échanges ».
- Pour W. Hock a défini que «la banque est une institution qui ne crée de l'argent que par l'argent ».
- Selon Sir John Pagette a défini ce qui suit : « La Banque est une institution financière qui perçoit de l'argent dans un compte courant, d'épargne ou de dépôt fixe ; elle perçoit des chèques sous forme de dépôts et verse de l'argent à partir du compte du déposant par le biais d'un chèque. »
- Pour la loi de 1936 sur les sociétés indiennes définit la Banque comme étant « une société bancaire qui reçoit des dépôts par l'intermédiaire de comptes courants ou de toute autre forme et qui permet les retraits par chèques ou billets à ordre ».

Compte tenu des différentes définitions précitées, une banque peut être définie comme « une institution financière qui emprunte l'argent auprès des déposants et le prête aux clients dans le besoin ».

Nous distinguons plusieurs catégories de banques :

- **Les banques d'affaires** : sont chargées d'accompagner les grandes entreprises,

- **Les banques d'investissements** : sont chargées de couvrir les activités de marché pour le compte de leurs clients ou pour leur compte propres.
- **Les banques de détail** : sont celles qui collectent les fonds des clients particuliers et leur proposent un tas de services allant de la fourniture de moyens de paiement (chéquiers, carte de crédit...) au crédit et aux dépôts à terme

1 Crédits et risques bancaires

1.1 Définition du crédit bancaire

Le mot crédit est défini sous plusieurs angles. Le mot crédit, vient du mot latin « CREDERE » qui veut dire confiance. Faire crédit c'est donc faire confiance. Un crédit est une forme de dette contractée par un particulier ou une autre entité, le prêteur habituellement une société, une institution financière ou un gouvernement ; avance une somme d'argent à l'emprunteur, en retour, l'emprunteur accepte un certain ensemble de conditions, y compris les frais financiers, les intérêts, la date de remboursement et d'autres conditions. Généralement, nous lions le crédit à la notion de confiance, il repose sur la confiance que le créancier accorde au débiteur.

Les crédits sont considérés selon leurs maturités, ce qui renvoie, de fait, à leur fonction. Les dettes financières à long terme sont destinées à financer des investissements ou à doter l'entreprise d'une structure financière pérenne ; relevant d'une logique « structurante », elles se remboursent par les cash flows dégagés par les investissements. Les dettes à court terme correspondent à des crédits de trésorerie, destinés à financer les besoins de l'exploitation.

Les crédits diffèrent selon leurs modes de remboursement du capital, avec trois principales possibilités : remboursement in fine en une seule fois au terme du crédit de tout le capital, remboursement par amortissement constant du capital ou par annuité constante. L'innovation financière a abouti à imaginer d'autres systèmes affectant le remboursement (conversion/échange en capital, perpétuel, subordination.).

Il existe une panoplie de catégories de prêt, cette diversification est liée aux ressources internes requises pour offrir ces produits de prêt. (Voir tableau ci-dessous)

Tableau 3 : Les catégories de prêts

Catégorie de prêt	Instruments de crédit	Fins du crédit
Prêts agricoles	• Hypothèque • Prêt à terme • Marge de crédit	Logement agricole, production agricole, Outillage, terres, fonds de roulement

Prêts-relais	• Prêt-relais	Financement temporaire pour l'acquisition d'un nouveau logement.
Prêts commerciaux	• Hypothèque • Prêt à terme • Marge de crédit • Crédit-bail • Lettre de crédit	Normes d'exploitation, propriétés locatives, locaux commerciaux, achat d'équipement, capital
Prêts institutionnels	• Prêt à terme • Marge de crédit	Prêt consenti à un organisme du gouvernement, un organisme municipal ou un conseil scolaire.
Prêts personnels	• Prêt à vue • Prêt à terme • Marge de crédit (garantie ou non garantie) • Crédit-bail automobile • Protection de découvert	Achat de véhicule, placements, REER, études, vacances, dons, améliorations locatives, construction de logements, consolidation de prêts
Prêts hypothécaires Résidentiels	• Première hypothèque • Hypothèque à ratio élevé • Deuxième hypothèque • Prêts-relais • Hypothèque inversée • Hypothèque de construction	Résidence principale, résidence secondaire, propriétés sans but lucratif

1.2 Le processus d'approbation d'un crédit

Les critères d'approbation de crédit par une banque dépendent des politiques et des critères des prêteurs. En général, les principaux facteurs pris en considération sont les politiques des prêteurs, le but du prêt, les caractéristiques et la capacité de remboursement de l'emprunteur. La plupart des institutions financières utilisent les 5 principes ci-après :

- **Le Caractère** : est la caractéristique de l'emprunteur, il désigne l'historique de remboursement de l'emprunteur, qui rend compte de la capacité de remboursement et de la gestion de la dette.
- **La Capacité** : de remboursement de l'emprunteur se compare au revenu de l'emprunteur, elle fait également référence à la stabilité du revenu de l'emprunteur.
- **Le Capital :** est un fonds, des actifs et des liquidités que l'emprunteur possède. Il est utilisé comme capital du prêt.
- **La Garantie :** désigne un actif ou un bien qu'un prêteur accepte comme garantie pour un prêt.
- **Les Conditions** : font référence à des facteurs externes qui influent sur le revenu des emprunteurs.

Le processus ci-dessus, qui consiste à vérifier les 5 principes précités, est un processus de base pour une banque pour distinguer la capacité de faire un remboursement.

1.3 Catégories de clients bancaires[8]

Les établissements bancaires possèdent une panoplie de catégories de clientèles. Selon François Desmicht (2004), la clientèle des établissements bancaires est constituée de personnes physiques ou morales qui sont en relation avec la banque dont ils détiennent un ou plusieurs produits de ressource, ou bien encore dont ils utilisent leurs services ou produits financiers. Cependant, les établissements de crédit distinguent principalement trois catégories de clientèle, à savoir les particuliers, les professionnels et les entreprises[9].

1.3.1 Les Particuliers

Juridiquement, un particulier est un client ou une personne physique caractérisée par un état civil (nom, prénoms, date et lieu de naissance, filiation, nationalité…), un patrimoine composé de l'ensemble des biens possédés et des dettes et une capacité civile. (Henri-Blaise N'DAMAS, 2017)

Économiquement, les banques considèrent comme particulier la personne physique qui, en dehors de toute activité professionnelle, répond aux caractéristiques juridiques ci-dessus. Ainsi, l'étudiant, le salarié, le chômeur ou le retraité sont des particuliers ; mais le commerçant, l'artisan, le médecin

---

[8] Source : étude doctorat soutenu par Henri-Blaise N'DAMAS 2017

[9] Par conséquent nous limitons notre étude sur les clients des particuliers

libéral ou l'architecte exerçant en libéral ne sont pas considérés comme des particuliers, au vu de leur profession. (Henri-Blaise N'DAMAS, 2017)

Cependant, le marché des particuliers se distingue par la grande diversification, la grande évolutivité des besoins et des attentes de cette clientèle à laquelle les banques portent un grand intérêt. L'intérêt du marché des particuliers pour les banques est d'abord un intérêt économique important ; c'est un marché qui représente une source récurrente de commissions venant alimenter le Produit Net Bancaire (PNB). Cela, en raison de sa croissance qui suit celle de la démographie, de la capacité d'innovation et de la possibilité de diversification des activités (bancassurance, télésurveillance, forfait de téléphonie mobile, services à la personne, télésurveillance, etc.

Aussi, l'activité d'intermédiation bancaire sur le marché des particuliers présente un coût du risque moins élevé avec une bonne division du risque de crédit (nombreux emprunteurs avec des montants engagés faibles en moyenne), de confortables marges sur les crédits et des outils d'aide à la décision d'octroi des prêts relativement fiables. (Henri-Blaise N'DAMAS, 2017)

1.3.2 Les Professionnelles

Selon Pontuer (2011), le marché des professionnels est un marché de nombre qui regroupe des millions de professionnels caractérisés par une très forte hétérogénéité d'activités. La plus grande part du marché concerne des acteurs de petite taille, 60 % d'entre eux n'ayant pas de salariés. Cette tendance est en train de se renforcer, quelle que soit la catégorie de professionnels, et le développement des auto-entrepreneurs ne fera pas qui amplifier ce phénomène.

La diversité des besoins bancaires et en produits d'assurance du client professionnel tout au long de son cycle de vie (création, développement, jusqu'à la transmission) constitue, pour les banques, une source de revenus de provenances variées.

D'un point de vue statistique, la valeur du risque reste modérée sur le marché des professionnels et ce risque ne vient pas changer significativement l'intérêt structurel des banques pour cette catégorie de clients. (Henri-Blaise N'DAMAS, 2017)

1.3.3 Les Entreprises

Par rapport aux opérations des particuliers et des professionnels, celles des entreprises portent souvent :

- Sur des volumes et des montants plus importants (ex. virements mensuels des salaires)
- Des domaines spécifiques particulièrement sophistiqués (ingénierie financière, import-export, opérations de couverture) ;
- Avec des risques souvent plus importants, par exemple concernant les entreprises ayant besoin de financements importants. (Henri-Blaise N'DAMAS, 2017)

Dans la majorité des institutions bancaires, la clientèle des administrations publiques (fonctionnaires) est gérée par les chargés d'affaires « entreprise » ou les chargés d'affaires « entrepreneurs », suivant la taille et le budget.

La banque dans cette catégorie de clientèle apparaît ici comme un agent économique qui intervient auprès de tous les autres agents économiques ayant un besoin de financement ou bien une capacité d'épargne.

1.4 Catégories des risques bancaires

Les risques bancaires sont multiples et multidimensionnels, de ce fait, il faut les catégoriser et définir le mieux possible dans la perspective de les mesurer et de les gérer correctement, parmi ces risques nous citons :

- **Le risque de crédit** est celui d'encourir des pertes en cas de défaut des contreparties, il est en général considéré comme un risque commercial, car il résulte directement des choix des marchés et des clients.
- **Le risque de liquidité** est considéré comme un risque majeur, dans la mesure qu'une situation d'illiquidité extrême entraine la faillite d'un établissement, ce qui rend le risque de liquidité fatal. Selon d'autres acceptions courantes du risque de liquidité, le risque est plutôt celui de disposer des liquidités bancaires insuffisantes, c'est-à-dire que les actifs liquides disponibles ne semblent pas suffisants pour faire face à des besoins inattendus. Dans cette optique, la liquidité est plutôt un coussin de sécurité pour gagner du temps en présence de difficultés.
- **Le risque de taux d'intérêt,** est le risque de voir les résultats affectés défavorablement par les mouvements des taux d'intérêt, ce risque reste important pour les banques, car la quasi-totalité de leurs encours du bilan engendre des revenus et des charges qui sont à plus ou à moins long terme, indexés sur les taux de marché, alors que les taux de marché sont instables ce qui influence sur les résultats.
- **Risque de marché** intéresse les activités de négociation sur les marchés des capitaux. Le risque de marché est celui de déviations défavorables de la valeur de marché des positions pendant la durée minimale requise pour liquider les positions, bien que les risques de marché se mesurent à partir de l'instabilité des paramètres de marché, à savoir les taux d'intérêt, les indices boursiers et les taux de change.
- **Risque de change** est le risque d'observer des pertes à cause des évolutions des taux de change. Les variations des résultats sont imputables à l'indexation des produits et les charges sur des cours de change, ou aux variations des actifs et des passifs libellés en devises.

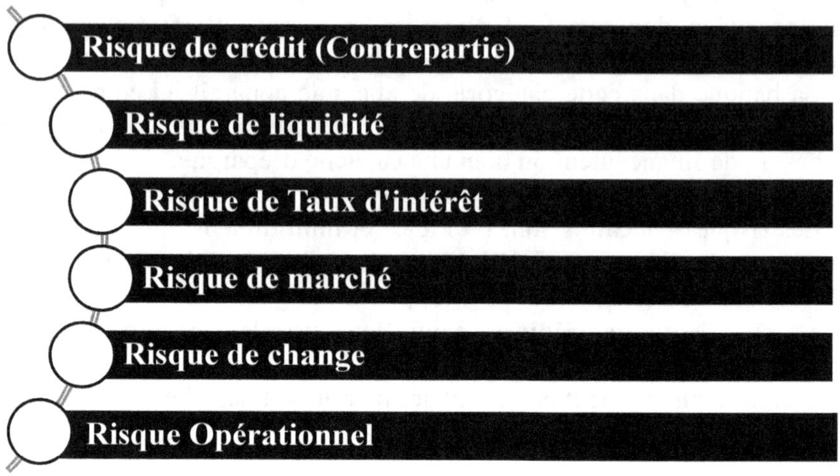

Figure 5 : Les risques bancaires

- **Le risque opérationnel** ou technique désigne tous les risques de dysfonctionnement interne, dont les conséquences peuvent être extrêmement importantes. Certaines sont liées aux systèmes d'information, d'autres sont liés aux problèmes internes.

1.5 Risque de crédit

Le risque est défini comme la possibilité d'arriver d'un événement ayant des conséquences néfastes. Il se réfère par nature à un danger, un désagrément, auquel nous sommes exposés. Nous pouvons le repérer dans un tas de secteurs.

En économie, un risque exprime une probabilité de survenance d'un événement non voulu. Pour le secteur banquier, le risque réside et scindé sur plusieurs catégories, nous distinguons dans le risque supporté par un établissement de crédit ; un risque de dégradation, un risque de défaut et un risque de faillite. Ceci explique les difficultés pour appréhender le risque. L'expression « risque de crédit » recouvre donc deux éléments distincts : un risque de perte potentielle et un risque de perte extrême (risque de défaut).

Par ailleurs, une opération de crédit consiste pour un établissement de crédit d'octroyer un prêt à un débiteur, l'emprunteur s'engage via un contrat, à payer une somme convenue à une échéance déterminée. Il existe plusieurs types de crédit que l'on classe suivant leurs caractéristiques contractuelles.

On distingue notamment les prêts à terme (Term Loans) du prêt revolving. Les prêts à terme sont des prêts où le montant prêté est octroyé à la date initiale, et les échéances de remboursement sont définies contractuellement. On parle aussi des crédits amortissables. Un prêt in fine a une seule échéance, à maturité du prêt. Il existe d'autres profils d'amortissement classiques tels que le profil linéaire ou le profil d'amortissement à annuités constantes, Principal + Intérêts constants.

Dans le cas où l'emprunteur ne pourrait tenir son engagement, il peut s'agir soit d'une incapacité temporaire due à des difficultés provisoires, soit d'une incapacité définitive liée à des problèmes structurels pouvant amener l'emprunteur à l'incapacité de payer la totalité du crédit.

Pour le risque lié au crédit, qui est la probabilité qu'un client bancaire (établissement de crédit) n'honore pas ses engagements, l'évaluation de ce risque est importante pour les établissements de crédit, dans un contexte où les difficultés des particuliers (défauts de crédit) sont fréquentes.

Par conséquent, Le risque de crédit est attaché à la notion d'incertitude (fluctuation des gains ou pertes), mais également au fait qu'il a des conséquences négatives. Ces deux aspects de la notion de risque sont contenus dans les mesures de risque habituellement utilisées. La fluctuation des gains est mesurée par la volatilité, alors que les conséquences négatives d'un risque sont mesurées par la VaR (Value at Risk). De façon générale, un risque est un événement qui peut affecter la chronique des flux à recevoir par une banque.

1.5.1 Les catégories du risque de crédit

Généralement, le risque de crédit est lié à l'un des trois paramètres suivants :

Tableau 4: Les cas de figure du risque de crédit

Dégradation de la qualité du portefeuille du crédit	**Taux de recouvrement**	**Défauts clients**
Elle correspond à une détérioration de la qualité du crédit, qui se reflète dans la prime de risque associée aux emprunteurs sur les marchés de capitaux. En outre, s'il est noté par une agence de notation, sa notation risque de se détériorer. De plus, ces signaux sont fortement corrélés au risque de défaut et sont utilisés par le	Les taux de recouvrement déterminent le pourcentage de la dette qui est recouvrée par voie judiciaire après la faillite d'une contrepartie. Le recouvrement comprendra le principal et les intérêts après déduction du montant précédemment facturé pour la garantie.	Il représente deux cas de figure : • L'emprunteur ne remboursera pas en totalité ses dettes ; la constatation d'une perte portant sur l'une de ses facilités ; • Le client est en défaut de paiement depuis quatre-vingt-dix (90) jours sur l'un de ses crédits ;

marché comme un indicateur de risque significatif.	Cependant, le risque correspond à l'incertitude liée aux taux de recouvrement postérieur à un défaut constaté.	

1.5.2 Les composants du risque de crédit

Le risque est défini comme la possibilité de survenance d'un événement ayant des conséquences négatives. Il se réfère par nature à un danger, un inconvénient, auquel on est exposé. Le Comité de Bâle définit le risque comme étant l'association de deux éléments : un aléa et une perte potentielle. Si l'aléa ne porte que sur des scénarios positifs, il n'est pas considéré comme du risque. D'autre part, si la perte est certaine, elle n'est plus considérée comme un risque.

Les banques peuvent adopter différents mécanismes d'évaluation du risque de crédit. La méthode dite « standard » consiste à utiliser des systèmes de notation fournis par des organismes externes. Le choix de la méthode permet à une banque d'identifier ses risques propres en fonction de sa gestion. Une banque qui voudrait être au plus près de sa réalité tendra vers le choix d'une méthode avancée. Mais en contrepartie, l'investissement est d'autant plus important.

Le risque du crédit dépend de :

La probabilité de défaut : $Probability\ of\ Default\ (\boldsymbol{PD})$;

L'exposition au défaut : $Exposure\ At\ Default\ (\boldsymbol{EAD})$, perte maximale en cas de défaut ;

La perte en cas de défaut : $Loss\ Given\ Default$: $(\boldsymbol{LGD})$ égale à 1 moins le taux de recouvrement $(1 - R)$

En effet, la perte attendue sur un crédit (Expected Loss, **EL**) est égale à :

Équation 1: la perte attendue

$$EL = EAD \times PD \times LGD \Leftrightarrow EL = EAD \times PD \times (1 - R)$$

Le défaut correspond généralement à un événement mesurable par le

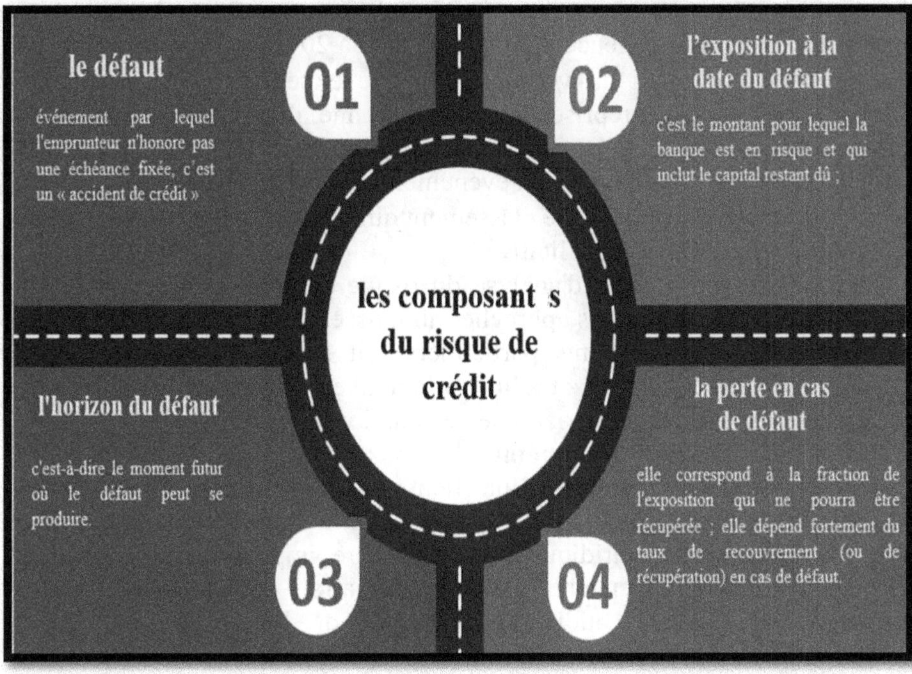

Figure 6 Les composants du risque de crédit (Source : Auteur)

créancier financier, le client se trouve incapable d'honorer ses engagements face à sa banque, du coup, il se trouve dans l'incapacité de payer une échéance de sa dette financière.

Cependant, la restructuration de la dette ou encore une dégradation sensible du rating d'une société. Le défaut de paiement, au sens strict, est un événement confidentiel connu des seuls débiteurs et des créanciers.

Un système de mesure du risque de crédit peut être construit selon une approche empirique ou scientifique, en définissant le risque de manière normative ou positive. Certains systèmes s'inscrivent dans le champ de la finance d'entreprise, en particulier de l'analyse financière, d'autres se fondent sur la finance de marché en modélisant le risque de défaut à partir de la théorie financière.

L'expression du niveau de risque renvoie toujours à une appréciation qui correspond à une modalité sur une échelle fermée. Celle-ci peut être qualitative (risque faible, moyen élevé ; risque vert, orange, rouge) ou quantitative (résultat numérique s'interprétant sur une échelle). Il est fréquent de constater une confusion entre le modèle de traitement des données et l'expression du risque. Cependant, en général, celle-ci retient une des trois possibilités suivantes :

- ***Rating*** : Il s'agit d'une notation financière pour les organisations de taille plus importantes notamment les grandes entreprises, étant donné que cette note se présente (quantitative ou qualitative) sur une échelle fermée s'interprétant directement en termes de risque (c'est une classe de risque), par exemple : les ratings d'agence ou une note de 0 à 20 ;

- ***Scoring*** : Est un véritable système expert, souvent utilisé dans l'environnement des entreprises de taille moyenne, il est aussi le résultat d'un traitement statistique, il correspond directement à une probabilité mathématique de survenance d'un événement ;
- ***Ranking*** : système de classement qui hiérarchise les risques sur une échelle (classes), souvent qualitative.

En pratique, un modèle d'analyse du risque de crédit est un système de notation du risque. Certaines approches aboutissent directement à fournir une probabilité de défaut (clients particuliers) ou faillite (entreprises) ; pour d'autres, il est nécessaire de « traduire » la note en probabilité. Celle-ci exige de définir avec précision l'horizon de l'estimation.

1.5.3 La notion du défaut[10]

Le défaut d'une entreprise ou d'un client particulier exprime un état de non-solvabilité constaté à une échéance donnée. Celui-ci engage le client dans un processus économique, juridique, voire judiciaire, impliquant un ou plusieurs prêteurs. Il existe cependant, avant la cessation des paiements et son éventuelle conséquence judiciaire le dépôt de bilan, une période de vulnérabilité durant laquelle les créanciers, les actionnaires ou les régulateurs peuvent être alertes des difficultés rencontrées par l'entreprise et mettre en œuvre des mesures de prévention (provision ou renégociation de dette, notamment).

Le Comité de Bâle définit le défaut de la façon suivante : « Un défaut de la part d'un débiteur intervient lorsque l'un des événements ci-dessous se produit :

a) La banque estime improbable que le débiteur rembourse en totalité son crédit au groupe bancaire sans qu'elle n'ait besoin de prendre des mesures appropriées telles que la réalisation d'une garantie (si elle existe).

b) L'arriéré du débiteur sur un crédit important dû au groupe bancaire dépasse 90 jours. »

Or, la définition ci-dessus du défaut est assez peu stricte, et laisse une certaine latitude au prêteur. Ainsi, la première condition peut conduire à un défaut sans qu'il y ait de retard de paiement de la part du débiteur. En pratique, la banque pourrait considérer qu'il y a défaut, si les provisions introduites pour couvrir ce risque potentiel dépassent un certain seuil. Et même la période de 90 jours comme arriéré peut ne pas être la même pour toutes les banques de chaque pays.

---

[10] Source : http://docplayer.fr/15409426-Resume-mots-cles-risque-de-credit-la-perte-la-probabilite-de-defaut-rating-la-var-creditmetrics-creditrisk-bale-ii.html

a) La probabilité de défaut[11]

La probabilité de défaut mesure la probabilité d'occurrence d'un défaut sur une contrepartie donnée, à l'intérieur d'un horizon fixé à 1 an.

Elle n'est pas en général mesurée directement, mais par le biais d'une notation de la contrepartie :

- Chaque emprunteur est noté.
- Toutes les contreparties à l'intérieur d'une même notation forment une classe de risque.

À chaque notation, est affectée une unique probabilité de défaut : toutes les contreparties avec une note donnée reçoivent la probabilité de défaut associée à cette notation. Il s'agit donc de calculer les probabilités associées à chacune des classes de rating.

b) La perte en cas de défaut (Loss Given Default, LGD)[12]

La perte en cas de défaillance est spécifique à chaque exposition, et prend en compte l'ensemble des éléments pouvant intervenir sur le taux de recouvrement. Il mesure la part du montant de l'exposition au moment du défaut que la contrepartie sera à même de rembourser. Il est défini simplement comme le complémentaire du taux de défaut.

Par ailleurs, la perte considérée est économique, ainsi, il faut donc considérer les frais de recouvrement, les intérêts sur la durée du recouvrement. Alors que le taux de recouvrement est un des aspects les plus difficiles à appréhender. En effet, il existe très peu de données historiques permettant d'estimer les facteurs ayant un impact sur le taux de recouvrement, les cas de défaut des entreprises étant peu fréquents.

De plus, cette difficulté est renforcée par le fait que pour un même émetteur le taux de recouvrement d'une dette va dépendre de sa séniorité ou d'éventuels collatéraux attachés.

c) L'exposition en cas de défaut (Exposure At Default, EAD)[13]

L'EAD correspond au montant dû par la contrepartie au moment où elle fera défaut sur un engagement donné à un horizon fixé, devant correspondre à celui utilisé pour la probabilité de défaut.

Dans cette étude, l'exposition présente ou future est une mesure de risque dans le pire des cas, et c'est l'exposition en termes de nominal qui est retenu. Elle ne tient compte ni des récupérations possibles ni de la probabilité de survenance du défaut.

---

[11] Source : http://docplayer.fr/15409426-Resume-mots-cles-risque-de-credit-la-perte-la-probabilite-de-defaut-rating-la-var-creditmetrics-creditrisk-bale-ii.html

[12] Source : http://docplayer.fr/15409426-Resume-mots-cles-risque-de-credit-la-perte-la-probabilite-de-defaut-rating-la-var-creditmetrics-creditrisk-bale-ii.html

[13] Source : http://docplayer.fr/15409426-Resume-mots-cles-risque-de-credit-la-perte-la-probabilite-de-defaut-rating-la-var-creditmetrics-creditrisk-bale-ii.html

1.5.4 Modélisation du risque de crédit [14]

Le Comité de Bâle sur le contrôle bancaire donne aux établissements bancaires le choix entre deux grandes méthodes pour mesurer leurs besoins en fonds propres (FP) réglementaires fondés sur le risque, pour ce qui est de leur risque de crédit.

La première méthode, appelée « **approche standard** », affecte des pondérations de risque standard aux expositions. Dans les juridictions qui autorisent l'utilisation des notations externes à des fins réglementaires, les banques peuvent, pour déterminer la pondération des risques à utiliser dans l'approche standard pour certaines catégories d'expositions, **recourir** comme point de départ à l'évaluation menée par des organismes externes d'évaluation du crédit, pour autant qu'elle soit considérée comme admissible aux fins des fonds propres par les autorités de contrôle nationales. Cependant, dans cette approche, les expositions sont considérées nettes de toute provision spécifique.

Quant à la deuxième méthode de mesure du risque de crédit pondérée par les risques, dite **« approche fondée sur les notations internes (internal ratings-based, IRB** », permet aux banques d'utiliser leurs systèmes de notation interne du risque de crédit, sous réserve de l'approbation explicite de leur autorité de contrôle.

Par conséquent, le traitement des expositions lié à des opérations de titrisation est abordé dans une norme distincte [15]. Les équivalents-crédit des dérivés de gré à gré[16], des dérivés négociés sur les marchés organisés et des transactions à règlement différé exposant une banque au risque de contrepartie[17] doivent être calculés en vertu des normes pour le risque de contrepartie[18]. Un dispositif spécifique s'applique aux participations dans des fonds et aux expositions sur des contreparties centrales.

---

[14] Source : Banque des Règlements Internationaux (2017)

[15] La norme relative à la titrisation

[16] Sont des produits dérivés dont la transaction n'a pas lieu sur un marché réglementé ou sur un marché d'un pays tiers équivalent, mais sont négociés sur une base privée entre deux parties, c'est-à-dire par exemple entre une banque et un fabricant.

[17] Le risque de contrepartie se définit comme le risque que la contrepartie à une transaction fasse défaut avant le règlement définitif des flux de trésorerie liés à la transaction. Une perte économique est enregistrée si, au moment du défaut, les transactions ou le portefeuille de transactions avec la contrepartie ont une valeur économique positive. Contrairement au risque de crédit encouru dans le cadre d'un prêt, qui engendre une exposition unilatérale (seule la banque prêteuse encourt un risque de perte), le risque de contrepartie crée une exposition bilatérale : la valeur de marché de la transaction peut être positive ou négative pour l'une et l'autre des contreparties. Incertaine, elle peut fluctuer dans le temps en fonction de l'évolution des facteurs de marché sous-jacents.

[18] Les normes relatives au risque de contrepartie sont énoncées à l'annexe 4 du cadre de Bâle II (juin 2006), amendée en vue de refléter les modifications apportées par les

1.5.5 Les bonnes pratiques de la modélisation du risque de crédit

La gestion efficace du risque de crédit est la tâche clé de chaque banque. Il est recommandé d'avoir des normes et des règles de crédit pour des groupes indépendants de clients pour une gestion efficace dudit risque. Pour cela, chaque banque peut exécuter une approche individuelle à l'égard de ses clients, cependant les clients peuvent être affectés à des groupes étiquetés de crédit en fonction de critères objectifs fixés au préalable.

Les expériences antérieures et historiques avec les clients peuvent être très utiles pour prévoir et prédire la solvabilité des nouveaux clients. À l'heure actuelle, il est possible d'obtenir une quantité d'informations importante d'un nouveau client, aussi les informations peuvent être obtenues à partir des registres de crédit disponibles. Bien que le plus important est la détermination de la limite de crédit pour chaque catégorie de clients. Sur la base de la connaissance du client peut être identifiée l'insolvabilité dans le temps.

Par conséquent, la gestion optimale et pertinente du risque de crédit a des répercussions tangibles sur la performance d'une banque, notamment dans son rendement ainsi dans sa valeur ajoutée à l'égard de l'économie financière, ainsi la bonne gestion de ce risque représente aussi un enjeu majeur.

1.5.6 Histoire de la modélisation du risque de crédit

En général, les banques devraient se concentrer sur trois grands types de Risque : Crédit, marché et exploitation (Rajanish Dass, 2010). Toutefois, le risque de crédit est la perte potentielle qu'une banque subira si un emprunteur bancaire, également connu sous le nom de contrepartie, échoue pour s'acquitter de ses obligations, payer des intérêts sur le prêt et rembourser le montant emprunté, conformément aux termes convenus. Le risque de crédit est le risque le plus important. La plupart des banques font face et découlent de la possibilité que les prêts ou les obligations détenus par une banque ne seront pas remboursés soit partiellement ou totalement (I. Dutta et al., 2017).

Le risque de crédit est généralement représenté par trois facteurs :

- Risque de défaut ;
- Risque de perte ;
- Exposition au risque.

Le risque de crédit et le risque de défaut sont souvent synonymes. La modélisation du risque de crédit est un processus qui implique l'identification des risques potentiels, la mesure de ces risques, le traitement approprié et mis en œuvre effective des modèles de risque (M. El Sanharawi et al., 2013).

L'évaluation du risque de crédit a été le premier outil développé il y a 60 ans. Établissement d'un outil et système d'évaluation pratique pour les

---

documents suivants : (i) Bâle III : dispositif réglementaire mondial visant à renforcer la résilience des établissements et systèmes bancaires (juin 2011), (ii) The standardised approach for measuring counterparty credit risk (avril 2014) et (iii) Capital requirements for bank exposures to central counterparties (avril 2014)

banques revêt une importance positive et pratique pour améliorer globalement la gestion de la banque, réduire et prévenir efficacement le crédit risques (V. Dhar, 1998).

L'idée générale de l'évaluation du crédit est de comparer les caractéristiques ou comportements d'un client avec d'autres clients antérieurs, dont les prêts déjà remboursés. Ainsi, la notation de crédit est souvent utilisée pour analyser un échantillon qui contient des données historiques de clients, pour différencier les clients actuels et futurs.

En outre, cette notation peut être formellement définie comme un modèle mathématique pour la mesure quantitative du crédit (F. Louzada et al., 2016). Une autre définition de la notation de crédit est la suivante : ensemble de modèles de décision et leurs sous-jacentes techniques qui aident les prêteurs à accorder crédit à la consommation (K. Vadim, 2018). En règle générale, afin d'atténuer le risque de crédit et d'évaluer la demande de crédit, deux techniques peuvent être utilisées : Évaluation subjective de crédit et la notation du crédit (Y. Li, 2017). Cependant, la notation de crédit a été introduite pour la première fois par Fisher en 1936 et les seules méthodes utilisées étaient discrimination statistique et méthodes de classification (S. Moradi et al., 2019).

Ces dernières années, il y avait beaucoup de mise en œuvre de notation de crédit en utilisant différentes méthodes d'apprentissage automatiques et du Data Mining émanant de l'intelligence artificielle, notamment, l'analyse basée sur l'Arbre de Décision (AD), k-plus proche voisin (KNN), réseau de neurones artificiels (RNA) Support Vector Machine (SVM) (N. Almoqren et al., 2016) (Size Li et al., 2013) (A. Byanjankar et al., 2015) (Qiuju Yin et al., 2010) (A. Calis et al, 2015), cependant, toutes ces approches ont un point commun, c'est qu'elles sont axées sur les données.

On peut résumer la revue historique de la modélisation du risque de crédit dans le tableau suivant :

Tableau 5: principales dates du développement de la gestion des risques

Dates	L'évènement
1730	Premiers contrats futurs sur le prix du riz au Japon.
1864	Premiers contrats futurs sur les produits agricoles au Chicago Board of Trade.
1900	Étude de Louis Bachelier "Théorie de la Spéculation"; mouvement Brownian.
1932	Premier numéro du Journal of Risk and Insurance.
1946	Premier numéro du Journal of Finance.

1952	Parution de l'article "Portfolio Selection" de Markowitz[19].
1961-1966	Treynor, Sharpe, Lintner et Mossin développent le modèle CAPM[20].
1972	Contrats futurs sur les devises par le Chicago Mercantile Exchange.
1973	Formules de valorisation d'une option de Black et Scholes et de Merton.
1974	Modèle de risque de défaut de Merton[21].
1977	Modèles de taux de Vasicek et extension par Cox, Ingersoll et Ross (1985).
1980-1990	Options exotiques, swaptions [22]et des dérivés sur les actions.
1980-1982	Premiers contrats OTC [23]sous forme de swaps : swap de devises et swap de taux
1985	Création de la Swap Dealers Association, qui a établi des normes d'échange OTC.
1987	Premier département de gestion des risques dans une banque (Merrill Lynch).
1988	Bâle I.
Fin années 1980	La valeur à risque (VaR) et le calcul du capital optimal.

[19] Harry Max Markowitz est un économiste américain qui a reçu le prix de théorie John von Neumann en 1989 et le prix Nobel de sciences économiques en 1990. Markowitz est professeur de finance à la Rady School of Management de l'université de Californie à San Diego.

[20] Le "Capital Asset Pricing Model" (CAPM) ou Modèle d'évaluation des actifs financiers (MEDAF) est le modèle d'évaluation des actifs financiers le plus célèbre et le plus utilisé.

[21] Le modèle de Merton, développé par Robert C. Merton en 1974, est un modèle de risque de crédit largement utilisé. Les analystes et les investisseurs utilisent le modèle de Merton pour comprendre dans quelle mesure une entreprise est capable de respecter ses obligations financières, d'assurer le service de sa dette et d'évaluer la possibilité générale qu'elle fasse défaut.

[22] Une swaption est une option qui confère à son propriétaire le droit, mais non l'obligation de conclure un swap sous-jacent. Bien que des options puissent être négociées sur une variété de swaps, le terme "swaption" fait généralement référence à des options sur des swaps de taux d'intérêt.

[23] Over-the-Counter, est un contrat conclu entre deux parties et dont la valeur est "dérivée" d'un actif sous-jacent, tel qu'un taux d'intérêt, une devise, une action etc.

1992	Article de Heath, Jarrow et Morton sur la structure à terme dans Econometrica.
1992	Gestion intégrée des risques (Integrated Risk Management).
1992	RiskMetrics (J.P. Morgan).
1997	CreditMetrics (J.P. Morgan).
1994-1995	Premières faillites associées au mauvais usage (ou spéculation) des produits dérivés
2004	Bâle II.
2007	Crise financière.
2009	Solvency II.
2010	Bâle III.

2 La mesure du risque de crédit

Selon l'étude menée par (Freddy DELBAEN, 2000), 4 propriétés de cohérence que devait satisfaire une bonne mesure de risque.

Soient X et Y deux portefeuilles :

Si la probabilité de perte sur un portefeuille est toujours supérieure à celle d'un deuxième alors leurs mesures de risque sont dans le même sens :

$$X \leq Y \Longrightarrow P(X) \leq P(Y)$$

Le risque se multiplie si la taille du portefeuille multiplie :

$$P(\lambda.X) = \lambda.P(X)$$

L'addition d'un actif sans risque à un portefeuille risqué ne fait que translater la mesure du risque

$$P(X+k) = P(X) + k$$

Le risque sur un portefeuille est plus faible que la somme des risques individuels.

$$P(X+Y) \leq P(X) + P(Y)$$

2.1 La perte Attendue ($\boldsymbol{EL}$) et Inattendu ($\boldsymbol{UL}$)

La mesure de risque consiste à calculer la perte attendue (EL) et la perte inattendue (UL). Cependant, la mesure la plus courante du risque de crédit est la perte attendue (EL), qui est la perte de valeur moyenne du portefeuille de crédit sur une période donnée ou sur la durée de vie de l'instrument de crédit. En fonction de la nature des instruments de crédit, il existe deux façons d'estimer la perte attendue :

- En tenant compte uniquement des événements de défaut
- En tenant compte de la perte de valeur due aux changements de la qualité du crédit ou de la consommation du crédit (MathWork Inc, 2018)

Typiquement, la perte attendue d'un portefeuille de prêts (par exemple, cartes de crédit, prêts immobiliers et automobiles, prêts personnels …) peut être mesurée comme suit :

$$EL = \sum_{i=1}^{n} PD_i \times LGD_i \times EAD_i$$

Contrairement à la perte attendue, la perte inattendue (UL) n'est pas un agrégat de pertes individuelles, mais dépend plutôt des corrélations de pertes entre tous les prêts du portefeuille (Chatterjee, S.,2015). L'écart des pertes par rapport à la (EL) est généralement mesuré par l'écart-type de la variable de perte. L'écart-type des pertes de crédit du portefeuille peut être décomposé en la contribution de chacun des crédits individuels :

$$UL = \sum_{i=1}^{n} \sigma_i \rho_i$$

Où σ_i désigne l'écart-type autonome des pertes de crédit, et ρ_i désigne la corrélation entre les pertes de crédit sur le portefeuille global.

2.2 Value at Risk (VaR)

La mesure de risque fait habituellement intervenir un niveau de probabilité, niveau sur lequel l'investisseur est particulièrement une averse sur un horizon de temps donné, de ce fait, les banques utilisent la VaR ; il s'agit d'une technique utilisée pour estimer la probabilité de pertes de portefeuille sur la base de l'analyse statistique des tendances et des volatilités historiques des prix.

La VaR est couramment utilisée par les banques, les sociétés d'assurance et les entreprises qui négocient de l'énergie et d'autres produits de base. La VAR est capable de mesurer le risque pendant qu'il se produit et constitue une considération importante lorsque les entreprises prennent des décisions de négociation ou de couverture (Simon Manganelli et al, 2001).

Cependant la VaR est une estimation de la perte potentielle maximale qui peut résulte de la détention d'un portefeuille de produits financiers sur une période donnée (un jour, une semaine, etc.), avec un niveau de confiance choisi a priori (95 %, 99 %, etc.).

Mathématiquement, cela s'écrit comme suit :

Équation 2 : La VaR

$$P\left[X \leq -VaR_q\right] = 1 - q$$

La philosophie qui sous-tend le concept de VaR est la suivante : fixer un seuil de probabilité α (disons 1%) et défini une position comme acceptable si et seulement si la probabilité de faire faillite est inférieure à α. Le principal problème de la VaR est qu'elle ne fait pas de distinction entre une faillite de1 million ou 100 millions.

Par conséquent, les organismes de tutelle des établissements financiers imposent un seuil de confiance de 99%, de sorte que la perte observée ne devrait pas excéder statistiquement la VaR dans 1% des cas seulement. Par ailleurs, la période de détention de 10 jours imposée par la réglementation bancaire correspond au délai estimé nécessaire pour retourner la position dans le marché.

2.2.1 Les différentes méthodes de calcul de la Value-at-Risk

Il existe une variété de méthodes qui permet de mesurer la Var parmi eux nous citons :

Les méthodes non paramétriques[24]	Les méthodes paramétriques	Les méthodes semi-paramétriques
La simulation historique : La ***Value – at – Risk*** est donc ici estimée selon les rendements passés	**La méthode RiskMetrics :** l'idée est ici de faire varier la volatilité dans le temps tout en donnant un poids plus substantiel aux données récentes.	**La Théorie des Valeurs extrêmes :** La Théorie étudie les queues de distribution
La méthode du Bootstrap : Cette méthode consiste donc à rééchantillonner avec remises et un grand nombre de fois, les données des rendements historiques.	**La méthode Variance-Covariance :** permets d'estimer la variance d'un portefeuille à partir des corrélations standardisées et de la volatilité de certains actifs seulement.	**Le modèle CAViaR :** L'idée est ici de modéliser, non pas la loi de distribution, mais directement le quantile en utilisant des méthodes de régression de quantiles.
La méthode de Monte-Carlo : dans cette méthode il faut déterminer la distribution qui semble capter au mieux les variables de marché puis on génère des centaines de changements hypothétiques futurs de ces variables.		

[24] Les méthodes dites non paramétriques sont des modèles d'estimation de la Value-at-Risk à partir desquelles il n'est pas nécessaire de poser a priori, une hypothèse concernant la distribution des pertes et des profits

2.3 Utilisation de «*Expected Shortfall*» pour le risque de crédit

Expected Shortfall ES a suscité le plus d'intérêt et plusieurs études ont l'abordé. Selon l'étude réalisée par (Emmer et al., 2015) il existe plusieurs comparaisons de la VaR et de l'ES dans un contexte réglementaire spécifique au risque de marché, tandis que (Frey et al., 2002) comparent les deux mesures de risque (ES et VaR) pour l'optimisation des portefeuilles de risque de crédit. Cependant (Guegan et al., 2017) soulignent l'importance de prendre en compte la distribution et les niveaux de confiance lors de la comparaison de la VaR et de l'ES.

(ES) c'est une mesure du risque - un concept utilisé dans le domaine de la mesure du risque financier pour évaluer le risque de marché ou le risque de crédit. Le ES_k au niveau $k\%$ est le rendement attendu du portefeuille dans les $k\%$ des cas les plus défavorables ou dans le pire des cas. L'ES est une alternative à la VaR.

Équation 3: Expected Shortfall

$$ES_k = E[-X|X < -VaR_k]$$

L'ES c'est une alternative à la VaR et elle estime le risque d'un investissement de manière conservatrice, en se concentrant sur les résultats les moins rentables. L'ES attendu est considéré comme une mesure de risque plus utile que la VaR car il s'agit d'une mesure spectrale cohérente du risque de portefeuille financier. Il est calculé pour un niveau de quantile donné k, et elle est définie comme étant la perte moyenne de la valeur du portefeuille.

3 Les stress tests bancaires

Un stress test est un exercice consistant à simuler des conditions économiques et financières extrêmes, mais plausibles, afin d'en étudier les conséquences sur les banques et de mesurer leur capacité de résistance à de telles situations. Ces tests sont menés par les banques centrales ou par les banques elles-mêmes, on parle respectivement de stress-tests réglementaires et internes. Les stress-tests ont été mis en place par les banques centrales et les autorités de supervision bancaire vers la fin des années 1990. (www.lafinancepourtous.com)

Un test de résistance bancaire vise à mesurer l'impact du choc macroéconomique sur les volumes et les risques de crédit portés par les banques, sur la valeur de leurs actifs et bien évidemment leurs ratios de solvabilité, ce type de stress-tests sont dits macroéconomiques. Un stress test doit ainsi mettre à l'épreuve la capacité des banques à affronter des cataclysmes économiques. Dans ce cas, les banques doivent réagir, soit en augmentant leurs fonds propres, soit en opérant à des restructurations. (HJIRT, 2021)

Le stress test est un exercice qui dépend de la structure qui l'applique, du choix des outils utilisés pour la modélisation et des données disponibles pour calibrer les modèles et construire les scénarios. Par conséquent, la structure des exercices de stress-test diffère d'une institution à une autre. Cependant, les stress-tests reposent en général sur quatre piliers, à savoir le choix des scénarios, le choix des modèles, le calcul d'impact et son analyse, et enfin la prise de décision et prise en compte des effets de second ordre. (HJIRT, 2021)

Le stress test est un exercice qui dépend de la structure qui l'applique, du choix des outils utilisés pour la modélisation et des données disponibles pour calibrer les modèles et construire les scénarios. Par conséquent, la structure des exercices de stress-test diffère d'une institution à une autre. (HJIRT, 2021)

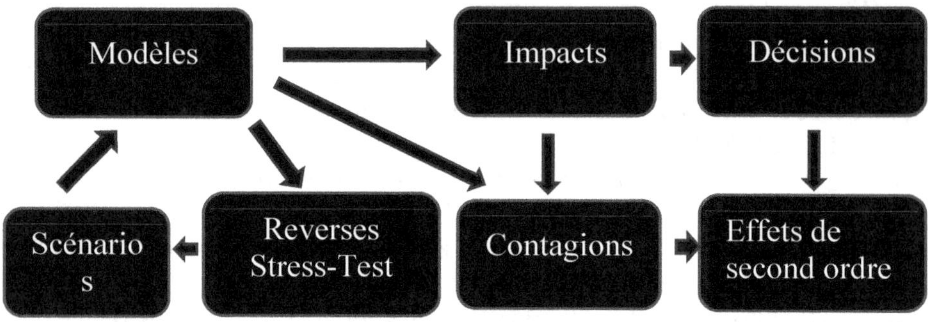

Figure 7 : Structure des stress tests reproduits par nos propres soins (Source : MUSTAPHA HJIRT, 2021)

Cependant, les stress-tests reposent en général sur quatre piliers, à savoir le choix des scénarios, le choix des modèles, le calcul d'impact et son analyse, et enfin la prise de décision et prise en compte des effets de second ordre. (Mustapha Hjirt, 2021). La figure 4 schématise l'intégration de ces piliers dans le processus d'un stress-test. Les modèles utilisés dans les stress-tests peuvent contenir selon la nature de l'exercice une modélisation de la contagion, comme par exemple dans un stress-test interbancaire réalisé par la banque centrale, ou la prise en compte de l'interdépendance en risque de crédit. (HJIRT, 2021)

Section 2 : la réglementation de la modélisation du risque de crédit

À la suite des crises bancaires et des changements des conditions économiques générales, certaines banques centrales ont souhaité définir des règles de prudence que les banques devraient respecter. Ces réglementations prudentielles ont pris une importance chez les banques de toute catégorie confondues.

Cependant la réglementation prudentielle peut être définie comme « *un ensemble de règles régissant la bonne conduite des banques afin d'éviter les faillites en cascade. Cette réglementation édicte notamment des règles en matière de fonds propres minimums à détenir.* » (www.Edubourse.com)

La réglementation prudentielle du secteur bancaire a considérablement évolué ces vingt dernières années, notamment sous l'impulsion des travaux du Comité de Bâle[25]. Et, même si ce Comité de Bâle n'a aucun pouvoir décisionnel, ses recommandations et préconisations sont reprises par les différentes autorités de tutelle et bien précisément les banques centrales des différents pays. En outre, la réglementation prudentielle des risques a débuté durant les années 1990 et les établissements de crédit ont développé des modèles de gestion des risques internes et des formules de calcul du capital pour se protéger contre les risques non anticipés.

Ces risques affectent les actionnaires et les créanciers des banques, mais ceci n'est pas suffisant pour justifier une réglementation des institutions financières, car ces agents sont rémunérés pour les risques qu'ils prennent et ont accès à des instruments de surveillance qui leur procurent suffisamment d'information pour assurer leurs protections.

Néanmoins, les règles prudentielles mises en œuvre sont déterminées dans le cadre des accords de Bâle émis par le comité de Bâle. Ce comité se compose de représentants relevant des autorités de contrôle et des banques centrales des différents pays à travers le monde. Il agit en faveur d'un renforcement de la réglementation prudentielle internationale à travers l'émission d'un certain nombre de recommandations destinées à prévenir les faillites bancaires et à diminuer la probabilité d'avènement d'une crise financière systémique.

1 Les accords de Bâle

Les accords de Bâle font référence aux accords de supervision bancaire émise par le Comité de Bâle sur le contrôle bancaire (CBCB). Ils sont appelés Accords de Bâle parce que le secrétariat du CBCB est basé à la Banque des règlements internationaux à Bâle (Suisse), où les comités se réunissent habituellement. Le Comité de Bâle est composé de représentants des banques centrales et des superviseurs des pays du G10[26], ainsi que d'autres pays, notamment le Luxembourg et l'Espagne. Bien que la plupart des États

---

[25] Le Comité de Bâle, créé par les gouverneurs des banques centrales du Groupe des Dix pays à la fin de 1974, se réunit régulièrement quatre fois par an. Les pays sont représentés par leur banque centrale et aussi par l'autorité ayant la responsabilité formelle de la surveillance prudentielle des activités bancaires.

[26] Le G10 ou Groupe des 10 est lié aux pays qui ont participé aux accords généraux d'emprunt (AGE) mis en place par le FMI en 1962. Constitué maintenant de 11 pays (mais il y avait bien 10 pays au départ, d'où le nom) le but est de proposer des moyens financiers supplémentaires qui peuvent être mis à la disposition du FMI si ses ressources deviennent insuffisantes. Liste des pays membres : Allemagne, Belgique, Canada, États-Unis, France, Italie, Japon, Pays-Bas, Royaume-Uni, Suède, Suisse. (https://www.glossaire-international.com)

membres préfèrent mettre en œuvre les politiques du comité, étant donné que le comité n'a pas le pouvoir de mettre en œuvre les recommandations. Cela signifie que les recommandations sont mises en œuvre par le biais de lois et réglementations nationales, plutôt que de suivre les recommandations du comité - il peut donc y avoir un délai entre les recommandations et leur mise en œuvre en tant que loi au niveau national.

2 La mesure du risque de crédit selon Bâle 1 (Le ratio Cooke)

Selon (Saïdane, 2012) la création du Comité de Bâle en 1974 faisait suite à un incident survenu lors de la liquidation de la banque allemande HERSTTAT. Cet incident, lié au risque de crédit, a eu un effet domino sur d'autres banques.

Le premier accord qui était signé par les pays membres du G10, l'accord oblige les banques des pays membres à détenir un minimum de capital requis pour se protéger des différents risques. Il est limité au risque de crédit, chaque banque est requise de conserver une réserve de capital de 8 % ($ratio\ de\ Cooke$) de la valeur des titres représentant des risques de crédit dans son portefeuille. Ce ratio sert à créer une réserve de solvabilité de la banque. Cela signifie que lorsqu'une banque prête 1000 DH à un client, elle doit disposer d'au minimum 80 DH de fonds propres et utiliser au maximum 920 DH de ses autres sources de financement telles que dépôts, emprunts, financement interbancaire, etc.

Le $ratio\ de\ cooke$ impose 2 contraintes :

Équation 4 : Ratio de Cooke

$$\frac{(fonds\ propres + quasi\ fonds\ propres)}{ensemble\ des\ engagements} \geq 8\%$$

$$\frac{fonds\ propres}{ensemble\ des\ engagements} \geq 4\%$$

Avec :

$\boldsymbol{fonds\ propres}$: le capital et les réserves (fonds propres de base)

$\boldsymbol{quasi\ fonds\ propres}$: considérés comme du « quasi-capital », à l'exemple des dettes subordonnées c'est-à-dire les dettes dont le remboursement n'intervient qui après celui de toutes les autres dettes)

$\boldsymbol{ensemble\ des\ engagements}$: L'ensemble des engagements de crédit de la banque.

Les poids des titres financiers détenus dépendent des risques. Les poids utilisés pour calculer le ratio moyen étaient plutôt arbitraires au début de la réglementation ; ils ont été modifiés en 2006 pour les banques utilisant encore cette approche traditionnelle dans le calcul du capital relié au risque de crédit. Ils sont maintenant basés sur des cotes de risque externes obtenues d'agences de notation indépendantes.

3 La mesure du risque de crédit selon Bâle 2 (McDonough)

Une réforme importante pour les risques opérationnels et de crédit a été élaborée en 2004 (Bâle II) et mise en vigueur en 2006. L'objectif du nouvel accord prudentiel de (Bâle II) était donc de mieux évaluer les risques bancaires et d'imposer aux banques un dispositif de surveillance prudentielle et de transparence. Le ratio de capital demeure à 8 % des actifs risqués (pondérés). Le but principal de la réforme est de rendre le calcul du capital plus sensible au risque. On y a ajouté le calcul du capital pour le risque de crédit avec la méthode interne (modèle du genre CreditMetrics[27]) pour tenir compte de la diversification des portefeuilles d'actifs sujets au risque de crédit.

Trois piliers supportent la réglementation de 2004 :

- **Calcul du capital** : plus basé sur des modèles de finance que sur des règles comptables ;
- **Supervision** : plus de validation des méthodes statistiques et des données.
- **Discipline de marché** : plus de communication de l'information financière des banques au marché. Plus de transparence sur le risque des banques.

Pour le risque de crédit, on retrouve maintenant deux méthodes de calcul du capital :

- L'approche standard de 1988 modifiée pour l'utilisation des notations de risque ;
- L'approche interne, pouvant impliquer l'utilisation d'une notation interne (IRB, Internal Ratings Based) et de la VaR de crédit pour le risque du portefeuille.

Le ratio de McDonough s'écrit comme suit :

Équation 5 : Ratio MCDon

$$Ratio\ de\ McDon = \frac{fonds\ propres}{risque\ de\ crédit + risque\ de\ marché + risque\ opérationnel} \geq 8\%$$

Risque de crédit : La mesure du risque de crédit se fait par la pondération de l'encours, c'est-à-dire du montant total de la créance par la qualité du débiteur.

Risque de marché : Est le risque de perte ou de dévaluation sur les positions prises à la suite de variations des prix sur le marché. Ce risque s'applique aux produits de taux (obligations, dérivés de taux), aux actions, au change ainsi qui aux matières premières.

Risque opérationnel: Est défini comme le risque de perte liée à des processus opérationnels, des personnes ou des systèmes internes inadéquats ou défaillants, ou à des événements externes.

---

[27] Est considéré comme le premier modèle de portefeuille destiné à évaluer le risque de crédit », il a été mis en place par J. P. Morgan

La mise en œuvre de Bâle II a un impact sur un large éventail de fonctions, notamment la finance. L'incertitude et la complexité à laquelle les banques sont confrontées dans leurs efforts pour se conformer aux directives réglementaires de Bâle II sont nombreuses. En étroite collaboration avec les objectifs de conformité, Bâle II offre aux banques les avantages d'une meilleure gestion des risques, d'une tarification supérieure fondée sur les risques des produits et d'avantages potentiellement concurrentiels.

4 La mesure du risque de crédit selon Bâle 3

La crise bancaire et financière de 2008 et les faillites d'un certain nombre d'établissements financiers vont mettre en relief les insuffisances de la réglementation prudentielle en termes de couverture des risques et de liquidité.

Les responsables des banques centrales et autorités de supervision bancaire ont mis en place des nouvelles mesures prudentielles plus strictes afin de remédier la probabilité d'avènement d'une crise similaire dans le futur. La réforme financière a été adoptée vers la fin de l'année 2010 sous le nom des accords de Bâle 3.

Bâle 3 représente un renforcement fondamental - dans certains cas, une refonte radicale - des normes mondiales en matière de fonds propres. La mise en œuvre de Bâle 3 augmentera considérablement la qualité des capitaux des banques et relèvera sensiblement le niveau requis de leurs fonds propres. En outre, elle fournira un "overlay macroprudentiel" pour mieux faire face au risque systémique. Enfin, le nouveau paquet laissera suffisamment de temps pour une transition en douceur vers le nouveau régime." (Caruana, 2010).

Comme décrit ci-dessus, les banques sont fortement réglementées et encore plus avec l'émergence récente de nouveaux services de paiement. Tous ces systèmes de paiement ont suscité l'inquiétude des gouvernements, malgré les avantages évidents de ces nouvelles méthodes de paiement, comme la sécurité. La section suivante vise à décrire ces différents services de paiement et en particulier les cartes de crédit.

Bâle 3 ajoute de nouvelles règles de capital adéquat pour protéger les banques et un meilleur contrôle du risque de liquidité. L'Accord exige davantage de gestion des risques pour les banques et de supervision des banques.

Le nouvel accord sollicite également plus de transparence, plus de capital dans les réserves :

- Minimum capital total niveau 1 : la partie équité passe de 2 % à 3,5 % en 2013 et le total du niveau 1 passe de 4 % à 6 % en 2019 ;
- Le minimum de capital total demeure à 8 % en 2013, mais nous devrons ajouter une mesure sécuritaire supplémentaire (conservation buffer) : 10,5 % en 2019 (pour se protéger des périodes de récession ou de crise financière).

Tableau 6 : Capital réglementaire Bâle 3 en 2019

	Équité	**Total niveau 1**	**Capital total**

Minimum	4.5	6	8
Mesure sécuritaire	2.5		
Minimum plus Mesure sécuritaire	7	8.5	10.5

La mise en œuvre des lignes directrices de Bâle 3, qui sont entrées en vigueur après 2015 dans la plupart des banques dans le monde, a également créé des opportunités dans la plupart des pays en développement, en particulier en Asie et en Afrique (Rehman et al., 2019).

Autres points forts de Bâle 3, dont l'introduction d'un certain nombre de volants et coussins de conservation des capitaux propres ; il s'agit essentiellement du volant de conservation, du volant contracyclique et des volants pour établissements à caractère systémique. Les accords de Bâle III recommandent de mettre en place un volant de conservation des fonds propres à hauteur de 2.5% des actifs pondérés. Les accords de Bâle recommandent de mettre en place un second volant dit contracyclique obligeant les banques à constituer une réserve de fonds propres durant les périodes favorables, en prévision des périodes de ralentissement économique. Ce coussin, destiné à pallier les éventuels effets de procyclicité. Enfin, des coussins pour faire face au risque systémique ont été prévus pour les banques d'importance systémique.

En outre, les grandes banques qui utilisent les approches avancées semblent avoir été les plus touchées par la mise en œuvre des règles strictes en matière de fonds propres et de liquidités prévues par l'accord de Bâle 3, et selon le papier scientifique de Lasaga (2019), le coût moyen du financement commercial supporté par les grandes banques a augmenté de 42,6 % en 2019.

5 Les approches de mesure du risque de crédit [28]

5.1 Approche standard

Pour la plupart des banques, le risque de crédit représente l'essentiel de la prise de risque et donc, des exigences de fonds propres. L'approche standard est suivie par la majorité des banques dans le monde, y compris dans les juridictions non membres du comité de Bâle. (Source : Banque de règlements internationaux)

L'approche standard révisée du risque de crédit renforce le dispositif réglementaire :

- En améliorant sa granularité et sa sensibilité au risque. Ainsi, l'approche standard de Bâle II prévoit l'application d'une pondération unique des risques à tous les prêts hypothécaires résidentiels. Dans le cadre de

[28] Banque de règlements internationaux

l'approche standard révisée, la pondération des risques des prêts hypothécaires dépend du ratio prêt/valeur (LTV) du prêt ;

- En réduisant le recours mécanique aux notes de crédit, d'une part en demandant aux banques de procéder à des vérifications suffisantes, et d'autre part en concevant une approche non fondée sur les notes et suffisamment granulaire pour les juridictions qui ne peuvent pas ou ne souhaitent pas s'appuyer sur des notes de crédit externes ;
- En jetant les bases, par conséquent, d'un plancher révisé pour les exigences de fonds propres fondées sur les modèles internes (« output floor » visant à remplacer le plancher existant de Bâle I), ainsi que la communication des informations afférentes, de manière à augmenter la comparabilité entre les banques et à restaurer l'égalité concurrentielle.

Les révisions de l'approche standard pour le risque de crédit, par rapport à l'approche existante, sont répertoriées dans le tableau (Annexe 1). Les principales révisions sont les suivantes :

- Une approche plus granulaire applicable aux expositions non notées sur les banques et les entreprises, et aux expositions notées dans les juridictions où l'usage des notes de crédit est autorisé.
- Concernant les expositions sur les banques, certaines pondérations des risques pour les expositions notées ont été recalibrées. En outre, la pondération en fonction des risques des expositions non notées est plus granulaire que la pondération unique existante. Un traitement spécifique des obligations sécurisées a également été mis en place.
- Concernant les expositions sur les entreprises, une table de pondérations plus granulaire a été élaborée. Une pondération particulière des risques s'applique aux expositions sur les petites et moyennes entreprises (PME). En outre, l'approche standard révisée prévoit un traitement spécifique des expositions sur le financement de projets, d'objets et de produits de base.
- Concernant les expositions sur la clientèle de détail (particulier), un traitement plus granulaire est prévu, distinguant les divers types d'expositions. Ainsi, le portefeuille réglementaire de clientèle de détail établit une distinction entre les facilités renouvelables (« revolving », « revolvers » - où le crédit est généralement utilisé) et les « transactors » (où la facilité est moins une source de crédit qu'un moyen de faciliter les transactions).

5.2 Approches du risque de crédit fondées sur les notations internes (IRB)

La crise financière a mis au jour un certain nombre de lacunes dans les approches des fonds propres réglementaires fondées sur les modèles internes, y compris les approches IRB du risque de crédit. Au nombre de ces lacunes figure la complexité excessive des approches IRB, les insuffisances en termes de comparabilité des exigences de fonds propres fondées sur les modèles internes et le manque de solidité de la modélisation de certaines classes d'actifs. (Source : Banque de règlements internationaux)

L'approche du risque de crédit fondée sur les notations internes (IRB) permet aux banques de modéliser leurs propres données pour calculer les actifs pondérés en fonction du risque à partir des expositions au crédit des particuliers, des entreprises, des institutions financières et des emprunteurs souverains, sous réserve de l'approbation des autorités de surveillance. Dans le cadre de la fondation IRB, les banques modélisent uniquement la probabilité de défaut.

Le Comité de Bâle a défini deux approches IRB, dans la première approche dite approche IRB simple, seule la probabilité de défaillance est estimée par la banque alors que les autres paramètres sont fournis par les autorités de régulation. Dans la seconde approche ou approche IRB avancée, tous les paramètres sont estimés par la banque.

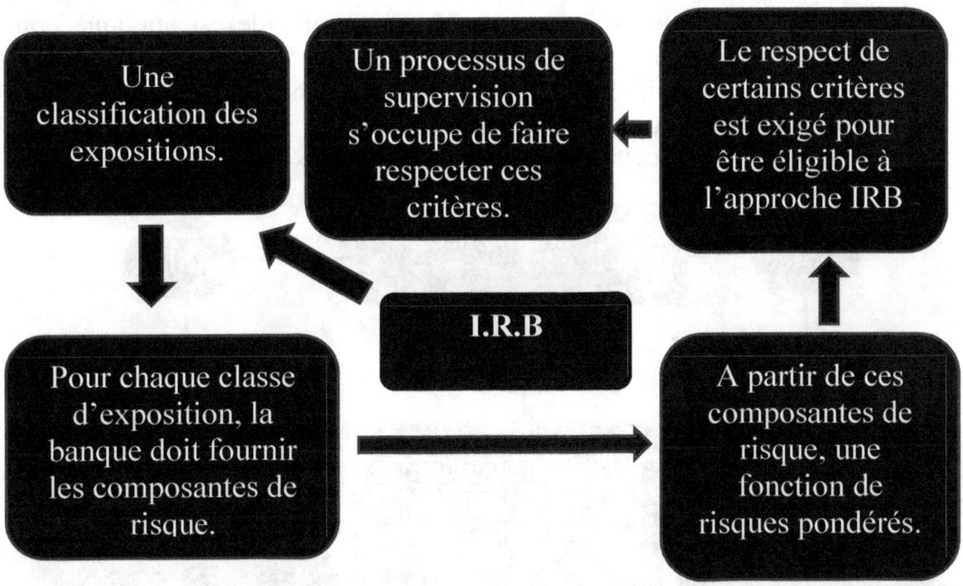

Figure 8 : Cartographie de l'approche IRB

Néanmoins, une banque qui adopte la méthode avancée ne peut avoir une exigence en fonds propres inférieure à 90% de celle calculée avec la méthode simple.

Les composantes de risque sont :

- La probabilité de défaillance,
- La perte en cas de défaillance
- L'exposition en cas de défaillance
- La maturité M.

Quelle que soit la méthode simple ou avancée, les probabilités de défaillance sont estimées par la banque et doivent correspondre à une moyenne conservatrice des probabilités de défaillance sur le long terme. Par conséquent, ces probabilités de défaillance sont liées à la construction des notations internes.

Dans l'approche simple, les valeurs de LGD[29] sont fournies par les autorités de régulation. Dans la méthode avancée, c'est la banque elle-même qui fournit la valeur. En règle générale, l'exposition en cas de défaillance sera égale au montant nominal du crédit. Le calcul des risques pondérés RWA[30]correspond alors :

Équation 6 : Risque pondéré

$$RWA = r \times EAD$$

Avec r la pondération "interne" calculée à partir de PD, LGD, M et la fonction de risques pondérés. La banque peut alors calculer la valeur totale des risques pondérés par portefeuille (c'est-à-dire pour chaque classe d'exposition) en faisant une simple somme. Finalement, un facteur d'ajustement qui reflétait la granularité du portefeuille est appliqué pour obtenir la valeur finale des risques pondérés.

Cependant la défaillance d'une contrepartie donnée est supposée être survenue si l'un des trois événements a eu lieu :

On voit donc que cette définition recouvre deux types de créances : les

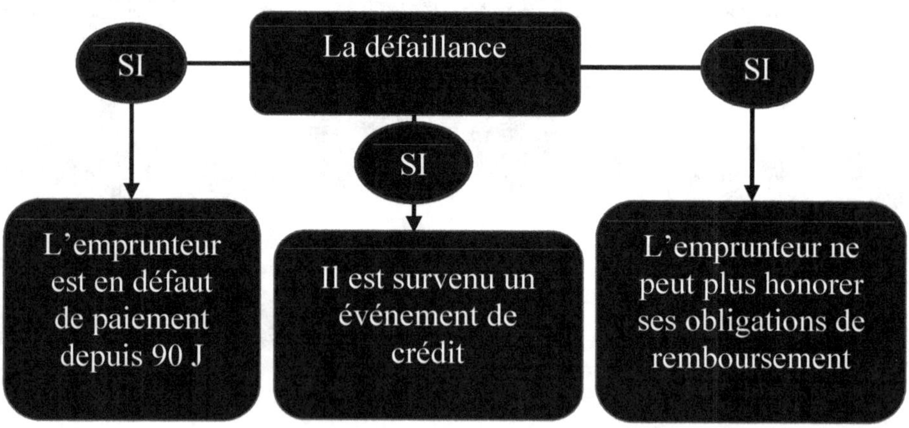

Figure 9: défaillance d'une contrepartie

créances contentieuses (le risque de perte est constaté.) et les créances douteuses (le risque de perte est potentiel.). Le comité de Bâle est conscient que cela peut poser des problèmes de périmètre. C'est pourquoi des travaux

---

[29] La perte en cas de défaillance est spécifique à chaque exposition, et prend en compte l'ensemble des éléments pouvant intervenir sur le taux de recouvrement. Il mesure la part du montant de l'exposition au moment du défaut que la contrepartie sera à même de rembourser. Il est défini simplement comme le complémentaire du taux de défaut.

[30] Risk Weighted Asset (RWA), les actifs pondérés en fonction des risques sont les actifs ou les expositions hors bilan d'une banque.

sont en cours concernant le mapping d'estimations basées sur d'autres définitions.

Conclusion Chapitre 2 :

La modélisation optimale du risque de crédit conçoit un enjeu essentiel dans la sphère financière moderne ; tous les créanciers exposés au risque de crédit sont d'abord incités à le mesurer, pour chacun de leurs clients. La modélisation et l'estimation des probabilités de défaut et des corrélations de défaut sont au cœur des modèles de risque de crédit, étant donné que les calculs de la valeur à risque sont très sensibles aux variations de ces paramètres.

Les réglementations prudentielles leur exigent par ailleurs la mesure sur laquelle se fonde la définition d'un montant minimum de Fonds propres à posséder pour éviter tous les difficultés et dérapages, ainsi pour réduire la probabilité d'une crise systémique.

Cependant, dans ce chapitre, nous nous sommes focalisés sur l'aspect théorique du crédit bancaire, et de toute sorte de risque relavant de toute opération d'octroi d'un prêt, à cet effet nous avons illustré les différents outils et règles prudentielles que les banques utilisent pour déterminer où se situe le risque de crédit dans les portefeuilles. Toutefois, cette étape reste primordiale, étant donné que si les risques sont clairement reconnus et mesurés, il devient évident de les gérer.

Chapitre 3 : Les approches de modélisation du risque de crédit

Au cours de la dernière décennie, plusieurs grandes banques du monde ont mis au point des systèmes sophistiqués pour tenter de modéliser le risque de crédit découlant d'aspects importants de leurs secteurs d'activité. Ces modèles visent à aider les banques à quantifier, à agréger et à gérer les risques de toutes les gammes de produits financiers proposés.

Les résultats de ces modèles jouent également un rôle de plus en plus important dans les processus de gestion du risque et de mesure du rendement des banques, y compris la rémunération fondée sur le rendement. Cependant, le domaine de la modélisation du risque de crédit s'est développé rapidement au cours des dernières années pour devenir un élément clé des systèmes de gestion du risque des établissements financiers.

En fait, plusieurs établissements financiers commercialisent activement leurs modèles de risque de crédit à d'autres institutions. Essentiellement, ces modèles permettent à l'utilisateur de mesurer le risque de crédit présent dans ses portefeuilles d'actifs. Par conséquent, ces modèles peuvent être directement intégrés dans de nombreuses composantes de la gestion du portefeuille de crédit de l'utilisateur, tels que la tarification des prêts, l'établissement de limites de concentration et la mesure de la stabilité des projets ajustés en fonction du risque.

Toutefois, avant qu'une approche de modélisation de portefeuille puisse être utilisée dans le processus officiel d'établissement des exigences réglementaires en matière de fonds propres pour le risque de crédit, les organismes de réglementation devraient être convaincus non seulement que les modèles sont utilisés pour gérer activement le risque, mais aussi qu'elles sont solides sur le plan conceptuel, validés empiriquement et qu'ils produisent des besoins en capitaux comparables entre les établissements, ainsi sont capables de réduire le coût alloué à la modélisation du risque de crédit, étant donné que le coût alloué à la gestion dudit risque représente une part non négligeable de la valeur ajoutée créée par les établissements bancaires.

Section 1 : Fondements théoriques de la modélisation du risque de crédit

Pour atténuer le risque de crédit, les banques développent certaines procédures internes d'analyse de crédit, conformément aux exigences réglementaires nationales et internationales. L'évaluation de la solvabilité d'un client est principalement effectuée par le département du crédit en examinant les états financiers pour les entreprises ou des variables explicatives pour le cas des particuliers.

Cette évaluation est généralement complétée par des évaluations approfondies afin de confirmer les déclarations par une observation et une évaluation directes par la modélisation du risque de crédit selon des règles internes prédéfinies.

Cependant, la modélisation du risque de crédit peut effectivement se traduire par une meilleure gestion interne et pourrait être utilisée dans la supervision des organisations bancaires. Toutefois, avant qu'une approche de modélisation de portefeuille ne puisse être utilisée dans le processus officiel d'établissement des exigences réglementaires en matière des fonds propres pour le risque de crédit, les organismes de réglementation devraient être convaincus non seulement que les modèles sont utilisés pour gérer activement le risque, mais aussi qu'elles sont solides sur le plan conceptuel, validées empiriquement et qu'elles produisent des besoins en capitaux comparables entre les établissements.

Dans cette section, nous allons décrire brièvement quelques modèles de risque de crédit, à savoir Z-Score, KMV, MOW, RAROC et CreditRisk+, de ce fait, nous allons mettre l'accent sur leurs principales hypothèses et leurs principaux résultats.

1 La méthode Z-Score

À l'heure actuelle, des obstacles importants, principalement en ce qui concerne la disponibilité des données et la validation des modèles, doivent encore être éliminés avant que ces objectifs ne puissent être atteints. Les modèles de notation de crédit utilisent des données sur les caractéristiques et le comportement de l'emprunteur, et ce, pour calculer la probabilité de défaut ou pour classer les emprunteurs dans différentes catégories de risque de défaut (Solvable / non-solvable) (Saunders et al, 2007).

Parmi les modèles de notation de crédit, le $\boldsymbol{Z - Score}$ d'Altman est bien connu, utilisé pour le cas de la prédiction de la solvabilité des clients bancaires non-particuliers. La formule de $\boldsymbol{Z - Score}$ de du Dr Edward Altman (1968) pour prédire la faillite, est une formule multivariée pour la mesure de la santé financière d'une entreprise et un outil de diagnostic puissant qui prévoit la probabilité qu'une entreprise entre en faillite dans une période de deux ans avec une précision prouvée de 75-80%.

Pour Beaver (1966, 1968) et Altman (1968) qui ont étudié des modèles de prédiction de faillite d'entreprise qui reposent sur des mesures basées sur la comptabilité comme variables. Ces modèles, basés sur la comptabilité, utilisent des mesures composites qui combinent statistiquement plusieurs variables comptables, comme le Z-Score d'Altman (1968) et le O-Score d'Ohlson (1980). Cependant, un score supérieur à 3 indique que la faillite est peu probable ; en dessous de 1,8, la faillite est probable.

Selon les résultats obtenus dans l'étude menée par Hillegeist et al. (2004), affirment qu'il existe plusieurs problèmes lors de la modélisation de la probabilité de défaut sur la base de données comptables. Tout d'abord, les estimations de la probabilité de défaut sont la probabilité d'événements futurs, mais les états financiers sont conçus pour mesurer la performance passée d'une entreprise. Par conséquent, les données comptables peuvent ne pas être indicatives de la situation future de l'entreprise. Deuxièmement, la capacité de prédiction de ces modèles est limitée par leurs conceptions. Les états financiers sont conçus sur la base de l'hypothèse de continuité, qui suppose que l'entreprise ne fera pas défaut. Troisièmement, en raison du principe de prudence, les actifs fixes et les actifs incorporels sont parfois sous-évalués par rapport à leurs prix de marché. Les évaluations d'actifs orientées à la baisse entraineront une surestimation des mesures de l'effet de levier basées sur la comptabilité.

Le modèle de notation de crédit d'Altman prend la forme suivante :

Équation 7 : Z-Score

$$\boldsymbol{Z-Score} = 1{,}2.x_1 + 1{,}4.x_2 + 3{,}3.x_3 + 0{,}6.x_4 + 1{,}0.x_5$$

Avec :

x_1: Besoin en fonds de roulement / Total actifs

x_2: Réserves / Total actifs

x_3: Bénéfice avant intérêts et impôts / Total actifs

x_4: Capitalisation Boursière / Total des dettes

x_5: Chiffre d'affaires / Total actifs

Plus la valeur de $\boldsymbol{Z-Score}$ est élevée, plus la classification de l'emprunteur dans la classe du risque de défaut est faible. Selon le modèle de gestion du risque crédit d'Altman, tout entreprise dont la cote $\boldsymbol{Z-Score}$ est inférieure à 1,81 devrait être considérée comme présentant un risque de défaut élevé, entre 1,81 et 2,99 un risque de défaut indéterminé et un risque de défaut inférieur pour le cas de $\boldsymbol{Z-Score}$ supérieur à 2,99.

L'utilisation de ce modèle est critiquée pour avoir fait de la discrimination seulement entre trois comportements d'emprunteur ; risque élevé de défaut, indéterminé et faible. Deuxièmement, il n'y a aucune raison économique évidente de s'attendre à ce que les pondérations du modèle Z-Score – ou, plus généralement, les pondérations de tout modèle de notation de crédit – soient constantes sur une période très courte. Troisièmement, le problème c'est que ces modèles ignorent les facteurs importants, difficiles à quantifier (comme les facteurs macroéconomiques) qui peuvent jouer un rôle crucial dans le la décision du défaut ou l'absence de défaut.

2 La méthode KMV[31]

Au cours des dernières années, à la suite du travail des pionniers sur les options, Merton, Black et Scholes, nous reconnaissons maintenant que lorsqu'une entreprise recueille des fonds en émettant des obligations ou en

[31] Le modèle KMV calcule la probabilité de défaut prévue en fonction de la structure du capital de l'entreprise, de la volatilité des rendements des actifs et de la valeur actuelle des actifs. Ce modèle s'applique mieux aux sociétés cotées en bourse pour lesquelles la valeur des actions est déterminée par le marché.

augmentant les prêts bancaires, elle détient une option de défaut de paiement ou de remboursement très précieux (Black et Scholes, 1973). (Merton, 1974).

Le modèle KMV est un modèle de surveillance du crédit qui aide à résoudre les problèmes de crédit des banques et examiner de plus près le problème de l'incitation au remboursement (Gilbert, 2004). Pour tenter de résoudre les problèmes, le modèle KMV utilise la relation structurelle entre la volatilité de l'actif d'une entreprise et la volatilité des capitaux propres de l'entreprise.

Bien que cette approche se base sur l'hypothèse qu'une entreprise s'approche du défaut lorsque la valeur de ses actifs descend au-dessous de la valeur comptable de son prêt. Cependant, la détermination de la probabilité de défaut se base sur une modélisation stochastique de la valeur des actifs, qui permet de construire une distribution, à chaque instant future, de l'écart entre la valeur des actifs et la valeur de la dette. De cette distribution, sont directement tirées les probabilités de défaut qui correspondent à la densité de probabilités attachée aux valeurs négatives de la distribution situées au-dessous d'un certain seuil.

La précision de la prévision du défaut du modèle KMV est étudiée par Bharath et Shumway (2004), les auteurs comparent la précision du modèle KMV avec des alternatives plus simples, ils constatent que les probabilités de défaut implicite provenant des swaps sur défaillance de crédit et des écarts de rendement des obligations d'entreprise ne sont que faiblement corrélées aux probabilités de défaut KMV-Merton, les auteurs concluent que le modèle KMV-Merton ne fournit pas une statistique suffisante pour le défaut, qui peut être obtenue en utilisant des modèles de risque relativement naïfs.

Cependant, pour Hillegeist, Keating, Cram et Lundstedt (2004) et Du et Sou (2005) comparent le modèle KMV à d'autres modèles, et concluent que le modèle KMV n'offre pas un pouvoir prédictif suffisant.

Pour l'étude menée par Duffie, Saita et al (2007), ils découvrent une force prédictive significative dans le temps au sein du modèle KMV. Campbell, Hilscher et al (2004) utilisent des modèles de risque pour conditionner le modèle KMV à d'autres variables de défaut pertinentes, et constatent un faible pouvoir prédictif du modèle KMV.

Cependant, pour Kealhofer et Kurbat (2002) ont tenté de reproduire ces conclusions, ils ont obtenu des résultats opposés. L'implémentation par KMV de l'approche structurelle de Merton basée sur la distance au défaut montre que le modèle structurel surpasse les autres mesures du risque de crédit.

D'autre part, Garlappi, Shu et Yan (2008) utilisent les mesures du risque de défaut de Moody's KMV et constatent que les actions présentant un risque élevé de défaillance ont tendance à avoir des rendements moyens anormalement bas.

Cependant, Vassalou et Xing (2004) mesurent la distance par rapport à la défaillance des entreprises cotées en bourse et constatent que les actions en difficulté financière génèrent des rendements plus élevés, ce qui contredit les résultats précédents.

Ce rendement plus élevé est principalement dû aux actions de petite valeur. De plus (Da et al., 2010) attribuent ce rendement anormal à des facteurs de liquidité. En effet, ils trouvent que le risque de liquidité augmente pour les actions en difficulté et les prix se rétablissent dans le mois suivant, ce qui explique le rendement élevé des actions avec une probabilité de défaut élevée.

En effet, Campbell, (Hilscher et el., 2008) utilisent à la fois la distance au défaut et des modèles *logit*[32] pour détecter la détresse financière et trouvent des preuves d'anomalie de prix puisque les actions en difficulté ont un rendement plus faible. Ils constatent également que les entreprises en difficulté ont des bêtas de marché élevés et des charges élevées sur les facteurs HML et SMB [33]de Fama et French[34] (1993, 1996).

La KMV Corporation (achetée par Moody's en 2002) a transformé cette idée relativement simple en un modèle de surveillance du crédit maintenant utilisé par la plupart des grandes banques dans le monde, dont le but de déterminer la probabilité de défaut des grandes sociétés. (KMV Corporation, 1994).

Moody's [35]propose ses propres implémentations commerciales de modèles hybrides. En effet (Sobehart et al 2000) utilisent une base de données propriétaire complète de plus de 1400 défaillances non-financières américaines pour évaluer la performance du modèle hybride de Moody's dans la prévision des défaillances. Ils combinent la distance structurelle au défaut avec d'autres variables de notation, de marché et de comptabilité. Ils concluent que ni le modèle structurel ni les états financiers ne contiennent toutes les informations pertinentes sur la solvabilité de l'entreprise. Ainsi, la combinaison des deux méthodes semble justifiée, puisque le modèle hybride surpasse à la fois le modèle structurel pur et le modèle statistique pur.

Cependant, la probabilité de défaut calculée reflète la probabilité que la valeur marchande des actifs de l'entreprise tombe en deçà des

---

32 Le modèle *logit* a une double nature. D'une part, il fait référence à un modèle de régression où la variable dépendante est binaire.

33 SMB signifie "Small [capitalisation boursière] Minus Big" et HML "High [book-to-market ratio] Minus Low" ; ils mesurent les rendements excédentaires historiques des petites capitalisations par rapport aux grandes et des valeurs de rendement par rapport aux valeurs de croissance.(https://en.wikipedia.org/wiki/Fama%E2%80%93French_three-factor_model)

34 En matière d'évaluation des actifs et de gestion de portefeuille, le modèle à trois facteurs de Fama-French est un modèle statistique conçu par Eugene Fama et Kenneth French pour décrire les rendements des actions.

35 Moody's Corporation, souvent appelée Moody's, est une société américaine de services commerciaux et financiers. C'est une agence de notation de crédit américaine, et de Moody's Analytics, un fournisseur américain de logiciels et de services d'analyse financière.

remboursements promis sur les dettes en un an. Si la valeur de l'actif d'une entreprise est inférieure à ses dettes, elle peut être considérée comme étant économiquement insolvable. Les simulations effectuées par le KMV ont montré que ce modèle surpasse les modèles comptables (Saunders et al, 2007). La valeur nette pertinente d'une entreprise correspond donc à la valeur de marché des actifs de l'entreprise moins la probabilité de défaut de l'entreprise.

3 La méthode *Credit_Portfolioview* (Modèle économétrique)

Étant donné que les modèles structurels font dépendre le défaut des composantes de l'entreprise, et que les modèles de forme réduite négligent la cause du défaut ; les modèles économétriques lient le défaut au cycle de l'activité de l'économie et ses facteurs macroéconomiques. Dans la pratique, le modèle économétrique, le plus connu est *CreditPortfolioView*[36] de *McKinsey*[37] (Amina Ben yahya, 2014)

Le modèle *Credit_Portfolioview* développé par Thomas Wilson et publié par McKinsey en 1997, stipule que les probabilités de défaut ne peuvent pas être neutres par rapport aux facteurs macroéconomiques tels que le taux de chômage, le taux de croissance du PIB etc. et ce, avec des élasticités [38] différentes de chaque secteur aux conditions économiques. (Amina Ben yahya, 2014)

Ce modèle considère que les probabilités de défaut sont sûres estimées pendant les bonnes périodes du cycle économique et sous-estimées pendant les périodes de récession, et que les conditions financières des firmes jouent fortement, dans le sens que celles ayant une position faible sur le marché sont plus vulnérables aux récessions que celles ayant une bonne position compétitive.

Le calcul de la probabilité de défaut dans ce modèle passe par trois étapes, CPV nécessite l'examen du portefeuille comme étant un ensemble de sous-portefeuilles fractionnés selon plusieurs critères, dont principalement la qualité du crédit. En outre, le cadre de CPV exige un modèle pour prévoir les valeurs futures des variables économiques, ensuite, grâce à ces valeurs estimées des différents facteurs, nous calculons les probabilités de défaut. Ainsi, ces taux de défaut déterminés sont liés à ces facteurs et varient quand ces derniers changent. (Amina Ben yahya, 2014)

Pour s'assurer que la valeur de la probabilité de défaut, estimée dans la dernière étape, soit comprise entre zéro et un ; *Wilson* a opté pour une fonction *logit* où il explique le taux de défaillance par un indice composite caractérisant chaque pays et chaque industrie et il est déterminé à partir des variables macroéconomiques. Soit $y_{j,t}$: l'indice composite qui explique l'état

---

[36] Thomas C.Wilson, Portfolio Credit Risk, Economic Policy Review, October 1998

[37] Cabinet de conseil auprès des directions générales, fondé à Chicago en 1926 par Oscar McKinsey

[38] L'élasticité-prix ou l'élasticité-prix de la demande est une mesure de la sensibilité de la demande ou de la consommation d'un bien ou d'un service par rapport à son prix.

général de la santé par différentes variables macroéconomiques : (Amina Ben yahya, 2014)

$$y_{j,t} = b_{j_0} + b_{j_1}X_{j_1t} + \cdots + b_{j_i}X_{j_it} + B_{jt}$$

Avec :

b_{j_i}: *les paramètres spécifiques pour chaque pays ou secteur (j)*

X_{j_it} : *les variables idépendantes à l'instant t pour chaque pays ou secteur (j)*

B_{jt}: *Bruut blanc* $B_{jt} \sim \mathcal{N}\left(0, \sigma_{B_j}^2\right)$

Par conséquent, dans la première étape, les facteurs macroéconomiques sont calculés à partir de leurs historiques, c'est pourquoi nous optons pour un processus retard tel qu'un processus *Autoregressif* suggéré par Crouhy et al. (2001) :

$$X_{j_it} = \delta_{j_i0} + \delta_{j_i1}X_{j_1t-1} + \delta_{j_i2}X_{j_1t-2} + \varepsilon_{jt} \; avec \; \varepsilon_{jt} \sim (0, \sigma_{\varepsilon_j}^2)$$

X_{j_1t-1} *et* X_{j_1t-2} Sont les valeurs retardées de la variable X_{j_it} où l'on estime les paramètres δ_{j_i0} *et* δ_{j_i1} *et* δ_{j_i2}

Donc la probabilité de défaut du pays ou secteur j pour l'année t est la suivante :

$$P_{jt} = \frac{1}{1 + e^{-y_{jt}}}$$

En outre, ce modèle présente certaines limites ; les données macroéconomiques indispensables pour ce modèle peuvent être indisponibles ou difficiles à trouver pour une industrie ou un pays donné. C'est un modèle macroéconomique qui ne peut être appliqué pour un émetteur. Dans la pratique, ce modèle est utilisé pour déterminer les taux de défaut des contreparties de qualité inférieure.

4 La méthode CreditRisk+

Le modèle CreditRisk+ apparaît comme une alternative aux deux autres modèles, car il est fondé sur une approche analytique. Cela signifie que la distribution des pertes n'est plus approchée par simulation, mais qu'elle est obtenue de manière exacte via une formule fermée. Le modèle considère le taux de défaut comme une variable aléatoire continue. La prise en compte d'une volatilité du taux de défaut associée à une analyse par secteur permet de rendre compte à la fois de l'incertitude du niveau de défaut et des éventuelles corrélations existantes entre plusieurs obligations.

Cependant, les actes de défaut sont supposés non-dépendants, cela permet de modéliser la fonction génératrice de la distribution du nombre de défauts grâce à de calculs simples. Toutefois, la distribution des pertes du portefeuille est ensuite obtenue sur la base d'hypothèse simplificatrice, notamment des taux de pertes en cas de défauts constants et des expositions discrétisées.

Gordy (2000), dont les travaux servent de base à cette étude, compare CreditRisk+ et CreditMetrics, et démontre comment l'un peut être converti en l'autre. Il montre, par le biais d'études empiriques, que le risque de crédit est particulièrement sensible à la volatilité de la probabilité de défaut et que

CreditRisk+ tend à mesurer le risque de crédit de manière plus élevée que CreditMetrics.

À la même période, Crouhy et al. (2000) effectuent également une recherche comparative sur les modèles de risque de crédit. Leurs études couvrent plus de modèles, y compris le modèle KMV et le CreditPortfolioView de McKinsey. Cependant, ils résument principalement chaque modèle et ne parviennent pas à fournir de nouvelles perspectives. Frey et McNeil (2001) adoptent une approche différente pour comparer CreditRisk+ et CreditMetrics. Ils considèrent diverses hypothèses de distribution pour chaque modèle et analysent les effets des distributions sur le risque de crédit. Ils démontrent que les hypothèses de distribution différentes conduisent à des risques de crédit différents, même sous la même corrélation de défaut. Diaz et Gemmill (2002), contrairement aux autres études où seuls deux états - défaut et absence de défaut - sont supposés, comparent CreditRisk+ et CreditMetrics permettant la migration des notations.

Dans CreditRisk+, la PD est supposée être une fonction linéaire des facteurs de risque,

Équation 8 : CréditRisk+

$$P_i = PD_i \sum_{k=1}^{K} w_{ik}.X_k$$

Où $X_0 = 1$, et X_k (k > 0) sont des facteurs de risque indépendants avec la $moyenne = 1$ et la variance σ_k^2. La somme des poids, $\sum_{k=1}^{K} w_{ik} = 1$.

PD conditionnel en $X = x$ a la forme suivante :

$$P_i = PD_i \sum_{k=1}^{K} w_{ik}.x_k$$

Cependant, le modèle CreditRisk+ observe le taux de défaut comme étant une variable aléatoire continue. La prise en compte d'une instabilité du taux de défaut associée à une analyse par secteur permet de rendre compte à la fois de l'ambiguïté du niveau de défaut et des éventuelles corrélations existantes entre plusieurs obligations.

En conséquence, et en se basant sur des formules mathématiques plus souvent rencontrées dans le domaine financier, ainsi, ce modèle cerne les caractéristiques primordiales de l'occurrence de défauts de paiement ainsi il permet un calcul explicite de la distribution des pertes d'un portefeuille comportant un risque de crédit.

Les concepts clés qui sont à la base de CreditRisk+ sont les suivants :

– Les taux de défaut sont stochastiques[39].

– Le niveau du taux de défaut a une incidence sur l'occurrence du défaut, mais il n'y a pas de relations causales entre ces occurrences.

---

[39] Un processus stochastique ou processus aléatoire ou fonction aléatoire représente une évolution, discrète ou à temps continu, d'une variable aléatoire.

Le modèle est alors structuré selon le schéma ci-dessous :

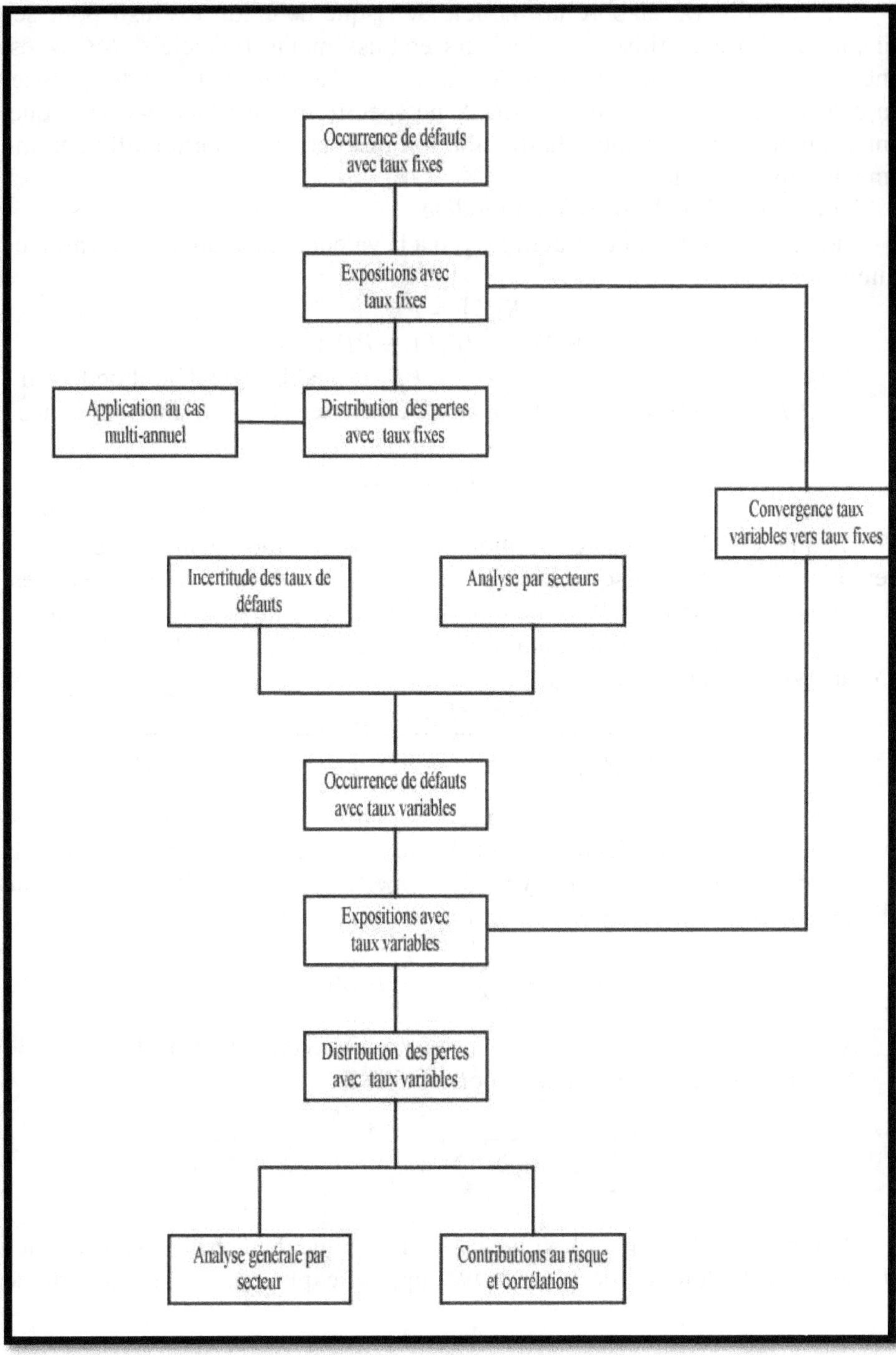

Figure 10 : Le processus du modèle CreditRisk+ (Source : Theirry Roncalli, 2001)

5 MOW (Mercer Oliver Wyman)

Mercer Oliver a élaboré un modèle de risque de crédit exclusif pour ses clients et il a été utilisé par plusieurs établissements financiers. MOW est incluse parce qu'elle se distingue des autres modèles dans la façon de spécifier la distribution du portefeuille : MOW ne spécifie pas les facteurs de risque, mais suppose explicitement la distribution des pertes de portefeuille comme une distribution bêta.

Voici une brève dérivation du modèle :

Indicateur par défaut de l'actif i, Y_i, il a la valeur d'espérance et de variance suivantes :

$$E[Y_i] = PD_i$$
$$V[Y_i] = PD_i(1 - PD_i)$$

Avec : PD_i Probabilité de défaut de l'actif i

La LGD de l'actif i, U_i , il a la valeur d'espérance et de variance suivantes :

$$E[U_i] = LGD_i$$
$$V[U_i] = LGD_i(1 - LGD_i)/2$$

Avec : LGD_i Perte en cas de défaut d'actif i

L'équation de variance implique que l'incertitude dans la LGD est relativement faible lorsque la LGD est très élevée ou faible, et elle est maximisée lorsque la LGD est de 0,5. Si la LGD est indépendante du défaut.

La perte de l'exposition unitaire de l'actif i, $Y_i\ U_i$, a la valeur attendue et l'écart-type suivant :

$$\mu_i = PD_i.LGD_i$$
$$\sigma_i = \sqrt{LGD_i^2.PD_i(1 - PD_i) + PD_i.LGD_i.(1 - LGD_i)/2}$$

Si la corrélation par défaut entre les actifs est ρ^d et que la LGD est mutuellement indépendante, lorsqu'il existe un grand nombre d'actifs, la valeur d'espérance et l'écart-type de la perte de portefeuille p par unité d'exposition peuvent être estimés comme suit :

$$\mu_p = \frac{1}{A_p}\sum_{i=1}^{N} A_i.PD_i.LGD_i$$

Avec : Exposition en défaut A_i d'actif i.

N : Le nombre d'actifs dans le portefeuille

$$\sigma_p = \sqrt{\sum_{i=1}^{N}\sigma_i^2 + \sum_{i=1}^{N}\sum_{j\neq i}^{N}\sigma_i\sigma_j\rho^d} = \sqrt{\rho^d}\sum_{i=1}^{N}\sigma_i$$

Pour calculer le risque à un niveau de probabilité, la distribution des pertes de portefeuille doit être définie. MOW suppose explicitement que la perte de portefeuille est distribuée bêta[40], et trouve la distribution de sorte que la valeur d'espérance et l'écart-type de la distribution sont égaux à ceux dérivés ci-dessus. Autrement dit, laisser la distribution des pertes de portefeuille être Bêta(α, β).

$$\alpha = \mu_p^2 \frac{1 - \mu_p}{\sigma_p^2} - \mu_p$$

$$\beta = \frac{\alpha}{\mu_p} - \alpha$$

6 Risk-Adjusted Return on Capital (RAROC)

Le modèle qui est de plus en plus populaire utilisé pour évaluer le rendement d'un prêt à un gros client est le modèle de rendement du capital ajusté au risque (RAROC). Ce modèle, lancé à l'origine par Bankers Trust (racheté par la Deutsche Bank en 1998), est désormais adopté par pratiquement toutes les grandes banques d'Europe et des États-Unis, avec toutefois quelques différences entre elles (Saunders et Cornett, 2007).

L'idée essentielle du RAROC c'est que, plutôt que d'évaluer le flux de trésorerie annuel promis sur un prêt en tant que pourcentage du montant prêté, les prêteurs mettent en balance le revenu attendu du prêt et le risque attendu du prêt.

Par conséquent, le but fondamental de cette méthode était de mesurer le risque du portefeuille de prêts de la banque, ainsi que d'évaluer le montant des fonds propres nécessaires pour limiter l'exposition des déposants à une probabilité de perte donnée (James, 1996 : 3). Le RAROC est actuellement considéré comme une métrique d'aide à la décision dans les établissements à caractère financier, et son objectif principal est de s'assurer que le rendement des opérations est conforme au risque assumé.

RAROC peut être utilisé pour atteindre plusieurs objectifs, tels que : une allocation plus efficace du capital ; l'évaluation des performances des différentes opérations ; la détermination de différents spreads pour les opérations de crédit en fonction des pertes attendues ; la détermination du type de garanties fournies, et la comparaison de la rentabilité de plusieurs segments d'activité.

Après que la méthode RAROC a été développée par Bankers Trust en 1970, plusieurs études ont été menées pour affiner ses calculs pour une approche plus cohérente. La formule originale suggérée par Bankers Trust est très simple, tout comme les changements qui en résultent.

La complexité de cette approche ne réside pas dans sa formule, mais dans la définition des variables qui la composent. L'évaluation des pertes attendues (Expected Loss, EL) et des pertes inattendues (Unexpected Loss, UL) des

---

[40] Dans la théorie des probabilités et en statistiques, la loi bêta est une famille de lois de probabilités continues, définies sur [0,1], paramétrée par deux paramètres de forme, typiquement notés α et β.

allocations de capital nécessite des traitements statistiques spécifiques et des bases de données assez homogènes.

Selon M. Prokopczuk et al. (2004), le Bankers Trust a défini le RAROC comme suit comme suit :

Équation 9 : RAROC

$$RAROC = \frac{revenu\ ajusté}{capital\ à\ risque}$$

Pour (M. Prokopczuk et al., 2004), le capital économique, est basé sur le montant nécessaire à la survie de la banque dans le scénario le plus défavorable possible, par opposition au fait de considérer le capital économique comme le capital réglementaire requis, ou même comme les fonds propres correspondants.

Cependant, l'utilisation du modèle VaR est proposée afin de mesurer le montant maximum de capital qui peut être perdu dans une certaine période de temps et pour un certain niveau de confiance.

Ainsi, la formule originale est exprimée comme suit :

$$RAROC = \frac{revenu\ ajusté}{VaR}$$

Le dénominateur de la fraction représente le capital économique s'agit du montant de capital nécessaire pour couvrir des pertes inattendues avec un certain niveau de confiance statistique et sur une certaine période de temps.

En guise de conclusion, RAROC est un outil d'aide à la décision pour la prise de risque, l'analyse de la gestion des risques, les ajustements de prix des transactions, la gestion du capital et la gestion de la performance du portefeuille. RAROC donne également accès à des informations clés permettant la gestion des plans de gestion du capital, de la gestion des actifs et des systèmes d'incitation organisationnels.

Section 2 : La modélisation du risque de crédit selon les méthodes statistiques classiques

Afin d'estimer la probabilité de défaut, les modèles d'évaluation du crédit utilisent des méthodes statistiques et mathématiques. L'objectif principal est de différencier les bons et les mauvais clients en fonction des variables qui ont le plus de pouvoir explicatif statistique pour prédire la probabilité de défaut. L'idée générale qui sous-tend les modèles est assez similaire à celle d'un système-expert et comprend deux étapes :

- La pré-identification des facteurs d'entrée clé qui déterminent la probabilité de défaut, par exemple les ratios financiers de l'entreprise, l'historique financier et les indicateurs économiques
- La combinaison et la pondération des facteurs à l'aide des poids qui reflètent leurs influences dans la prévision de la probabilité de défaut.

Le résultat des modèles peut être interprété comme une probabilité de défaut et, dans d'autres cas, le score et le point de coupure sont utilisés pour distinguer les emprunteurs potentiels en bons ou mauvais groupes.

À l'origine, les méthodes statistiques se fondent sur le fait d'observer mathématiquement les clients qui ont fait défaut (non solvables), il devrait être possible de déterminer les caractéristiques qui les différencient des clients qui sont solvables. Nous pouvons chercher à modéliser l'appartenance d'un client à l'un des deux groupes et, potentiellement, la probabilité de défaut en combinant mathématiquement les facteurs qui « séparent », discriminent, le mieux les deux groupes (Solvable et non-solvable). Ces méthodes associent des données historiques et des techniques statistiques. Cette démarche, on la note par la modélisation statistique.

La littérature sur la modélisation du risque de crédit fait appel à de nombreuses techniques statistiques pour obtenir des estimations fiables de la probabilité de défaut. Les études de Beaver (1966) et d'Altman (1968) utilisant respectivement l'analyse discriminante univariée et multivariée. Par la suite, de nouvelles méthodes statistiques, y compris la faillite des joueurs et la théorie du prix des options, ainsi que la régression linéaire, ont été appliquées avec succès, appliqué à l'analyse empirique (voir Wilcox (1971), Merton (1974), Martin (1977), Ohlson (1980), Zmijewski (1984)). Les techniques utilisées de nos jours pour construire des modèles de prédiction de faillite font appel aux réseaux neuronaux et bayésiens (Tam et Kiang, 1992 ; Sun et Shenoy, 2007), à la théorie des processus ponctuels (Das et al., 2007 ; Duffie et al., 2007), aux machines à vecteurs de support (Härdle et al., 2005), et bien d'autres.

1 La modélisation du défaut en utilisant L'Analyse discriminante linéaire

Contrairement aux RNA, les approches statistiques sont caractérisées par un modèle de probabilité sous-jacent explicite, qui fournit une probabilité d'appartenance d'une instance à chaque classe plutôt qu'une simple classification.

L'analyse discriminante linéaire (ADL) et le discriminant linéaire de Fisher sont des méthodes simples utilisées en statistique et en apprentissage automatique pour trouver la combinaison linéaire de caractéristiques qui sépare le mieux deux ou plusieurs classes d'objets (Friedman, 1989). La méthode ADL fonctionne lorsque les mesures effectuées sur chaque observation sont des quantités continues. Lorsqu'il s'agit de variables catégorielles, la technique équivalente est l'analyse discriminante des correspondances (Mika et al., 1999).

Les modèles ADL ont été largement utilisés. Le célèbre Z-Score d'Altman (Altman, 1968) est basé sur l'analyse discriminante linéaire. Le O-Score d'Ohlson (Ohlson, 1980) est basé sur des modèles linéaires généralisés avec la fonction de lien $logit$[41], également appelée analyse $logit$.

Les modèles de RNA[42] sont des alternatives puissantes et populaires, avec la possibilité d'incorporer un très grand nombre de caractéristiques dans un modèle non linéaire adaptatif, voir par exemple Wilson et Sharda (1994).

Avec l'application de l'analyse discriminante linéaire (ADL) (LDA), la défaillance est anticipée en considérant simultanément de nombreux ratios. C'est une technique de classification.

Afin de classer un client dans l'une des catégories (Solvable / Non-Solvable), une règle de décision simple est retenue : affecter un client au groupe dont elle est le plus proche. La solution la plus courante est de faire appeler à l'analyse discriminante de Fisher (ADF), fondée sur un critère métrique. Alors, l'analyse discriminante multidimensionnelle (ADM) permet la construction d'une fonction linéaire optimale, appelée score, combinant les variables explicatives retenues.

Le score s'exprime comme suit :

Équation 10 : Score (ADL)

$$S = \sum_{i=1}^{n} \alpha_i \times r_i + a$$

Avec:

$$\alpha_i : Coefficients\ de\ pondéaration$$
$$r_i : Les\ variables\ explicatifs\ retenus$$

Cette fonction discriminante est une combinaison linéaire de variables (les variables explicatives r_i), alors que l'analyse discriminante permet de trouver les valeurs des coefficients de pondération α_i qui discriminent le mieux les deux sous-groupes de clients bancaires (Solvable / Non-Solvable).

Selon la valeur du score, nous pouvons rattacher le client à l'un des deux groupes prédéfinis. De plus, la valeur du score en elle-même contient une information en termes de risque de défaut du client. C'est donc une méthode de prévision de la défaillance (ou non) d'un client bancaire, à partir de variables explicatives qui doivent suivre une distribution normale.

De nombreux travaux ont montré qu'un nombre limité variables explicatives (jusqu'à 7 variables explicatives) aboutissait à une bonne efficacité et que l'augmentation de leur nombre n'améliore pas significativement la précision et la qualité de la prévision. Cette technique est celle qui a longtemps prévalu et reste encore la plus utilisée.

---

[41] En statistique, la fonction $logit$ est la fonction quantile associée à la distribution logistique standard. Elle a de nombreuses utilisations dans l'analyse des données et l'apprentissage automatique, notamment dans les transformations de données.

[42] Un Réseau de neurones artificiels est basé sur une collection de nœuds connectés appelés neurones artificiels, qui modélisent vaguement les neurones d'un cerveau biologique.

Une caractéristique attrayante de la ADL est l'approche rapide et simple pour déterminer la séparation linéaire optimale, ne nécessitant que de simples manipulations matricielles telles que l'addition, la multiplication et la décomposition des valeurs propres (Loog et all, 2002).

LDA part du principe que les caractéristiques d'entrée sont mesurées sur une échelle d'intervalles. Cela permet de classer les objets et de comparer les différences de taille entre eux. Contrairement à d'autres formes d'analyse discriminante linéaire, la LDA de Fisher n'exige pas que les caractéristiques d'entrée soient échantillonnées indépendamment et aléatoirement à partir d'une population ayant une distribution normale multivariée. La LDA suppose que les groupes différents ont des matrices de variance-covariance égales.

2 La modélisation du risque de crédit en utilisant la Régression linéaire

Lorsque la variable à expliquer Y est quantitative, le modèle linéaire suppose que l'espérance conditionnelle de Y sachant les prédicteurs $X_1, \ldots, X_p$, est une combinaison linéaire des prédicteurs :

Équation 11: Espérance conditionnelle (RL)

$$E(Y \mid X_1, \ldots, X_p) = \beta_0 + \sum_{i=1}^{p} \beta_i X_i$$

Alors que la meilleure approximation de Y s'écrit alors :

$$Y = \beta_0 + \sum_{i=1}^{p} \beta_i X_i + \varepsilon$$

Où ε est une variable aléatoire d'espérance nulle et indépendante de la loi jointe des prédicteurs, c'est-à-dire, qu'en notant σ_ε la variance de l'erreur ε, nous avons var $\left(Y \mid X_1, \ldots, X_p\right) = \sigma_\varepsilon$

Cependant, l'évaluation du risque de crédit avec la régression linéaire est estimée par les moindres carrés ordinaires. Selon (Hayden et Porath, 2006), cette technique, est intéressante par sa facilité d'utilisation et comprendre.

En revanche, cette technique a deux problèmes principaux. Le premier concerne les variables explicatives calculées, la variable dépendante recherchée étant la probabilité, sa valeur doit être comprise entre 0 et 1. Or, lors de l'utilisation de la régression linéaire, la valeur calculée peut être inférieure à 0 ou supérieure à 1

2.1 Les limites de la modélisation par la méthode de la régression linéaire

Dans le cas d'une variable dépendante dichotomique, c'est-à-dire qui prend deux valeurs : Oui ou non par exemple, ou qualitative en général, nous ne pouvons pas appliquer la régression linéaire pour expliquer cette variable puisqu'elle ne vérifie pas les hypothèses de base de ce modèle.

Dans notre étude, la variable dépendante est une variable binaire expliquant le défaut de remboursement, elle peut être recodifiée comme suit :

$$Y = \begin{cases} oui\ en\ cas\ de\ défaut \\ Non\ en\ cas\ de\ non - défaut \end{cases}$$

$$Ou$$

$$Y = \begin{cases} 1\ en\ cas\ de\ défaut \\ 0 en\ cas\ de\ non - défaut \end{cases}$$

3 Credit Scoring

Credit Scoring (CS) c'est une analyse statistique effectuée par les prêteurs et les institutions financières pour déterminer la solvabilité d'une personne ou d'une petite entreprise exploitée par son propriétaire. L'objectif du CS est d'aider les institutions financières à décider si elles doivent ou non prêter à un client.

Le test qui en résulte est généralement une valeur seuil qui aide le décideur à prendre la décision de prêt. Une personne au-dessus du seuil est généralement considérée comme un client solvable, susceptible de rembourser l'obligation financière, alors qu'une personne en dessous du seuil est plus à risque, et moins susceptible de rembourser l'obligation financière. Ces tests peuvent avoir un impact énorme sur la profitabilité des banques ; une petite fraction de pourcentage d'amélioration aura un impact énorme. (Kenneth Kennedy, 2013)

Les systèmes de CS se retrouvent dans pratiquement tous les types d'analyse de crédit, du crédit à la consommation aux prêts commerciaux. L'idée est essentiellement la même ; identifier au préalable certains facteurs clé qui déterminent la probabilité de défaut de paiement, et les combiner ou les pondérer pour obtenir un score quantitatif. Dans certains cas, le score peut être interprété littéralement comme une probabilité de défaillance. Dans d'autres, le score peut être utilisé comme un système de classification ; il place un emprunteur potentiel dans un groupe bon ou mauvais, sur la base d'un score et d'un point de coupure. Des examens complets de l'approche traditionnelle de l'évaluation du crédit et des différentes méthodologies sont disponibles dans Caouette, Altman et Narayanan (1998) et Saunders (1997). Un bon examen de l'application mondiale des modèles de notation de crédit se trouve dans Altman et Narayanan (1997).

Cependant, la précision des décisions est également l'un des avantages. Overstreet et Kemp (1986) ont confirmé que des modèles de CS devraient être utilisés pour vérifier les décisions prises par les agents de crédit. Witkowska (2006) a souligné les faiblesses du recours aux agents de crédit, telles que les coûts de formation, la longueur du temps de traitement et le manque de précision. Il a recommandé l'automatisation des décisions de modélisation du risque de crédit (Witkowska, 2006).

Néanmoins, Chalos a trouvé que le comité de révision du crédit était la meilleure méthode pour accorder du crédit (Chalos, 1985). En effet, certains auteurs ont découvert que la combinaison de décisions manuelles et automatisées pouvait conduire à des décisions encore plus précises. Edmister (1988) a évoqué la possibilité de combiner les deux méthodes sur la base de ses résultats, c'est-à-dire que les agents de crédit et les modèles d'évaluation du crédit combinés étaient très précis dans l'octroi de crédits dans sa recherche.

Cependant, il existe deux types de scoring de crédit, le scoring d'application et le scoring comportemental. Le scoring d'application est effectué au moment de la demande et estime la probabilité de défaillance sur certaines périodes. Le scoring comportemental est utilisé après l'octroi du crédit, et sert généralement à surveiller la probabilité de défaillance d'un individu sur certaines périodes.

Aujourd'hui, le modèle CS est un système informatique largement utilisé par les grands établissements de crédit pour quantifier les facteurs de risque des contreparties de prêts aux particuliers et aux consommateurs. Initialement, les modèles CS sont utilisés pour estimer le crédit à la consommation, dernièrement, ils ont commencé à être utilisés pour les emprunteurs privés avec l'augmentation de la demande de crédit pour les prêts aux petites et moyennes entreprises.

Cependant, la raison de cette utilisation accrue des méthodes de CS est que ces méthodes sont relativement bon marché, basées sur des données historiques et simples par rapport aux approches modernes. Certaines recherches (Mester, 1997) ont révélé une utilisation répandue des modèles de notation de crédit, montrant que 97% des banques utilisent la notation de crédit pour approuver les demandes de cartes de crédit, tandis que 70% des banques utilisent CS dans leurs prêts aux petites entreprises.

Tableau 7: Exemple de Crédit Scoring Source : Nicolas Van Praag, "le crédit management et le crédit scoring", 1995

Borne inférieure	**Borne supérieure**	**Décision**
Borne inférieure	150	**Risque très faible**
151	200	**Risque faible**
201	250	**Risque moyen**
251	300	**Risque fort**
301	350	**Risque très fort**
351	Borne supérieure	**Risque insupportable**

Par conséquent, Il existe quatre formes méthodologiques de modèles de CS :

- Le modèle *de probabilité linéaire*,
- Le modèle *logit*,
- Le modèle *probit*,
- Le modèle *d'analyse discriminante*.

Or, l'étude menée par Mestre (1997) illustre l'utilisation répandue des modèles de CS : 97% des banques utilisent l'évaluation du crédit pour approuver les demandes de crédit, tandis que 70% des banques utilisent l'évaluation du crédit dans leurs prêts aux petites entreprises.

4 Modèle $\boldsymbol{Vasicek's}$ et approche Bâle

Suivant l'approche de Merton (1974), Vasicek (1987) suppose qu'un prêt fait défaut si la valeur des actifs (A) de l'emprunteur à l'échéance T du prêt tombe en dessous de la valeur contractuelle (B) de ses obligations à payer.

Soit la valeur A_i des actifs de $i^{ème}$ l'emprunteur, décrite par le processus suivant :

$$dA_i = \mu_i A_i dt + \sigma_i A_i dX_i$$

Avec :

u_i Et σ_i sont la déviation et la volatilité de la valeur, et X_i est **un mouvement Brownien**, soit une **marche aléatoire** en temps continu dans laquelle le changement sur une période de temps finie est normalement distribué avec une moyenne de zéro et une variance égale à la longueur de la période, et les changements dans des périodes de temps séparées sont indépendants les uns des autres.

En résolvant cette équation stochastique, nous obtenons la valeur des actifs du $i^{ème}$ emprunteur au temps T comme suit :

$$A_i = e^{A(0)+\mu_i-\frac{1}{2}\sigma_2^2 T+\sigma_i\sqrt{T}X_i}$$

Donc $i^{ème}$ Emprunteur est en défaut si $A_i(T) < B_i$ donc la probabilité d'un tel événement est :

$$p_i = P[A_i(T) < B_i] = P[X_i < C_i] = \mathcal{N}(C_i)$$

Avec :

$$C_i = \frac{\ln B_i - \ln A_i - \mu_i T + \frac{1}{2}\sigma_i^2 T}{\sigma_i\sqrt{T}}$$

Représente le seuil de défaut et $\mathcal{N}$ est la fonction de distribution normale cumulative.

Considérons un portefeuille homogène composé de n prêts caractérisés par :

- Un montant égal en dollars.
- Une probabilité de défaut égale p .
- Un coefficient de corrélation plat entre les valeurs d'actifs de deux emprunteurs (débiteurs) quelconques.
- Le même terme T.

Soit D_i l'indicateur de défaut du $i^{ème}$ débiteur (emprunteur) prenant les valeurs suivantes.

$$D_i = \begin{cases} 1, si\ le\ débiteur\ en\ défaut \\ 0, si\ le\ débiteur\ n'estpas\ en\ défaut \end{cases}$$

Soit $\mathcal{L}$ le pourcentage de perte brute du portefeuille (avant les recouvrements) :

$$\mathcal{L} = \frac{1}{n}\sum_{i=1}^{n} D_i$$

Si les événements de défaut sur les prêts du portefeuille étaient indépendants les uns des autres, la distribution des pertes du portefeuille convergerait, et ce selon le théorème central limite, vers une distribution normale dans la mesure que la taille du portefeuille augmente.

Puisque les défauts ne sont pas indépendants, les conditions du théorème *central limite* ne sont pas satisfaites et $\mathcal{L}$ la distribution n'est pas asymptotiquement normale. Cependant, la distribution de la perte du portefeuille converge vers une forme limite.

Les variables $\{X_i\}_{i=1..n}$sont conjointement normales standard avec une corrélation ρ égale par paire, et peuvent être exprimées comme suit :

$$X_i = \sqrt{\rho}S + \sqrt{1-\rho}Z_i$$

Où S et Z_i sont des variables normales standard mutuellement indépendantes. La valeur du débiteur i est représentée par une composante factorielle commune, standard normalement distribuée S (généralement appelée facteur systématique) et une composante de bruit idiosyncratique standard normale. Le risque systématique peut être considéré comme les conditions macro-économiques et affecte la solvabilité de tous les débiteurs simultanément. Le risque idiosyncratique [43] représente les conditions inhérentes à chaque débiteur et c'est pourquoi nous supposons qu'elles sont indépendantes les unes des autres.

Lorsque le risque systématique est connu (ou fixé), la probabilité conditionnelle de perte sur un prêt quelconque est la suivante :

$$p_i(S) = P[D_i = 1|S = s] = P[A_i(T) < B_i|S = s] = P[X_i < c_i|S = s]$$
$$= P\left[\sqrt{\rho}S + \sqrt{1-\rho}Z_i < c_i\middle|S = s\right]$$
$$= P\left[Z_i < \frac{c_i - S\sqrt{\rho}}{\sqrt{1-\rho}}\middle|S = s\right] = \mathcal{N}\left(\frac{\mathcal{N}^{-1}(p_i) - S\sqrt{\rho}}{\sqrt{1-\rho}}\right)$$

Cette quantité $p_i(S)$ fournit la probabilité de défaut du prêt dans le cadre du scénario donné (S). Cela peut être interprété comme l'hypothèse de divers scénarios pour l'économie, qui permet de déterminer la probabilité d'une perte de portefeuille donnée dans le cadre de chaque scénario, ainsi que la pondération de chaque scénario par sa probabilité.

Conditionnellement à la valeur de S, les variables D_i sont des variables indépendantes équidistantes avec une variance finie. La perte du portefeuille

---

[43] Le risque idiosyncratique (non systématique) est en quelque sorte le marqueur spécifique d'une entreprise. Par définition, les risques spécifiques diffèrent d'une entreprise à l'autre.

$\mathcal{L}$ conditionnelle à S converge, par la loi des grands nombres, vers ses attentes $p(S)$ sous la forme $n \to \infty$. Ainsi, la fonction de distribution cumulative des pertes sur prêts $\mathcal{L}$ sur un très grand portefeuille est à la limite :

$$P[\mathcal{L} \leq x] = \mathcal{N}\left(\frac{\sqrt{1-\rho}\,\mathcal{N}^{-1}(x) - \mathcal{N}^{-1}(p)}{\sqrt{\rho}}\right)$$

Ce résultat est donné dans $Vasicek$ (1991). La perte du portefeuille est décrite par une distribution à deux paramètres avec les paramètres $p > 0 \; et \; \rho < 1$

$$F(x, p, \rho) = \mathcal{N}\left(\frac{\sqrt{1-\rho}\,\mathcal{N}^{-1}(x) - \mathcal{N}^{-1}(p)}{\sqrt{\rho}}\right)$$

La distribution possède la propriété de symétrie suivante :

$$F(x, p, \rho) = 1 - F(1 - x, 1 - p, \rho)$$

La densité de la distribution des pertes est la suivante :

$$f(x, p, \rho) = \sqrt{\frac{1-\rho}{\rho}}\, e^{-\frac{1}{2\rho}\left(\sqrt{1-\rho}\mathcal{N}^{-1}(x) - \mathcal{N}^{-1}(p)\right)^2 + \frac{1}{2}\left(\mathcal{N}^{-1}(x)\right)^2}$$

La moyenne de la distribution est $E(\mathcal{L}) = p$ et la valeur du $\alpha - percentile$ de $\mathcal{L}$ est donnée par :

$$\mathcal{L}_\alpha = F(\alpha, 1 - p, 1 - \rho)$$

La distribution des pertes de portefeuille est fortement asymétrique et *leptokurtique*[44] :

[44] Se dit d'une distribution de probabilités dont la cloche est plus pointue que celle de la loi gaussienne, avec des queues plus importantes.

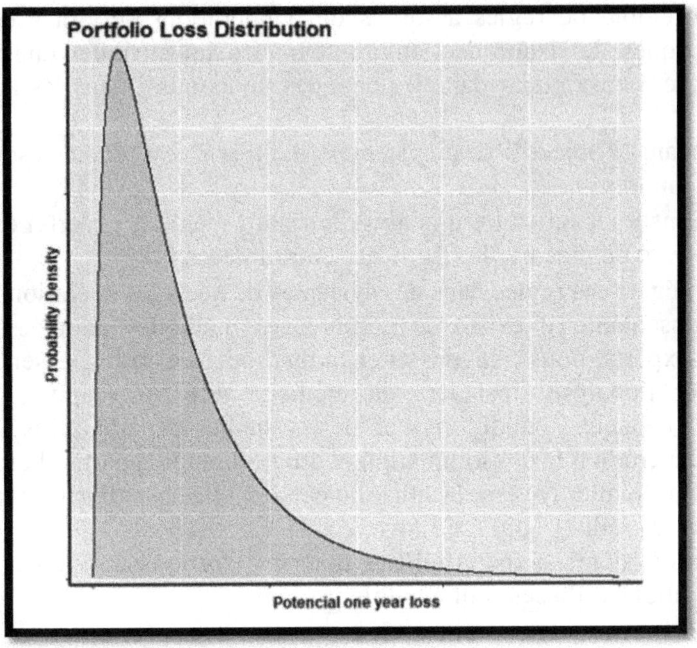

Figure 11 : Distribution des pertes p=0,05 et ρ =0.15

La convergence de la distribution des pertes du portefeuille vers la forme limite ci-dessus est en fait valable même pour les portefeuilles dont les poids sont inégaux. Soit les poids $(w_1, w_2, \ldots, w_n)$ de portefeuille avec $\sum_{i=1}^{n} w_i = 1$

La perte de portefeuille :

$$\mathcal{L} = \sum_{i=1}^{n} w_i D_i$$

Conditionnelle à S converge vers son espérance $p(S)$ chaque fois que $\sum_{i=1}^{n} w_i^2 \to 0$. En d'autres termes, si le portefeuille contient un nombre suffisamment important de prêts sans qu'il soit dominé par quelques prêts beaucoup plus importants que le reste, la distribution limite fournit une bonne approximation de la perte du portefeuille.

5 Les systèmes experts[45]

L'approche du système-expert est de nature qualitative. Elle vise à reproduire de façon homogène les règles de décision des experts en matière de crédit. Nous déterminons ces règles de manière totalement empirique, en interrogeant les experts, les responsables crédits, sur leurs pratiques, en confrontant leurs avis et en leur demandant de valider collectivement les règles de décision émergeant de ces discussions et confrontations.

[45] Source : Michel DIETSH et Joel PETEY. Mesure et gestion de risque de crédit dans les institutions financières. Ed Revue banque, Paris, 2002, pp 45-47.

Cet ensemble de règles assorties de pondérations servira à décrire les caractéristiques de risque de l'emprunteur et à lui attribuer une note. Ces systèmes sont en vigueur dans les banques, mais aussi dans les agences de rating.

Cependant l'objectif des systèmes d'experts est scindé sur 2 axes complémentaires :

- Constituer un cadre d'analyse normatif (règle d'experts) qui permet d'identifier, et de mesurer le risque des emprunteurs ;
- Intégrer ces règles dans des systèmes de décision opérationnelle.

Par conséquent, il existe de nombreuses méthodes adoptées dans les systèmes-experts, nous pouvons citer la méthode des ratios, essentiellement fondée sur l'analyse financière, la méthode dite 5C (capital, character, collateral, capacity, conditions) ou les systèmes-experts utilisés dans le domaine du crédit à la consommation et qui traitent plus particulièrement des informations qualitatives sur la situation personnelle des utilisateurs potentiels de ce type de crédit. (HOFEL Lidya, 2013)

Pour les systèmes-experts utilisés pour évaluer le risque des entreprises, les informations utilisées sont à la fois :

Des informations sur les caractéristiques financières des emprunteurs	**Des informations sur le marché**
- Structure financière, solidité financière et état des dettes ; - Réputation, ancienneté des relations de la clientèle ; - Politique financière et autofinancement ; - Niveau de profitabilité et stabilité temporelle des profits ; - Niveau des garanties, etc.	- Position des produits de l'entreprise sur le marché ; - État de la technologie et des performances productives de l'emprunteur dans son secteur ; - Évaluation du management de l'emprunteur ; - Position du secteur dans le cycle économique.

Néanmoins, les agences de notation déclarent accorder le poids le plus important au second type de variables, celles qui décrivent l'état de l'industrie dans laquelle l'entreprise intervient ainsi que sa position sur le marché. Ces éléments, position de leader ou non, état des coûts et de la technologie, perspectives d'évolution de l'offre et de la demande, constituent en quelque sorte les « fondamentaux » de l'évaluation du risque dans de tels systèmes experts. (HOUFEL, 2013)

6 Les techniques d'atténuation du risque de crédit

Pour se prémunir contre les pertes financières ainsi que pour atténuer le risque de crédit, les banques doivent recourir à des mesures préventives bien ficelées. Toutefois, le risque pris lors de l'octroi d'un prêt doit être acceptable pour la banque. C'est pourquoi les établissements de crédit prennent des mesures lors de la mise de l'octroi des crédits. De ce fait, pour prévenir et limiter les risques liés à l'activité de prêt, les banques peuvent utiliser des moyens très variés selon la politique de chaque établissement, parmi eux, nous trouvons :

- ✓ **Diversification des Crédits :** Les banques ont l'obligation avec les ratios de Bâle de varier leurs portefeuilles de crédits. Il est très risqué voir dangereux pour une banque de centraliser trop d'engagements envers un même client ou plusieurs emprunteurs ayant les mêmes caractéristiques. Si celui-ci rencontre des soucis de paiement, la situation du client se trouve menacée. Si un secteur d'activité subit des difficultés, le risque est semblable. Il s'agit du risque de concentration, c'est pour cela que les banques font l'usage de la division des risques. Elles doivent répartir les crédits sur un grand nombre de clients ayant des caractéristiques différentes pour diluer le risque de non-remboursement (FERRONIERE J et al ,1963).

- ✓ **La diminution des produits à risques :** Les dérivés de crédit permettent aux banques de vendre le risque lié aux créances, mais les établissements de crédit conservent des actifs à leurs bilans. Cette approche présente de grands avantages pour les établissements de crédit. Elle gère le risque de crédit en séparant le coût du risque et le coût de la dette. Il existe un véritable marché où les participants achètent et vendent des risques (La titrisation[46]).

La surveillance permanente de l'emprunteur : les établissements bancaires ont intérêt à prêter uniquement aux emprunteurs de qualité. Cette stratégie permet de limiter le risque de crédit sur un portefeuille en écartant le plus possible les clients susceptibles d'être en défaut de paiement. Toutefois, cela n'est pas toujours évident, car la situation des demandeurs de prêt peut changer rapidement au fil du temps, à cet effet les établissements de crédit doivent prendre en compte de mettre à jour périodiquement les données de leurs clients.

- ✓ **Les prises de garanties :** Les banques utilisent des garanties pour garantir ses engagements et se protéger du risque de non-paiement partiel ou total du crédit. Ces garanties peuvent prendre plusieurs formes, à savoir des hypothèques pour le cas des crédits d'habitat ou bien des assurances payées par les clients pour le cas des crédits de consommation.

Selon le comité de Bâle, les banques peuvent recourir à plusieurs techniques pour atténuer les risques de crédit qu'elles encourent[47] :

---

[46] « Un regroupement de créance homogène en un bloc dont les parts seront vendues à des investisseurs sur les marchés de capitaux sous la forme de titres négociables » (Source : http://www.lesechos.fr/finance-marches/vernimmen/definition_titrisation.html)

[47] Source : Banque des règlements internationaux (2017)

- Prises de sûretés réelles de premier rang sous la forme de liquidités ou de titres couvrant tout ou partie des expositions ; pour les prêts, garanties de tiers ;
- Achat de protection sous la forme de dérivés de crédit ;
- Accord de compensation des prêts et des dépôts avec une même contrepartie.

Par conséquent, une transaction couverte au moyen des techniques d'atténuation du risque de crédit (credit risk mitigation, CRM) ne peut en aucun cas faire l'objet d'une exigence de fonds propres plus élevée qu'une transaction non couverte.

L'effet d'une technique CRM ne peut être pris en compte deux fois. En conséquence, les expositions dont la pondération tient déjà compte d'une technique CRM ne peuvent bénéficier, aux fins du calcul des fonds propres réglementaires, d'une reconnaissance prudentielle supplémentaire au titre des techniques CRM. De plus, la reconnaissance de l'effet d'une technique CRM ne peut intervenir pour les créances ne faisant l'objet que d'une notation en principal. (Source : Banque des règlements internationaux)

Cependant, l'utilisation des techniques CRM peut conduire à réduire ou à transférer le risque de crédit, mais elle peut, par ailleurs, accroître d'autres risques, comme les risques juridiques[48], opérationnels, de liquidité ou encore de marché. Les banques doivent donc impérativement employer des méthodes et procédures rigoureuses pour maîtriser ces risques, notamment dans les domaines suivants :

Stratégie ; analyse de la solvabilité sous-jacente ; valorisation ; politiques et procédures ; systèmes ; maîtrise des risques liés à l'échéance de positions ; et gestion du risque de concentration résultant de l'application des techniques CRM et de leurs interactions avec le profil global de risque de crédit de la banque. Si ces risques ne sont pas correctement gérés, l'autorité de contrôle peut imposer des exigences de fonds propres supplémentaires ou prendre d'autres mesures prudentielles au titre du deuxième pilier. (Source : Banque des règlements internationaux)

6.1 Vue d'ensemble sur les techniques d'atténuation du risque de crédit (CRM) selon les accords de Bâle[49]

- **Transactions garanties par des sûretés réelles :**

C'est toute transaction dans laquelle les banques ont une exposition effective ou potentielle au risque de crédit, cependant, cette exposition effective ou potentielle au risque de crédit est couverte en tout ou partie par des sûretés fournies par une contrepartie ou par un tiers pour le compte de celle-ci.

---

[48] Bâle II a classé le risque juridique comme un sous-ensemble du risque opérationnel en 2003. Cette conception est basée sur une perspective commerciale, reconnaissant qu'il existe des menaces liées à l'environnement opérationnel des entreprises.

[49] Source : Banque des règlements internationaux (2017)

Par conséquent, lorsque les banques acceptent des sûretés financières admissibles, elles sont autorisées à réduire leurs exigences de fonds propres réglementaires par l'application de techniques CRM. (Source : Banque des règlements internationaux)

- **Compensation des éléments de bilan :**

Lorsque les banques ont conclu des accords de compensation des prêts et dépôts qui produisent des effets de droit et répondent aux conditions énoncées au paragraphe 190 (Accord Bâle), elles peuvent calculer leurs exigences de fonds propres sur la base des expositions nettes, sous réserve des conditions posées dans ce paragraphe. (Source : Banque des règlements internationaux)

- **Garanties et dérivés de crédit**

Lorsque les garanties ou dérivés de crédit remplissent les conditions opérationnelles minimales [50], les banques peuvent tenir compte de la protection de crédit offerte par ces techniques CRM dans le calcul de leurs exigences de fonds propres. (Source : Banque des règlements internationaux)

Cependant, plusieurs garants et vendeurs de protection sont reconnus et une approche par substitution s'applique pour le calcul des exigences de fonds propres. Seules les garanties octroyées ou les protections vendues par les entités ayant une pondération inférieure à celle de la contrepartie entrainent une réduction des exigences de fonds propres pour l'exposition garantie, car la fraction couverte de l'exposition sur la contrepartie reçoit la pondération du garant ou du vendeur de protection, tandis que la fraction non couverte conserve la pondération de la contrepartie sous-jacente. (Source : Banque des règlements internationaux)

[50] Énoncées aux paragraphes 191 à 193 (Accord Bâle)

Conclusion Chapitre 3

Les approches de modélisation du risque de crédit ont connu une révolution au cours de ces dernières années, cela a rendu le choix d'un modèle une tâche difficile. À cet effet, plusieurs études scientifiques ont été menées pour comparer la pertinence et la performance de ces modèles. En revanche, les modèles de modélisation du risque de crédit présentent des inconvénients évidents : par exemple, les données historiques utilisées ne contiennent pas suffisamment d'informations pour estimer les performances futures.

Dans ce troisième chapitre qui s'oriente sur la modélisation du risque de crédit selon les méthodes classiques, statistiques et préventives. Cette gestion comporte l'ensemble des techniques bancaires et modèles utilisées pour prédire le plus possible l'apparition du risque. Cette pratique a son importance, vu qu'il parait bien plus aisé de gérer une menace qui n'est pas encore apparue ou qui va apparaitre, que de devoirs de mettre en place des solutions lorsque le risque est déjà survenu.

De ce fait, dans le présent chapitre, nous avons illustré certaines méthodes classiques de modélisation du risque de crédit, fondées sur le rééchantillonnage statistique qui peut fournir des mesures quantitatives de la mesure et prédiction du risque de crédit. Les outils statistiques proposés sont relativement simples ; mais ils exigent d'autres outils d'évaluation des prévisions des modèles.

Conclusion partie 1

Avant qu'une approche de modélisation du risque de crédit ne puisse être utilisée dans le processus formel de fixation des exigences de capital réglementaire pour le risque de crédit, les régulateurs devraient être sûrs non seulement que les modèles sont utilisés pour gérer activement le risque, mais aussi qu'ils sont conceptuellement solides, empiriquement validés, et qu'ils produisent des exigences de capital qui sont comparables entre les institutions.

Cependant, dans cette première partie théorique de la modélisation du risque de crédit, la maitrise du risque de crédit est une préoccupation majeure pour les banques. Il est incontestable qu'un établissement de crédit ne concentre pas son arsenal sur un risque qui occupe au moins trois quarts des menaces sur ses portefeuilles. Les établissements de crédit ont vraiment intérêt à disposer de cellules de risque efficaces qui atténuent et remédient les pertes financières en défendant la continuité de l'activité de crédit.

En conséquence, le premier chapitre se focalise sur l'aspect théorique de la recherche scientifique, quant au deuxième chapitre expose les fondements théoriques de la modélisation du crédit bancaire, et de toute sorte de risque relavant de toute opération d'octroi d'un prêt, à cet effet nous avons illustré les différents outils et règles prudentielles que les banques utilisent pour déterminer où se situe le risque de crédit dans les portefeuilles. Cependant, cette étape reste primordiale, étant donné que si les risques sont clairement reconnus et mesurés, il devient évident de les gérer.

Alors que le troisième chapitre s'oriente sur la modélisation du risque de crédit selon les méthodes classiques, statistiques et préventives. Cette gestion comporte l'ensemble des techniques bancaires et modèles utilisées pour prédire le plus possible l'apparition du risque. Cette pratique a son importance, vu qu'il parait bien plus aisé de gérer une menace qui n'est pas encore apparue ou qui va apparaitre, que de devoirs de mettre en place des solutions lorsque le risque est déjà survenu.

Suite à cette première partie qui a pour objectif de simuler le cadre théorique de modélisation du risque de crédit, nous allons par la suite nous focaliser sur le cadre empirique de la modélisation du risque de crédit. À cet effet, nous nous concentrerons dans l'application de quelques techniques classiques dans la modélisation du risque de crédit. Ensuite, nous verrons l'application des techniques innovantes du Data Mining issues de l'intelligence artificielle dans la gestion dudit risque.

Partie 2 : la modélisation du risque de crédit en utilisant les techniques de l'intelligence artificielle

La banque, en tant que mandataire financier, est au cœur du système de financement de toute économie. Or, tout le monde fait appel à son établissement bancaire pour atteindre le marché de la dette ; particuliers, professionnels, tous demandent à leurs établissements de financer leurs effets de levier, et ce, pour d'obtenir aujourd'hui des fonds pour acquérir un bien ou un actif qu'ils n'ont pas les moyens de financer par leurs seuls fonds propres.

Ceci rend un portefeuille bancaire particulièrement risqué et associé à une panoplie d'incertitude sur les remboursements futurs. Cette ambiguïté vient avant tout du risque intrinsèque de chaque client et de chaque prêt qui ont une maturité généralement très longue. Les banques ont développé des méthodes d'analyse du risque de leurs clients, des prêts individuels et de leurs portefeuilles de crédit (modélisation des dépendances des défauts).

La modélisation du défaut a pris beaucoup de pistes de recherche afin de faire fournir des méthodes puissantes capables de prédire la solvabilité des clients bancaires, parmi ces méthodes, il y a celles qui sont issues de l'intelligence artificielle. Par conséquent, l'intelligence artificielle (IA) est un domaine d'étude qui puise dans de nombreuses disciplines, notamment l'informatique, les mathématiques et la théorie de l'information, la psychologie cognitive et la philosophie (Cook & Holder, 2001) (McCarthy et al., 1955).

L'objectif de l'IA est de développer des systèmes qui apportent des solutions à des tâches traditionnellement considérées comme diagnostiquent des maladies. En raison de sa nature multidisciplinaire, les techniques du Data Mining (DM) basées sur l'IA sont la manifestation d'un large éventail de technologies et de stratégies axées sur le développement de modèles conceptuels (Mira, 2008) ; la représentation formelle de ces modèles ; et des stratégies de programmation et du matériel pour mettre en œuvre ces modèles.

Les différentes méthodes du DM se focalisent sur l'apprentissage, ce dernier terme a connu une panoplie de définition selon les différents domaines. En psychologie, l'apprentissage est vu comme une action qui permet à l'individu de formuler ou de réviser une construction mentale, en neurobiologie, il est vu comme des modifications synaptiques dans des circuits neuronaux, alors que dans le domaine de l'intelligence artificielle qui se base sur les approches mathématiques et statistiques ; l'apprentissage dans ce domaine consiste à former des modèles de prédiction à travers des données existantes dans le but est de faire une prédiction de valeur ou l'approximation d'une fonction ou d'une densité de probabilité. Cependant, les techniques du

DM sont scindées sur deux catégories (Apprentissage supervisé et non-supervisé).

Cependant, l'une des exigences des méthodes basées sur l'IA ce sont leurs capacités à s'adapter aux changements de leurs environnements. L'apprentissage automatique est une discipline de l'IA qui concerne la programmation d'ordinateurs pour s'adapter et apprendre automatiquement à partir de données ou d'expériences passées (Mitchell, 1997). Ceci peut être réalisé en utilisant un algorithme qui spécifie une séquence d'instructions qui transforme l'entrée en sortie (Alpaydin, 2004). Dans l'apprentissage automatique, les algorithmes sont utilisés pour distinguer les modèles significatifs et non-pertinents dans les données. Parmi les exemples d'applications de l'apprentissage automatique, citons la fourniture de diagnostics médicaux précis (par exemple, le cancer du sein), et la prédiction de la solvabilité des clients bancaires.

Dans cette partie, nous allons essayer de déceler et d'étudier l'utilisation de ces méthodes du DM issues de l'IA dans la modélisation du risque de crédit, et ce, selon les deux axes : théorique et empirique. À cet effet, nous allons discerner le résultat des études effectuées par un ensemble de chercheurs, qui ont exploité ces méthodes émanant de l'IA afin de construire des modèles de prédiction du défaut. Par la suite nous allons appliquer ces méthodes sur des données bancaires réelles, et ce pour construire des modèles puissants et performants en termes de précision de la prédictibilité des clients bancaires.

Chapitre 1 : Data Mining et modélisation du risque de crédit

Le système bancaire dans la plupart des pays dans le monde utilise des méthodes classiques pour faire face au risque crédits, parmi ceux-ci, nous trouvons le diagnostic financier. Ainsi, la prise de garantie occupe sans doute une place centrale de même que la titrisation. Cette situation engendre des conséquences néfastes sur l'augmentation des impayés ce qui peut mettre en cause la survie même de l'établissement de crédit et son voisinage financier.

Or, actuellement à l'ère des nouvelles technologies, il existe des méthodes sophistiquées destinées à la gestion dudit risque, ces méthodes se basent sur des formules mathématiques ainsi que des outils informatiques plus avancés, qui incitent à synthétiser un ensemble de données historiques pour parvenir à un indicateur unique permettant de distinguer d'avance les bons clients des clients défaillants.

Cependant, la plupart des techniques de prévision des attributs d'un modèle de risque de crédit ou des données de crédit exigent une méthodologie bien ficelée, ainsi que des données historiques à partir desquelles les modèles seront construits et validés.

Parmi les principaux problèmes pour l'application des algorithmes du DM dans la prévision du risque de crédit, nous pouvons citer l'indisponibilité, la rareté et l'incomplétude (Schafer, 1997) des données de crédit qui vont servir pour la formation du modèle.

La plupart des banques ne partagent pas leurs données avec d'autres organisations, chose qui entrave le processus de constitution d'une base de données utile et contenant une grande quantité de données à exploiter pour la modélisation du risque de crédit. De plus, les enquêtes pour la collecte de données sur le crédit sont généralement très concises, mais difficiles et coûteuses à réaliser.

À cet effet, nous allons étudier dans ce chapitre le comportement de quelques méthodes du DM et leurs niveaux de performance selon les résultats obtenus dans quelques études scientifiques menées par une panoplie de chercheurs, après nous allons voir le processus adopté par les techniques du DM lors de la modélisation du risque de crédit. Enfin, au terme de ce chapitre nous allons étudier les différents outils de mesure de performance des modèles obtenus.

Section 1 : La modélisation du risque de crédit en utilisant les méthodes du Data Mining : Revue de littérature

En vue de donner de la crédibilité et de la pertinence à notre revue de littérature et bien évidemment à notre étude, nous avons essayé d'étaler l'intervalle d'étude en termes de quantité et de qualité d'articles choisis. Par ailleurs, l'intervalle du temps des articles est compris entre 2007 et 2020. Dans le tableau ci-dessous, nous avons décrit les différents articles étudiés selon plusieurs caractères (Année, Auteurs, Journal…), par la suite nous avons énuméré les différents résultats obtenus dans chaque papier scientifique.

1 Une vue générale sur les articles étudiés et les résultats obtenus

- **Identification des articles étudiés**

Tableau 8: Description des articles utilisés

Titre de l'article	Année	Auteurs	Mot-Clé	Journal
Dghnl: a new deep genetic hierarchical network of learners for prediction of credit scoring	2020	Paweł Pławiak Moloud Abdar Joanna Pławiak Vladimir Makarenkov Rajendra Acharya	Credit scoring, Machine learning, Data mining, Ensemble learning, Deep learning, Genetic algorithm, Feature extraction and selection.	Information Sciences
A combined entropy-based approach for a proactive credit scoring	2020	Salvatore Carta Anselmo Ferreira Diego Reforgiato Recuperop Marco Saia Roberto Saia	FinTech, Trust management, Business intelligence, Credit scoring, Data mining, Entropy.	Engineering Applications of Artificial Intelligence
Exploration of credit risk of p2p platform based on data	2020	Shousong Cai Jing Zhang	Credit risk assessment, Data mining,	Journal of Computatio

mining technology			Peer-to-peer lending, Blockchain platform.	nal and Applied Mathematics
Data mining algorithms for risk detection in bank loans	2019	Alvaro Talavera Luis Cano David Paredes Mario Chong	Risk detection, Fuzzy C-means, Radial basis function networks, Finance profiles	Chapter of Bo: "Information Management and Big Data"
Application of new deep genetic cascade ensemble of svm classifiers to predict the australian credit scoring	2019	Paweł Pławiak Moloud Abdar Rajendra Acharya	Credit scoring, Credit risk, Data mining, Machine learning, Ensemble learning, Deep learning, Genetic algorithms, Feature selection, extraction	Applied Soft Computing Journal
A dynamic credit risk assessment model with data mining techniques: evidence from iranian banks	2019	Somayeh Moradi Farimah Mhatab Rafiei	Fuzzy clustering, Non-performing loan, Credit risk, FIS, Dynamism, ANFIS	Financial Innovation

Predictive models for loan default risk assessment	2019	Alexandru COŞER	data mining, machine learning, loan default, AUC score, predictive model, Random Forest, confusion matrix.	Economic Computation and Economic Cybernetics Studies and Research
Comparison of data mining classification algorithms determining the default risk	2019	Begum Çıgsar Deniz ¨Unal		Scientific Programming
Credit risk management and business intelligence approach of the banking sector in jordan	2019	Khaled Alzeaideen	Credit risk; capital market measures of risk; Jordanian banks; business intelligence; artificial neural networks; data mining; knowledge assets; commercial banks; Jordan	Cogent Business & Management
Ccomparing prediction power of artificial neural networks compound models in	2019	Asghar Beytollahi Hadis Zeinali	Derivative Financial Instruments, ANFIS, NNARX, AdaBoost, Support Vector	Iranian Journal of Management

predicting cds prices through black–scholes–merton model			Machine Regression.	Studies
Credit risk assessment for unbalanced datasets based on data mining, artificial neural network and support vector machines	2018	Sihem Khemakhem Fatma Ben Said Younes Boujelbene	Artificial intelligence, Data mining, Credit scoring, Credit risk, Unbalanced data	Journal of Modelling in Management
A multiple criteria credit rating approach utilizing social media data	2018	Sait Gül Özgür Kabak Ilker Topcu	Credit rating Cumulative belief degrees Sentiment analysis Social media Web mining Text mining	Data & Knowledge Engineering
Credit management based on improved bp neural network	2016	Lei Wang Yuehui Chen Yaou Zhao Qingfei Meng Yishen Zhang		2016 8th International Conference on Intelligent Human-Machine Systems and

				Cybernetics
A hybrid data mining model of feature selection algorithms and ensemble learning classifiers for credit scoring	2015	Fatemeh Nemati Koutanaei Hedieh Sajedi Mohammad Khanbabaei	Credit scoring Classification Feature selection Ensemble learning Data mining	Journal of Retailing and Consumer Services
Modelling credit risk with scarce default data: on the suitability of cooperative bootstrapped strategies for small low-default portfolios	2014	Raquel Florez-Lopez Juan Manuel Ramon-Jeronimo	Risk; credit scoring; small data sets; cooperative models; class imbalance; specification error	Journal of the Operational Research Society
Credit scoring models for the microfinance industry using neural networks: evidence from peru	2013	Antonio Blanco Rafael Pino-Mejías Juan Lara Salvador Rayo	Microfinance institutions, Classification rules, Multilayer perceptron, Linear discriminant analysis, Quadratic discriminant analysis, Logistic regression	Expert Systems with Applications

Assessing credit risk: an application of data mining in a rural bank	2012	I Gusti Ngurah Narindra Mandala Catharina Badra Nawangpalupi Fransiscus Rian Praktikto	Rural bank; data mining; non-performing loans; decision tree; credit risk assessment.	Procedia Economics and Finance
Credit risk evaluation by hybrid data mining technique	2012	Weimin Chen Guocheng Xiang Youjin Liu Kexi Wang	Credit scoring; Data mining; clustering; Support vector machines; Credit-Risk evaluation; financial engineering.	Systems Engineering Procedia
An experimental comparison of classification algorithms for imbalanced credit scoring data sets	2012	Iain Brown Christophe Mues	Credit scoring, Imbalanced datasets, Classification, Benchmarking.	Expert Systems with Applications
The comparisons of data mining techniques for the predictive accuracy of probability of default of	2009	I-Cheng Yeh Che-hui Lien	Banking; Neural network; Probability; Data mining	Expert Systems with Applications

credit card clients				
A comparison of data mining techniques for credit scoring in banking: a managerial perspective	2009	Huseyin Ince Bora Aktan	bank lending, credit scoring, data mining, artificial intelligence techniques.	Journ al of Busin ess Econo mics and Mana geme nt
Support vector machines for credit scoring and discovery of significant features	2009	Tony Bellotti Jonathan Cro	SVM; Credit scoring; Feature selection	Exper t Syste ms with Appli cation s
Credit risk assessment with a multistage neural network ensemble learning approach	2008	Lean Yu Shouyang Wang Kin Keung Lai	Credit risk assessment; Neural network; Ensemble learning; Bagging; Reliability	Exper t Syste ms with Appli cation s
Neural data mining for credit card fraud detection	2008	TAO GUO GUI-YANG LI	Fraud detection; Neural network model; Spending pattern; Confidence; ROC.	Proce edings of the Seven th Intern ationa l Confe

				rence on Machine Learning and Cybernetics, Kunming, 12-15 July 2008
Credit scoring with a data mining approach based on support vector machines	2007	Cheng-Lung Huang Mu-Chen Chen Chieh-Jen Wang	Credit scoring; Support vector machine; Genetic programming; Neural networks; Decision tree; Data mining; Classification	Expert Systems with Applications

- **Les différents résultats obtenus**

Tableau 9 : Résultats obtenus dans chaque article

Titre	Les résultats obtenus
Dghnl: a new deep genetic hierarchical network of learners for prediction of credit scoring	Le résultat de l'étude menée révèle que ; le système DGHNL a montré le taux de précision le plus élevé sur les données de crédit **Statlog** allemand, par rapport aux travaux existants sur le terrain, avec une précision de 94,60%. De toute évidence, le nouveau système présente également certaines limites. Par exemple, comme dans tout autre modèle d'apprentissage en profondeur, la formation et l'optimisation à long terme sont nécessaires pour construire une structure système complexe.

A combined entropy-based approach for a proactive credit scoring	Les résultats expérimentaux soulignent deux aspects principaux liés à l'approche : d'une part, elle a des performances compétitives par rapport aux classificateurs existants lorsque l'ensemble d'entrainement est composé de classes légèrement déséquilibrées (ou presque équilibrées) ; d'autre part, il est en mesure de surpasser ses concurrents, en particulier lorsque le processus de formation est caractérisé par une distribution déséquilibrée des données de formation. Ce dernier aspect représente un résultat important, car il montre la capacité de l'approche proposée à fonctionner dans des scénarios où les approches canoniques de l'apprentissage automatique ne sont pas en mesure d'atteindre des performances optimales.
Exploration of credit risk of p2p platform based on data mining technology	La recherche sur le risque de crédit de la plate-forme blockchain basée sur la technologie d'exploration de données (Data Mining), peut également restreindre le comportement par défaut des prêteurs, réduire efficacement le risque pour la plate-forme, garantir les revenus de la plate-forme et avoir une importance positive pour la santé et la longévité.
Data mining algorithms for risk detection in bank loans	Trois types de profils différents ont été trouvés, qui ont été définis comme risqués en utilisant le clustering flou, qui est une forme de clustering dans laquelle chaque point de données peut appartenir à plus d'un cluster ; un avantage de cette méthodologie de clustering flou issue du Data Mining est d'augmenter les connaissances sur les descriptions des profils des clusters. L'algorithme a montré une bonne performance dans le problème de la notation du crédit.

Application of new deep genetic cascade ensemble of svm classifiers to predict the australian credit scoring	Selon les résultats obtenus, l'ensemble en cascade génétique profonde de classificateurs SVM (DGCEC[51]) a atteint une précision de classification binaire de 97,39% (18 erreurs pour 690 classifications). Par rapport aux études actuelles, les résultats sont les meilleurs à ce jour. Les résultats obtenus ont indiqué l'efficience et l'efficacité de la méthodologie proposée pour la prédiction de la notation de crédit qui est basée sur : (1) une formation génétique en couches qui s'est appliquée au système DGCEC afin d'optimiser ses performances (2) la diversité des classificateurs de composants, et enfin (3) structure en cascade de la méthode DGCEC.
A dynamic credit risk assessment model with data mining techniques: evidence From iranian banks	Cette recherche a examiné l'incertitude afin de développer un modèle précis, flexible et dynamique pour évaluer le risque de crédit client en combinant ANFIS[52], le clustering flou [53]et d'autres concepts de théorie floue. Le modèle proposé tient compte de la crise économique pour tenter de diminuer le montant des prêts non performants, d'évaluer le risque de crédit client lors de l'émission de cartes de crédit (en tant que moteur économique en Iran) et d'optimiser l'allocation des ressources. Actuellement, vingt banques et autres institutions

[51] Deep genetic cascade ensemble of SVM classifiers

[52] Un système d'inférence neuro-floue adaptative ou système d'inférence floue basé sur un réseau adaptatif (ANFIS) est une sorte de réseau neuronal artificiel qui est basé sur le système d'inférence floue.

[53] Clustering ou une analyse de cluster consiste à attribuer des points de données à des groupes tels que les articles dans la même grappe sont aussi semblables que possible, tandis que les éléments appartenant à différents groupes sont aussi dissemblables que possible. Les grappes sont identifiées par des mesures de similarité.

	financières sont placées sous la supervision de la Banque centrale d'Iran.
Predictive models for loan default risk assessment	Le résultat de l'étude montre que, en analysant la distribution des principales caractéristiques de l'ensemble de données, quelques informations intéressantes ont été révélées. Ceux-ci expliquaient que les clients en défaut avaient en moyenne des intérêts plus élevés pour les prêts (16% contre 13%). De plus, ceux qui sont entrés en défaut avaient un revenu annuel légèrement inférieur par rapport aux clients non en défaut, ce qui pourrait indiquer une plus grande difficulté à rembourser la dette, en corrélation avec des taux d'intérêt plus élevés.
Comparison of data mining classification algorithms determining the default risk	D'après les résultats, on observe que les femmes sont plus susceptibles d'honorer leurs paiements que les hommes. À la lumière des résultats obtenus. En ce qui concerne l'attribut de l'état matrimonial, les résultats ont montré que les personnes non mariées ont un risque moindre de défaut de paiement. La raison en est peut-être liée à la responsabilité des personnes mariées et à leurs éventuelles difficultés à payer leurs dettes à temps. Les résultats liés au statut de travail montrent que les retraités paient régulièrement leurs dettes par rapport aux groupes à la recherche d'un emploi et aux autres groupes inactifs, ce qui réduit la probabilité de défaut de paiement. De plus, les résultats pour les personnes non scolarisées indiquent que leur risque de défaut de paiement est inférieur à celui des autres niveaux d'éducation. L'état de santé de l'individu est également influent en cas de défaut, les résultats confirmant que les personnes en bonne santé sont moins susceptibles de faire défaut que les autres groupes. En considérant l'attribut de région, nous

	voyons que les personnes de la région méditerranéenne sont moins susceptibles de faire défaut. Il a également été observé que les personnes qui ne paient pas le loyer de leur logement réussissaient mieux à payer leurs dettes que celles qui le faisaient. Dans ce cas, nous pouvons supposer que la responsabilité supplémentaire du loyer que les individus paient rend le paiement de la dette difficile. Enfin, il a également été observé que les particuliers qui ne remboursent pas leurs autres dettes sont susceptibles de faire défaut sur leurs prêts.
Credit risk management and business intelligence approach of the banking sector in jordan	Les résultats montrent que le modèle neuronal pouvait filtrer correctement 95% des candidatures acceptées et 89,9% des candidatures rejetées correctement dans un pourcentage global de 93%. Dans l'échantillon non satisfait, le niveau d'exactitude de la classification était de 92,3% pour les demandes acceptées et de 76,3% pour les demandes rejetées avec un pourcentage global de 82,8. En outre, l'exactitude de la classification des tests des demandes acceptées était de 93,3%, tandis que celle des demandes rejetées était de 87,5% avec un pourcentage global de 91,3%. Cependant, une erreur de **type I** se produit lorsque les demandes rejetées sont classées comme demandes acceptées. En revanche, une erreur de **type II** se produit lorsqu'une demande acceptée est classée comme rejetée. Pour une décision de prêt, les créanciers doivent rechercher un outil de classification qui réduit autant que possible l'erreur de **type I** afin d'éviter au maximum le coût du défaut. Le pourcentage d'erreur de type I dans les données de formation était de 10,1% ; tandis que pour les données de test, il était de 12,5%.

Comparing prediction power of artificial neural networks compound models in predicting cds prices through black-scholes–merton model	Selon les résultats numériques obtenus à partir des analyses, le pouvoir prédictif sur un an le plus élevé est lié à l'algorithme ANFIS pour l'année de base 2016, tandis que le pouvoir prédictif sur deux ans le plus élevé est lié à l'algorithme NNARX. En conséquence, la troisième hypothèse est également approuvée, c'est-à-dire que l'algorithme NNARX produit la puissance la plus prédictive et le taux d'erreur le plus faible pour le modèle financier de Merton par rapport aux trois autres algorithmes.
credit risk assessment for unbalanced datasets based on data mining, artificial neural network and support vector machines	Les résultats peuvent être utiles dans le processus d'évaluation du risque de crédit. En effet, les banques tunisiennes ne prennent pas en compte le problème du déséquilibre de classe pour le calcul de leurs scores. Par conséquent, une autre contribution de cette étude est d'explorer la pertinence et la performance des modèles de rééchantillonnage lorsqu'ils sont appliqués avec des techniques d'intelligence statistique et artificielle pour prédire la probabilité de paramètres de défaut à l'aide d'un ensemble de données de crédit. Plus précisément, les résultats ont démontré des gains de performance lors de l'introduction de stratégies de rééchantillonnage dans les méthodes de renseignement artificiel, conduisant à des avantages significatifs dans la précision des prévisions de solvabilité des emprunteurs. Cela peut fournir aux décideurs des outils efficaces pour évaluer plus précisément le risque de crédit.
A multiple criteria credit rating approach utilizing social media data	Dans cette étude, les notations de crédit des entreprises représentées par les CBD sont transformées en une seule notation de crédit basée sur une valeur seuil. La notation unique nous permet de comparer pour déterminer l'influence des médias sociaux sur le processus de notation de crédit. D'après les résultats, il s'avère que l'efficacité des médias sociaux est importante pour la moitié des entreprises interrogées.

	La direction du changement est négative, car la plupart des notations des entreprises ont baissé pour diminuer les notations de crédit. Cela est principalement dû au fait que les sites comme Twitter sont utilisés comme une plateforme de plaintes partageant principalement des émotions négatives et des rapports de situation qui ont provoqué du mécontentement. Ce fait doit être pris en compte tout en bénéficiant des données des médias sociaux dans les approches de notation de crédit.
Credit management based on improved bp neural network	Par le biais des propriétés d'extraction et du modèle de construction des données client, un réseau de neurones BP amélioré est établi, ce qui diminue le risque de crédit objectivement et surmonte avec précision le manque subjectif d'analyse artificielle traditionnelle, de jugement et non de précision. Le compte de la succursale de Jinan dans la bibliothèque et son taux de rendement naturel est de 88%. Cependant, le siège social a perdu 50% de clients de qualité. À savoir, son taux de gain réel est de 44%. Dans ce papier, un modèle est construit à partir de toute sorte de clients et le taux de test a atteint 80%. Par conséquent, les résultats indiquent qu'un bénéfice d'environ 36% pourrait être amélioré.
A hybrid data mining model of feature selection algorithms and ensemble learning classifiers for credit scoring	Cette étude vérifie le résultat des études précédentes selon lesquelles les algorithmes de classification d'apprentissage multiple et d'ensemble ont de meilleures performances que les algorithmes uniques dans les applications de notation de crédit de l'exploration de données. En outre, des études antérieures ont envisagé des approches hybrides de notation de crédit dans leurs recherches.

	L'étude actuelle présente un modèle hybride pour l'utilisation simultanée d'algorithmes FS [54]et d'algorithmes de classification de base et d'ensemble et le compare avec les apprenants simples et de base. Les résultats ont démontré que les modèles hybrides sont meilleurs que les modèles uniques et il s'agit d'un résultat d'approbation dans la littérature.
Modelling credit risk with scarce default data: on the suitability of cooperative bootstrapped strategies for small low-default portfolios	Les résultats sur le pouvoir discriminant ont confirmé les problèmes de déséquilibre de classe et de spécification des erreurs pour les classificateurs individuels en présence de LDP [55] rares : plus l'ensemble de données est petit, plus le pouvoir discriminatoire est faible et plus la variance des prédictions est élevée. LR et SVM étaient les classificateurs individuels les plus précis appliqués pour gérer les LDP rares. Les approches coopératives ont obtenu un pouvoir discriminant plus élevé que les modèles individuels en termes d'AUC (test de Friedman p <0,05). En particulier, les variantes coopératives ajustées en corrélation ont produit des résultats très précis. Nous avons constaté que les techniques d'amorçage produisaient des estimations très précises de l'erreur de généralisation par rapport à celle des approches de re-substitution pures tout en maintenant un équilibre acceptable entre les erreurs de type I et de type II. Des niveaux de confiance d'environ 40 à 60% des intervalles de confiance d'erreur bootstrap ont

[54] Feature Selection : dans l'apprentissage automatique et les statistiques, la sélection de fonctionnalités, également appelée sélection de variables, sélection d'attributs ou sélection de sous-ensembles de variables, est le processus de sélection d'un sous-ensemble de fonctionnalités pertinentes à utiliser dans la construction de modèles.

[55] low-default portfolios

	été observés dans les deux ensembles de données, ce qui a confirmé la stabilité du modèle en termes d'erreur standard plus courte que les classificateurs individuels.
Credit scoring models for the microfinance industry using neural networks: evidence from Peru	Les résultats montrent que la notation de crédit par perceptron multicouche peut fonctionner pour les institutions de microfinance (IMF), et obtenir une plus grande précision des performances et des coûts d'erreur de classification plus faibles que les modèles classiques LDA, QDA et LR[56]. Ces résultats impliquent des conséquences majeures sur l'efficacité des IMF en raison des économies de coûts. Ainsi, le meilleur MLP [57]impliqué fournit un coût d'erreur de classification avec une réduction de 8,06%, 7,04% et 13,78%, respectivement par rapport aux modèles LDA, QDA et LR. Autrement dit, la mise en œuvre d'une démarche de réseau neuronal suppose que les IMF réduisent leurs pertes en millions de dollars, et fournit donc un moyen pour les IMF d'obtenir un avantage concurrentiel sur leurs concurrents.
Assessing Credit Risk: An Application of Data Mining in a Rural Bank	Sur la base du modèle construit, il est confirmé que les valeurs de garantie sont le critère le plus important dans l'évaluation du crédit, montré par les valeurs de garantie est le nœud racine. Le modèle proposé à la période de crédit comme premier nœud feuille suivi des valeurs de garantie.

[56] Analyse Discriminante Linéaire (LDA en anglais) Analyse Discriminante Quadratique (QDA en anglais) Régression linéaire (LR en anglais)

[57] Un perceptron multicouche est une classe de réseau neuronal artificiel à anticipation. Le terme MLP est utilisé de manière ambiguë, parfois de manière approximative pour tout ANN anticipatif, parfois strictement pour désigner des réseaux composés de plusieurs couches de perceptrons.

	Bien qu'il existe de nombreuses autres variables dans les critères d'évaluation du crédit, le modèle montre que peu de ces variables sont pertinentes pour les critères d'évaluation du crédit. Ce modèle a été évalué en utilisant les données de 84% de 1028 données comme données d'évaluation. En termes de valeur des prêts, le modèle a également amélioré la valeur des prêts improductifs.
Credit risk Evaluation by hybrid data mining technique	Dans cet article, la technique d'exploration de données hybride comprend deux étapes de traitement. Au stade du regroupement, les échantillons de candidats acceptés et de nouveaux candidats sont regroupés en groupes homogènes – les échantillons isolés sont supprimés et les échantillons incohérents sont reétiquetés. Dans la phase de classification, les machines vectorielles de support utilisent des échantillons avec de nouvelles étiquettes pour créer le modèle de notation. La différence avec les autres modèles de notation du crédit est que les échantillons ont été classés en trois ou quatre classes, plutôt que les deux bons et mauvais crédits. Les résultats expérimentaux basés sur l'ensemble de données sur le crédit fourni par une banque locale en Chine ont montré qu'en choisissant un point de coupure approprié, on obtient une super précision de classification du bon et du mauvais crédit. Les stratégies de gestion des risques sont élaborées en fonction des caractéristiques de chaque classe.
An experimental comparison of classification algorithms for imbalanced credit scoring data sets	Les résultats de ces expériences montrent que les classificateurs forêt aléatoire et boosting de gradient se sont bien comportés dans le traitement d'échantillons présentant un déséquilibre de classe important. Il semble que dans les cas extrêmes, la capacité des forêts aléatoires et de l'amplification du gradient à se concentrer sur les caractéristiques « locales » des données déséquilibrées est utile.

	Les techniques de notation de crédit les plus couramment utilisées, l'analyse discriminante linéaire (LDA) et la régression logistique (RL), ont donné des résultats raisonnablement compétitifs avec les techniques plus complexes et cette performance concurrentielle s'est poursuivie même lorsque les échantillons sont devenus beaucoup plus déséquilibrés. Cela suggère que les approches actuellement les plus populaires sont assez robustes aux tailles de classe déséquilibrées. D'un autre côté, des techniques telles que QDA et C4.5 étaient nettement moins bonnes que les classificateurs les plus performants. Alors que l'utilisation d'un noyau linéaire LS-SVM ne serait pas bénéfique pour l'évaluation des ensembles de données où il existe un très grand déséquilibre de classe.
The comparisons of data mining techniques for the predictive accuracy of probability of default of credit card clients	Dans la précision prédictive de la probabilité de défaut, les réseaux de neurones artificiels (RNA) présentent également les meilleures performances basées sur R^2 (0,9647, proche de 1), l'interception de régression (0,0145, proche de 0) et le coefficient de régression (0,9971, proche de 1). La probabilité de défaut prédictive produite par RNA est la seule qui puisse être utilisée pour représenter la probabilité réelle de défaut. Du point de vue du contrôle des risques, l'estimation de la probabilité de défaut est plus significative que la classification des clients en résultats binaires – risqués et non risqués. Par conséquent, les réseaux de neurones artificiels devraient être utilisés pour évaluer les clients au lieu d'autres techniques d'exploration de données, telles que la régression logistique.
A Comparison Of Data Mining Techniques For Credit Scoring In Banking: A	Le but de cette étude est d'explorer la performance de la notation de crédit en utilisant l'analyse discriminante, la régression logistique, les réseaux neuronaux et l'arbre de classification (CART) et de régression. Afin d'évaluer la faisabilité et l'efficacité de ces techniques, la

Managerial Perspective	tâche de notation de crédit est effectuée sur un ensemble de données de carte de crédit bancaire. Les résultats analytiques démontrent que CART a un meilleur taux de classification correct moyen en comparaison avec l'analyse discriminante, la régression logistique et les réseaux de neurones. D'un autre côté, le modèle de notation du crédit du réseau neuronal présente des erreurs de type II plus faibles associées à des coûts élevés d'erreurs de classification et a donc de meilleures capacités globales de notation du crédit.
Support vector machines for credit scoring and discovery of significant features	Les SVM sont une technique relativement nouvelle d'application à la notation de crédit. Les SVM réussissent par rapport aux approches établies pour classer les clients de cartes de crédit qui font défaut. Cela corrobore les conclusions des chercheurs précédents. De plus, contrairement à de nombreuses autres tâches d'apprentissage, un grand nombre de vecteurs de support sont nécessaires pour obtenir les meilleures performances. Cela est dû à la nature des données de crédit pour lesquelles les données d'application disponibles ne peuvent qu'indiquer globalement un défaut. Enfin, SVM peut être utilisé avec succès comme méthode de sélection de caractéristiques pour déterminer les variables d'application qui peuvent être utilisées pour indiquer le plus significativement la probabilité de défaut.
Credit risk assessment with a multistage neural network ensemble learning approach	Dans cette étude, un modèle d'apprentissage du réseau des neurones artificiels (RNA) à plusieurs couches est proposé pour l'évaluation du risque de crédit, il a su dévoiler l'importance des techniques relevant de l'intelligence artificielle dans la prédiction de la solvabilité des clients bancaires. La nouvelle stratégie d'ensemble comprend deux étapes critiques : la mise à l'échelle, qui transforme les valeurs de décision en degrés de fiabilité, et la fusion, qui

	agrège les degrés de fiabilité pour générer des résultats de classification finale.
Neural Data Mining For Credit Card Fraud Detection	Les résultats montrent que le classificateur proposé du réseau des neurones artificiels (RNA), basé sur une approche de confiance offre une praticabilité préférable et un taux de détection réussi dans la détection de fraude par carte de crédit. D'autres études sont encouragées pour améliorer les critères de détection des fraudes, pour définir un poids et un facteur de coût plus appropriés avec à la fois une bonne précision testée et une précision de détection.

2 Récapitulatif des méthodes utilisées

Après avoir parcouru les différents articles sélectionnés, et ce, pour explorer et d'étudier le comportement de la majorité des méthodes émanant du Data Mining dans la modélisation du risque de crédit. À cet effet, nous avons calculé le pourcentage d'utilisation de chaque méthode afin de cerner et de limiter le nombre de méthodes qu'on va utiliser pour modéliser le risque de crédit, en se basant seulement sur les méthodes les plus utilisées.

Colonne1	art 1	art 2	art 3	art 4	art 5	art 6	art 7	art 8	art 9	art 10	art 11	art 12	art 13	art 14	art 15	art 16	art 17	art 18	art 19	art 20	art 21	art 22	art 23	art 24	art 25
SVM	1	1			1					1	1			1	1			1	1			1			1
KNN	1	1													1				1						
PNN	1																								
Fuzzy Systems	1			1		1																			
Random forest		1					1	1																	
ANN		1						1	1	1	1		1			1				1	1		1	1	
Naive Bayes		1						1																	
Decision Tree			1																		1				
Logistic Regression							1	1			1				1	1					1				
J48								1																	
L'analyse discriminante															1	1			1		1				
C5.0																	1		1						

Figure 12: Récapitulatif des méthodes utilisées dans chaque Article

Section 2 : Les processus du Data Mining et leurs applications dans la modélisation du risque de crédit

Il existe plusieurs applications pour l'apprentissage automatique dont la plus importante est le Data Mining. L'apprentissage automatique peut souvent être appliqué avec succès à des problèmes de classification, améliorant ainsi l'efficacité des systèmes et la conception des applications autonomes dans la prise de décision.

1 Qui est-ce que le Data Mining ?

Le Data Mining est l'ensemble des méthodes et techniques permettant d'explorer et d'analyser des ensembles de données (souvent volumineux), de manière automatique ou semi-automatique, afin d'identifier parmi ces données certaines règles, associations ou tendances inconnues ou cachées ; les systèmes spéciaux restituent l'essentiel des informations utiles tout en réduisant la quantité de données. Bref, le Data Mining est l'art d'extraire des informations, c'est-à-dire des connaissances à partir de données.

Le Data Mining est donc à la fois descriptif et prédictif : les techniques descriptives (ou exploratoires) visent à faire émerger des informations présentes, mais qui sont cachées dans une masse de données, tandis que les techniques prédictives (ou explicatives) visent à extrapoler de nouvelles informations à partir des informations présentes, ces nouvelles informations pouvant être qualitatives ou quantitatives. (Tufféry & Stéphane, 2011)

En outre, chaque valeur de variable explicative de tout ensemble de données utilisées par les méthodes d'apprentissage automatique est représentée par le même ensemble de caractéristiques. Ces caractéristiques peuvent être réelles, qualitatives ou binaires. Si les valeurs d'une variable reçoivent des étiquettes connues (Solvable & non-solvable), l'apprentissage est dit supervisé (voir figure 10), contrairement à l'apprentissage non supervisé, où les variables ne sont pas étiquetées (voir figure 11).

Un autre type d'apprentissage automatique est l'apprentissage par renforcement (Barto et al., 1997). Les informations de formation fournies au système d'apprentissage par l'environnement (formateur externe) se présentent sous la forme d'un signal de renforcement scalaire qui constitue une mesure du bon fonctionnement du système. On ne dit pas à l'apprenant quelles actions il doit entreprendre, mais il doit plutôt découvrir quelles actions produisent la meilleure récompense, en essayant chaque action à tour de rôle.

Les méthodes du Data Mining sont certainement plus complexes que celles de la statistique descriptive élémentaire. Elles s'appuient sur des outils d'intelligence artificielle (réseaux de neurones), sur la théorie de l'information (arbres de décision), sur la théorie de l'apprentissage automatique et, surtout, sur la statistique inférentielle et l'analyse "classique" des données, notamment l'analyse factorielle, le regroupement et l'analyse discriminante, etc.

2 Apprentissage supervisé

L'apprentissage supervisé est essentiellement un synonyme de classification. La supervision de l'apprentissage provient des exemples étiquetés dans l'ensemble de données d'apprentissage. Par exemple, dans le problème de la reconnaissance des codes postaux, un ensemble d'images de codes postaux manuscrits et leurs traductions correspondantes lisibles par machine sont utilisés comme exemples d'apprentissage, qui supervisent l'apprentissage du modèle de classification. (Voir Annexe 17 et 18)

Cependant, ces techniques se concentrent sur la mise en correspondance d'un ensemble d'informations à un autre en fournissant au processus de formation les informations d'entrée et les résultats souhaités, puis en vérifiant sa capacité à fournir le résultat correct. Les techniques d'apprentissage supervisé sont à la fois très utiles et puissantes, elles ont aidé à créer des ensembles de données étiquetées

3 Apprentissage non-Supervisé

L'apprentissage non supervisé est essentiellement un synonyme de clustering. Le processus d'apprentissage est non supervisé puisque les exemples d'entrée ne sont pas étiquetés par classe. Typiquement, nous pouvons utiliser le clustering pour découvrir des classes dans les données. (Voir Annexe 16)

L'apprentissage non supervisé fait référence à la capacité d'apprendre et d'organiser des informations sans fournir de signal d'erreur pour évaluer la solution potentielle. L'absence de direction pour l'algorithme d'apprentissage dans l'apprentissage non supervisé peut parfois être avantageuse, car elle permet à l'algorithme de rechercher des modèles qui n'ont pas été considérés auparavant.

En guise de conclusion ; l'objectif de l'apprentissage non supervisé est de modéliser la structure fondamentale des données afin d'en savoir plus sur les données. Celles-ci sont appelées apprentissage non supervisé, car les différents apprentissages supervisés ci-dessus n'ont pas de bonnes réponses et il n'y a pas de formateur. Les algorithmes sont laissés à eux-mêmes pour découvrir et montrer la structure intéressante des données.

4 Process suivi par les études qui adoptent les techniques du Data Mining

En règle générale, les phases d'un projet de Data Mining sont les suivantes :

- **Définir les objectifs :**

À l'instar de chaque modélisation, il faut commencer par choisir le sujet, définir la population cible, définir certains critères essentiels et surtout le phénomène à prédire, planifier le projet, décider de l'approche à adopter. Une personne, un ménage composé uniquement de conjoints, un ménage comprenant des enfants à charge, une entreprise, définir certains critères essentiels et surtout le phénomène à prédire, planifier le projet, décider de l'utilisation opérationnelle attendue des informations extraites et des modèles produits, et préciser les résultats attendus.

- **Répertorier les données existantes :**

La deuxième étape consiste à collecter des données utiles, accessibles, juridiquement et techniquement exploitables, fiables et à jour quant aux caractéristiques et au comportement des individus étudiés. Ces données sont obtenues à partir du système informatique de l'entreprise, ou sont stockées dans l'entreprise en dehors du système informatique central (dans des fichiers Excel, par exemple), ou sont achetées ou récupérées à l'extérieur de l'entreprise, ou sont calculées à partir de données antérieures (indicateurs, ratios...).

- **Collecter des données :**

C'est dans cette étape qu'on commence la construction de la base de données qui sera utilisée pour la construction des modèles. Cette base d'analyse se présente généralement sous la forme d'une table ou d'un fichier, comportant un enregistrement (une ligne) pour chaque individu statistique étudiée et un domaine (une colonne) pour chaque variable relative à cet individu. Il existe des exceptions à ce principe : parmi les plus importantes figurent les séries temporelles et les modèles prédictifs à mesure que répétée.

- **Préparation des données :**

Dans cette étape, la vérification de l'origine des données, les tableaux de fréquence, les tableaux à deux voies, les statistiques descriptives et l'expérience des utilisateurs permettent trois opérations. La première opération consiste à fiabiliser les données, en remplaçant ou en supprimant les données incorrectes parce qu'elles contiennent trop de valeurs manquantes, de valeurs aberrantes ou de valeurs extrêmes("outliers") trop éloignées des valeurs normalement admises. Si seuls quelques rares individus présentent une de ces anomalies pour une des variables étudiées, ils peuvent être retirés de l'étude (au moins dans la phase de construction du modèle), ou leurs valeurs anormales peuvent être remplacées par une valeur correcte et plausible.

- **La segmentation de la population :**

Il peut être nécessaire de segmenter la population en groupes homogènes par rapport aux objectifs de l'étude, afin de construire un modèle spécifique pour chaque segment, avant de faire une synthèse des modèles.

- **L'élaboration et le test des modèles :**

Cette étape constitue le cœur de l'activité de data Mining, même si elle n'est pas la plus chronophage. Elle peut prendre la forme du calcul d'un score, ou plus généralement d'un modèle prédictif, pour chaque segment produit à l'étape précédente, suivi de la vérification des résultats dans un échantillon de test différent de l'échantillon d'apprentissage. Il peut également s'agir de détecter les profils des clients, par exemple en fonction de leur consommation de produits ou de leur utilisation des services d'une entreprise.

- **La mise en place des modèles :**

Le déploiement consiste à mettre en œuvre les modèles de data Mining dans un système informatique, avant d'utiliser les résultats pour l'action (adaptation des procédures, ciblage, etc.) et de les mettre à disposition des utilisateurs (information sur le poste de travail, etc.). Il est plus difficile de mettre à jour les applications pour intégrer le score, surtout si l'on souhaite permettre aux utilisateurs d'introduire de nouvelles informations.

- **Le suivi des modèles :**

Deux formes de suivi seront présentées dans cette section. La première est ponctuelle. Chaque fois qu'une nouvelle application de Data Mining est mise en service, les résultats doivent être analysés. Prenons l'exemple d'une grande opération de prédiction de la solvabilité des clients bancaire pour laquelle un score de solvabilité a été développé. Après la modélisation et lancement du programme dans les établissements bancaires, il est important de s'assurer que les taux de réponse correspondent aux valeurs du score et que les clients ayant obtenu les meilleurs scores ont effectivement solvable. Si une catégorie de clients avec un score élevé n'a pas bien répondu au critère de solvabilité par exemple, il faut l'examiner en détail pour voir s'il est possible de segmenter la catégorie ou d'y appliquer un arbre de décision, afin de découvrir les profiles des non-solvable.

- **La mise à jour des modèles :**

Lorsque les résultats de l'utilisation du premier modèle du Data Mining sont mesurés, le modèle peut être improvisé, soit en ajoutant des variables indépendantes qui n'étaient pas considérées initialement, soit en utilisant le retour d'expérience pour déterminer les profiles à prédire (par exemple "Solvable/non-Solvable") si ces résultats n'étaient pas disponibles auparavant.

5 Les différents types de processus du Datamining :

5.1 KDD (Knowledge Discovery in Database)

Le processus de KDD est le processus d'utilisation de méthodes de DM pour extraire ce qui est considéré comme connaissance, selon la spécification des mesures et des seuils, en utilisant une base de données le prétraitement, le sous-échantillonnage et la transformation de la base de données (M. El Sanharawi et al, 2013). Le processus général de KDD est illustré à la figure 7. Elle comprend les étapes suivantes (J. West & M. Bhattacharya, 2016)

Sélection : - Cette étape consiste à créer un ensemble de données cibles ou à se concentrer sur un sous-ensemble de variables ou échantillons de données, sur lesquels la découverte doit être effectuée.

Prétraitement : - Il s'agit des étapes où le nettoyage et le prétraitement des données cibles ont été effectués afin d'obtenir des données cohérentes, complètes et de meilleure qualité.

Transformation : - Cette étape consiste à la transformation et à la discrétisation des données en utilisant iles méthodes de réduction dimensionnelle ou d'échantillonnage.

Exploration de données : - Il s'agit des étapes d'extraction des connaissances pour extraire les tendances d'intérêt dans une forme représentative particulière, selon l'objectif d'exploration de données (habituellement, la prévision).

Interprétation/évaluation : – à ce stade, l'interprétation et l'évaluation des profils miniers seront effectuées en utilisant différentes mesures d'efficacité, telles que la précision, la précession de rappel.

Le DM est un processus analytique destiné à manipuler des données

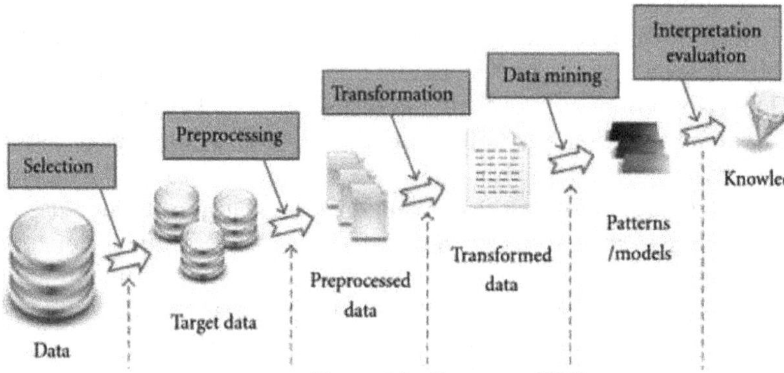

Figure 13 : Processus KDD

volumineuses (tel qu'en marketing, dans les banques) afin de mettre en évidence des phénomènes récurrents et/ou des relations systématiques entre les variables explicatives, puis nous entrainerons notre modèle par les données, par la suite, nous construisons nos conclusions sur de nouveaux groupes d'individus. Le but final du DM étant de faire des prédictions ou des prévisions.

À cet effet, nous suivons les étapes suivantes :

5.1.1 L'identification de la variable Cible (Target)

Dans cette étape qui représente une phase primordiale, dans laquelle nous définissons la variable à prédire ou la variable à expliquer, cette variable est de type catégoriel ou quantitatif (discret ou continu). Cependant, pour le cas catégoriel, nous adoptons les méthodes de classification alors que pour le cas continu nous utilisons les méthodes de régression.

5.1.2 La sélection des données

Dans cette étape, nous préparons les données qu'on va utiliser pour entrainer notre modèle, cette phase représente l'épine-dorsale de notre processus. Nous commençons par le nettoyage des données et la détection de valeurs aberrantes ou seulement atypiques, par la suite procèdent à une étude des distributions des structures de corrélation, ainsi que la codification des données qualitatives pour le cas des méthodes qui ne supportent que des valeurs quantitatives.

5.1.3 La préparation des données

Dans cette étape de préparation des données, consiste à répartir les données en trois sous-ensembles (Apprentissage, Test et Validation :

✓ **Ensemble d'apprentissage** : C'est l'ensemble que notre méthode du DM utilisera pour s'entrainer.

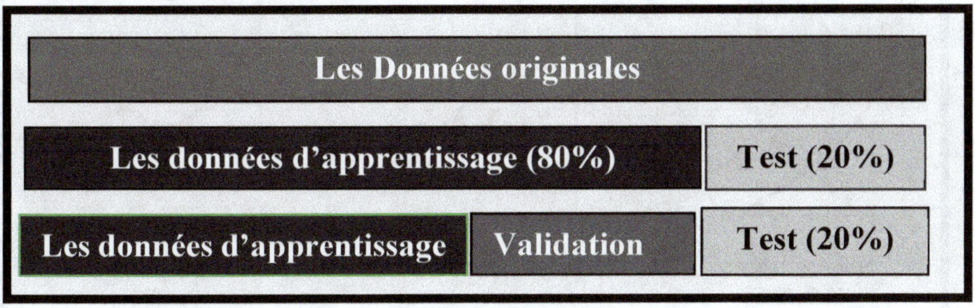

Figure 14: La subdivision des données (Source : Auteur)

✓ **Ensemble de validation** : cet ensemble de données nous permet d'effectuer un réglage d'hyperparamètres, et ce, en utilisant une source de données non biaisée.

✓ **Ensemble de test** : L'évaluation finale sera basée sur ce sous-ensemble de données.

Le but de la répartition des données en ensembles d'apprentissages, de test et de validation est d'éviter le surajustement (**overffiting**) ou le sous-apprentissage (**underffiting**) (voir figure 17), mais aussi de fournir une source de données juste pour évaluer les performances du modèle obtenu. En général, nous utiliserons l'ensemble d'apprentissages et de validation pour régler et améliorer notre modèle (voir figure 18).

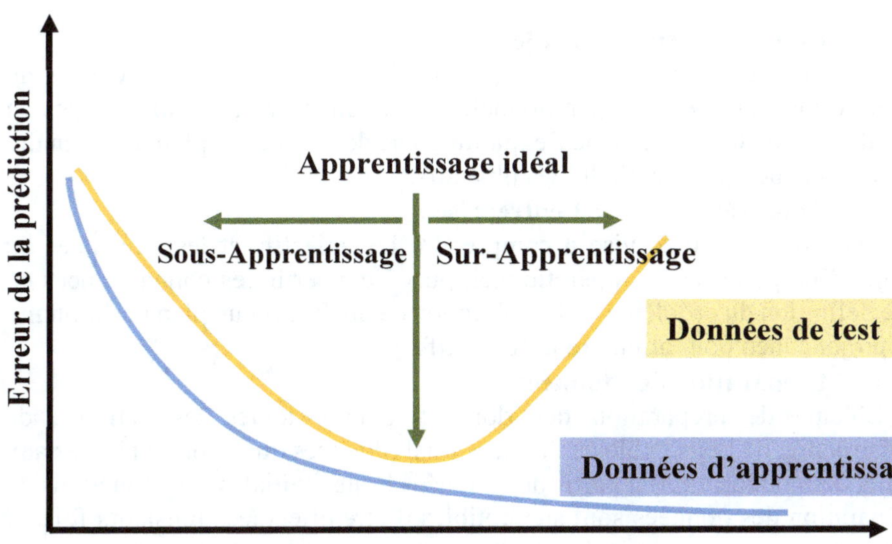

Figure 15 : La variation de l'erreur par rapport à la complexité du modèle) (Source : Auteur)

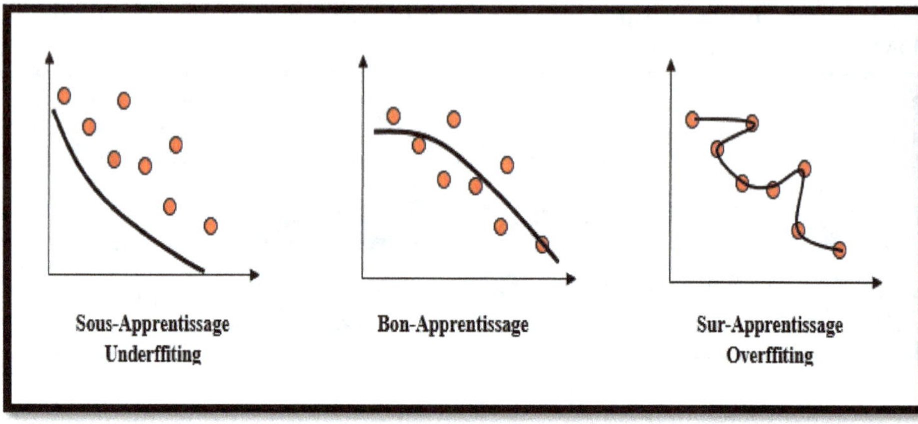

5.2 CRISP-DM (Cross Industry Standard Process for Data Mining)

L'analyse des problèmes des projets de Data Mining, un groupe d'entreprises de premier plan (Teradata, SPSS et OHRA) a proposé un guide de référence pour développer les projets de DM. Ce guide s'appelle CRISP-DM (Ms. À J. Chamatkar et al, 2015)

La méthodologie CRISP-DM est décrite en termes de modèle de processus hiérarchique, comprenant quatre niveaux d'abstraction (de général à spécifique) : phases, tâches génériques, tâches spécialisées et instances de processus, CRISP-DM définit les phases à réaliser dans un projet de DM. CRISP-DM définit également pour chaque phase les tâches et les livrables pour chaque tâche. Chaque phase de CRISP-DM brièvement décrit comme suit :

- **Compréhension de Projet :**

Cette phase initiale vise à comprendre les objectifs et les exigences du projet d'un point de vue opérationnel, puis à convertir ces connaissances en une définition du problème de l'exploration de données et un plan préliminaire de projet conçu pour atteindre les objectifs.

- **Compréhension de l'entreprise :**

Cette phase initiale vise à comprendre les objectifs et les exigences du projet d'un point de vue opérationnel, puis à convertir ces connaissances en une définition du problème de l'exploration de données et un plan préliminaire de projet conçu pour atteindre les objectifs.

- **Préparation des données :**

L'étape de préparation des données couvre toutes les activités de construction de l'ensemble de données final (données qui seront intégrées aux outils de modélisation) à partir des données brutes initiales. Les fonctions de préparation des données sont susceptibles d'être effectuées plusieurs fois, et pas dans un ordre prescrit. Les tâches comprennent la sélection de tableaux, d'enregistrements et d'attributs, le nettoyage des données, la construction de nouveaux attributs et la transformation des données pour les outils de modélisation.

- **Modélisation :**

Dans cette phase, diverses techniques de modélisation sont sélectionnées et appliquées, et leurs paramètres sont étalonnés à des valeurs optimales. En général, il existe plusieurs techniques pour le même type de problème d'exploration de données. Certaines techniques nécessitent des formats de données spécifiques. Il existe un lien étroit entre la préparation des données et la modélisation. Souvent, on se rend compte des problèmes de données pendant la modélisation ou on obtient des idées pour construire de nouvelles données.

- **Évaluation**

Cette étape du projet vient après l'élaboration un ou plusieurs modèles qui semblent avoir une grande qualité, du point de vue de l'analyse des données. Avant de procéder au déploiement final du modèle, il est important d'évaluer le modèle de façon plus approfondie et de passer en revue les étapes exécutées pour construire le modèle, afin de s'assurer qu'il atteint correctement les objectifs opérationnels. À la fin de cette phase, une décision sur l'utilisation des résultats de l'exploration des données devrait être prise.

- **Déploiement**

La création du modèle n'est généralement pas la fin du projet. Habituellement, les connaissances acquises devront être organisées et présentées de manière à ce que le client puisse les utiliser. Selon les besoins, la phase de déploiement peut être aussi simple que la production d'un rapport ou aussi complexe que la mise en œuvre d'un processus d'exploration de données reproductible. Dans tous les cas, il est important de comprendre dès le départ quelles actions devront être menées afin de réellement utiliser les modèles développés.

5.3 Le processus EEMME

Le processus EEMME (SEMMA en anglais) a été développé par le SAS [58]Institute. L'acronyme EEMME signifie Échantillon, explorer, modifier, modéliser, évaluer et faire référence au processus de réalisation d'un projet d'exploration de données. L'Institut SAS envisage un cycle avec 5 étapes pour le processus

- **Échantillon :** cette étape consiste à échantillonner les données en extrayant une partie d'un grand ensemble de données pour contenir l'information significative, mais assez petite pour être manipulée rapidement. Cette étape est considérée comme facultative.
- **Explorer :** cette étape consiste à explorer les données en recherchant des tendances et des anomalies imprévues afin d'acquérir de la compréhension et des idées.

[58] L'institut SAS est le leader des logiciels de l'analytique.

- **Modifier :** Cette étape consiste à modifier les données en créant, en sélectionnant et en transformant les variables pour orienter le processus de sélection du modèle.
- **Modèle :** Cette étape consiste à modéliser les données en permettant au logiciel de rechercher automatiquement une combinaison de données qui prédit de façon fiable un résultat souhaité.
- **Évaluer :** Cette étape consiste à évaluer les données en évaluant l'utilité et la fiabilité des résultats du processus d'exploration des données et à estimer leurs rendements.

6 Le choix du meilleur outil et la meilleure méthode du DM

Dans cette étape, on procède au choix d'un outil de manipulation des techniques du DM, de ce fait, il existe une panoplie d'outils, y en a ceux qui sont sophistiqués avec un accès payant, y en a d'autres qui ont un accès libre et gratuit, mais qui offrent des fonctionnalités très limitées, dans le présent travail scientifique nous avons choisi un langage de programmation (Python) assez puissant, en termes de fonctionnalités, mais aussi en termes de sa robustesse de manipulation des données assez volumineuses.

6.1 L'évaluation de la performance du modèle obtenu

Quant à le choix de la méthode qui sera utilisée pour modéliser notre problématique, pour cela, il faut comparer les modèles optimaux obtenus (pour chaque méthode utilisée) par estimation de l'erreur de prévision sur l'échantillon test ou bien par la mesure de la précision des modèles obtenus.

Après avoir choisi de la méthode retenue en fonction de ses capacités de prédiction et de sa robustesse. Il vient l'étape de validation du modèle par la partition du test, cela va nous permettre de construire un modèle fort en termes de précision, dans cette même étape, on fait appel à des métriques issues de la matrice de confusion, notamment, $Accuracy, Precision, Recall$ et bien d'autres.

Conclusion Chapitre 1 :

Les établissements de crédit sont dans l'obligation de prendre des mesures préventives pour garantir les engagements. Par conséquent, les risques liés aux crédits sont multiples et la situation de l'emprunteur peut rapidement se dégrader. Cependant, pour faire face aux risques, les banques utilisent une panoplie de techniques et méthodes afin d'atténuer l'impact de ces risques.

De ce fait, et avec l'exploration de ces techniques, les établissements de crédit augmentent leurs chances d'acquérir un remboursement total du prêt et dans les temps. En outre, ces techniques peuvent être scindées en techniques classiques et techniques innovantes issues de l'intelligence artificielle.

À cet effet, nous avons étudié dans ce chapitre l'utilisation de ces techniques dans la modélisation du risque de crédit, et nous nous sommes contentés d'étudier les débats théoriques qui traitent l'utilisation de ces méthodes du Data Mining qui sont nombreuses. Cependant, ces articles comparent et opposent les techniques sur des ensembles de données variantes et proposent des améliorations incrémentales de quelques algorithmes. Ainsi, nous avons énuméré dans le même chapitre, les différentes métriques d'évaluation de la performance des modèles obtenus. Il s'agit notamment des mesures dérivées de la matrice de confusion et de la courbe ROC (AUC).

Chapitre 2 : soubassements théoriques de la modélisation du risque de crédit

La classification permet de prévoir les classes des données de test après avoir entrainé le modèle par une telle méthode de classification en utilisant des données d'entrainement. Au cours des dernières décennies, un grand nombre de méthodes de classification ont été mises au point dans des applications réelles (Luo et al, 2016) (Li et al,2016), parmi lesquelles la classification (KNN) a été considérée comme l'une des 10 principales méthodes de classification les plus utilisées (Wu et al, 2008), en raison de sa simplicité et de son efficacité.

Ces techniques ont connu une demande importante dans ces dernières années, et surtout avec les immenses volumes de données à traiter, notamment dans la gestion des risques et des portefeuilles. L'utilisation des techniques issues de l'intelligence artificielle (IA) est aujourd'hui essentielle dans le secteur bancaire. En effet, cette technologie permet de simplifier et d'écourter ces processus. En matière de gestion de compte client, l'IA permet de bénéficier d'un gain de temps considérable.

C'est dans ce cadre que ce présent chapitre s'inscrit, dans lequel nous allons exposer les fondements théoriques et mathématiques de quelques méthodes issues de l'intelligence artificielle, cette description va nous permettre de bien comprendre plus profondément le processus d'apprentissage automatique de ces méthodes, ainsi, nous allons évoquer les différentes métriques écoulées de la matrice de confusion et qui ont pour rôle d'évaluer la performance des modèles.

Section 1 : Méthodologie de modélisation du risque de crédit en utilisant les techniques du Data Mining

1 Préparation des données et les techniques d'évaluation des modèles

1.1 Statistique descriptive

Dans les études scientifiques en sciences de gestion, les variables à observer sont souvent de nature qualitative, toutefois, leurs études nécessitent donc l'usage d'outils statistiques pouvant appréhender et explorer les relations entre données de tout type (quantitatives / quantitatives, quantitatives /qualitatives, qualitatives / qualitatives, ...). À des fins exploratoires, il est faisable d'utiliser différents outils du DM, pour mettre en évidence les associations, corrélations entre données sans forcément avoir de variable d'intérêt, mais pour la plus grande majorité de ces outils, les variables doivent être de nature quantitative ou dichotomique, ce qui n'est pas toujours le cas parmi les données disponibles.

1.2 Nature des données

La nature des données se diffère selon le secteur d'activité. Par exemple dans une base de données des clients d'une banque, les données mémorisées peuvent être de différentes natures et les méthodes statistiques à mettre en œuvre pour tester les relations entre variables sont liées aux types de données à traiter (Evrard, Pras et Roux, 2000).

Généralement les données sont scindées en 2 catégories principales :

- Les données quantitatives qui traduisent un nombre.
- Les données qualitatives qui traduisent une caractéristique.

Or, l'ensemble de données quantitatives est de type numérique continu ce qui autorise les calculs de moyenne (espérance), écart-type et la variance. En revanche, ces opérations ne peuvent être mises en œuvre dans le cas de données qualitatives, elles sont traduites par de différentes modalités qui peuvent ou non, être rangées par ordre croissant ou décroissant.

Lorsque les données qualitatives sont mesurées à travers de deux modalités (oui/non, solvable/non-solvable) elle est alors qualifiée de donnée qualitative binaire ou booléenne ou encore dichotomique.

1.3 Test de corrélation entre deux variables

Dans le cas où la variable dépendante ou à expliquer est de type quantitatif et les variables explicatives sont de type quantitatif ou qualitatif, les tests classiques de corrélation peuvent être utilisés, au prix de la conversion en variables binaires de toutes les variables qualitatives (Sheskin, 2003 ; Roger, 2000 ; Terouane, 1998). Si le nombre de variables explicatives (indépendantes) est très important, ce travail de conversion devient pénible et onéreux en temps.

1.3.1 Le test du chi-deux

Le test du Chi-2 nous permet de tester l'indépendance des variables en se basant sur le tableau de contingence. Cependant, celui-ci ne constitue pas un indicateur pratique de la force de l'association entre deux variables, car il n'est pas normé. L'expression du Chi 2 est la suivante :

Équation 12 : L'expression du Chi 2

$$\chi_t^2 = \sum_{j=1}^{c} \sum_{i=1}^{l} \frac{(n_{ij} - n_{ij}^t)^2}{n_{ij}^t}$$

Si le χ^2 observé est supérieur au χ_t^2 théorique, à un certain seuil de signification, on peut alors rejeter l'hypothèse nulle et ainsi conclure sur le **lien entre les deux variables**.

Le test du Chi-2 a pour limite d'être sensible à la taille des données de l'échantillon et au nombre de degrés de liberté. Ainsi la population minimum au croisement de deux modalités dans une table de contingence doit être de 5 individus afin que le test soit significatif et donc qu'il soit possible d'appréhender le lien entre ces deux variables.

1.3.2 Le test de Spearman

Le coefficient de corrélation des rangs de Spearman est basé sur le calcul de la différence des rangs d'un objet i pour chaque individu. La différence ainsi obtenue est ensuite élevée au carré pour éviter que des écarts (négatifs) de sens contraire ne se compensent. La somme de ces carrés pour les n objets classés est enfin calculée.

On peut exprimer le coefficient de corrélation des rangs de Spearman par l'expression suivante :

Équation 13 : coefficient de corrélation des rangs de Spearman

$$\rho_s = 1 - 6\frac{\sum_{i=1}^{n} d_i^2}{n(n^2 - 1)}$$

Avec d_i^2 représente la différence de classement des rangs.

La valeur de ρ_s varie entre -1 et 1, la valeur nulle interprétant l'indépendance entre les deux variables. Les valeurs -1 et 1 interprètent respectivement une corrélation négative et une positive parfaites.

1.4 Sélection des Variables explicatives

Lorsque la variable à expliquer (dépendante) est de type qualitatif, alors dans ce cas le choix des variables explicatives pour le modèle d'apprentissage automatique, nous pouvons le faire selon la méthode dite « pas à pas » (Nakache et Confais, 2003) ; il est alors faisable de procéder à une sélection pas-à-pas ascendante ou descendante. Pour la méthode descendante, toutes les variables sont incluses dans un premier temps au modèle, et les variables non-significatives sont ensuite chassées. La méthode ascendante sous-tend la réunion une à une de variables significatives.

Dans notre étude, nous allons nous contenter de 2 méthodes statistiques pour choisir les variables explicatives signifiantes :

- L'analyse univariée :

Cette analyse va nous permettre les variables explicatives non-signifiantes (leurs valeurs de signification dépassent les 5%), pour pouvoir construire un modèle puissant en termes de significativité en gardant seulement les variables qui ont une probabilité significative.

- La matrice de corrélation :

Cette matrice va nous permettre de vérifier pour le cas des variables explicatives qualitatives, s'il y a des corrélations entre les variables indépendantes. À cet effet, nous allons procéder à l'élimination d'une seule variable dans chaque couple fortement corrélé (la corrélation dépasse 0,50), et ce pour assurer une meilleure prédictibilité du modèle.

1.5 Préparation des données

La plupart des données originales ne peuvent pas être utilisées directement. Elles doivent d'abord être prétraitées et nettoyées. Le prétraitement des données est une étape incontournable avant de procéder à la modélisation des données. L'objectif fondamental est de nettoyer les données originales désordonnées et de les convertir en un format qui répond aux exigences de la méthode de modélisation.

Ce processus de préparation des données se base sur 3 étapes principales ; tout d'abord, des méthodes appropriées sont utilisées pour traiter les différents type de valeurs manquantes. Ensuite, face à certaines variables catégorielles, on les convertir en données quantitatives afin de faciliter le processus suivant. Troisièmement, certaines valeurs aberrantes évidentes ou extrêmes sont identifiées et ajustées à l'aide de méthodes appropriées.

2 Les fonctions de mesure d'erreur

Pour construire un modèle puissant, il faut choisir le modèle qui minimise l'erreur de la prédiction, et ce dans la phase du test de notre modèle, pour cela il y a une multitude fonction qui nous permet de mesurer cette erreur, on trouve ci-après quelques-uns les plus utilisés.

2.1 La fonction R-Square

$R - square$ *(Voir Annexe 15) :*

Équation 14 : La fonction R-Square

$$R^2 = 1 - \frac{\sum_{i=1}^{n}(y_i - \widehat{y_i})^2}{\sum_{i=1}^{n}(y_i - \bar{y})^2}$$

Avec :

$$y_i : la\ valeur\ exacte$$
$$\bar{y} : la\ moyenne\ des\ valeurs\ de\ y_i$$
$$\widehat{y_i} : la\ valeur\ qu'on\ a\ prédit$$

Donc le R-square permet de nous donner la qualité de notre modèle (compris entre 0 et 1) plus la valeur de R-square est proche de 1 donc nous avons un modèle parfait.

2.2 Mean Absolute Error (MAE)

$Mean\ Absolute\ Error$ « MAE » :

Équation 15 : Erreur Mean Absolute Error

$$Error = \frac{1}{m}\sum_{i=1}^{m}|y_i - \widehat{y_i}|$$

On ajoute la valeur absolue ou bien le carré pour éliminer le cas des valeurs nulles.

m : c'est le nombre des individus ou objets à prédire ou le nombre d'observations

2.3 Mean Squared Error (MSE)

Mean Squared Error [59]« *MSE* » :

$$Error = \frac{1}{2m}\sum_{i=1}^{m}(y_i - \widehat{y_i})^2$$

3 La mesure de la performance des modèles selon les métriques émanant de la Matrice de confusion

C'est une matrice qui mesure la qualité d'un système de classification. C'est un outil qui permet de mesurer les performances en vérifiant à quelle fréquence les prédictions sont exactes par rapport à la réalité dans les problèmes de classification.

Tableau 10 : Matrice de la confusion

	Prédiction positive	**Prédiction négative**
Positive	Vrais Positifs	Faux Négatifs
Négative	Faux Positifs	Vrais Négatifs

Avec :

Vrais Positifs : les éléments qui sont vrais et qui sont correctement classés

Faux Positifs : les éléments qui sont vrais et qui sont mal classés

Vrais négatifs : les éléments qui sont faux et qui sont correctement classés

Faux négatifs : les éléments qui sont négatifs et qui sont mal classés

Pour remplir cette matrice on utilise l'ensemble de test, on peut à travers cette matrice de générer des métriques suivantes : $(Accuracy, Precision\ , Recall)$

3.1 La formule de calcul de la métrique Accuracy

Accuracy : Il prend tous les points qui ont été classés correctement **(les positifs et les négatifs points)** ; il nous donne le pourcentage de la performance de notre modèle.

$$Accuracy = \frac{Vrais\ négatives + vrais\ Positives}{vrais\ negatives + Faux\ negatives + Vrais\ Positives + Faux\ positive}$$

[59] NB : L'objectif c'est de calculer la superficie du carreau, plus la superficie est petite plus l'erreur est réduite.

3.2 La formule de calcul de la métrique *Precision*

Équation 16 : Précision

$$Precision = \frac{Vrais\ Positives}{Vrais\ Positives + Faux\ Positive}$$

N.B : pour la précision on s'intéresse seulement des points **positifs** le choix des métriques dépende du modèle

3.3 La formule de calcul de la métrique *Recall*

Recall C'est la capacité de notre modèle à détecter tous les modes de solvabilité.

Équation 17:Recall

$$Recall = \frac{Vrais\ Positives}{Vrais\ Positives + Faux\ Negative}$$

3.4 La formule de calcul de la métrique Courbe ROC

La courbe ROC représente un outil d'évaluation et de comparaison des modèles, opérationnel même dans le cas des distributions très déséquilibrées, il est aussi un outil graphique qui permet de visualiser les performances de notre modèle ; cependant, cette courbe trace le (RTP) taux de vrais positifs en fonction du (RFP) taux de faux positifs.

Avec : $RTP = TVP = \frac{Vrais\ Positifs}{Vrais\ Positifs + Faux\ négatifs}$

$$RFP = TFP = \frac{Faux\ Positifs}{Faux\ Positifs + Vrais\ négatifs}$$

Alors qu'une courbe ROC trace les valeurs TVP et TFP pour différents seuils de classification comme suit :

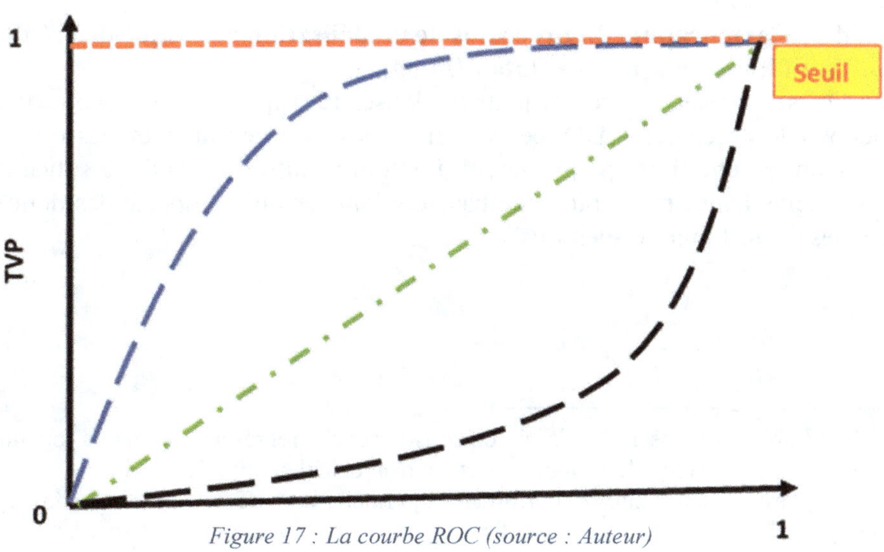

Figure 17 : La courbe ROC (source : Auteur)

Selon l'illustration ci-dessus, on peut l'interpréter comme suit :

Nous avons que la courbe bleue représente le meilleur modèle puisqu'il approche au seuil, alors que la courbe en verte représente un modèle passable, en revanche, la courbe noire représente un modèle assez faible en termes de prédiction, en effet le modèle dans ce cas prédit une classe négative comme une classe positive et vice-versa.

Cependant, pour comparer les courbes ROC des différentes méthodes de classification, on calcule souvent la statistique sommaire aire sous la courbe ROC (abrégée en AUC) (Bradley, 1997 ; Hanley & McNeil, 1982). L'AUC d'un classificateur est équivalent à la probabilité que le classificateur classe une instance positive choisie au hasard plus haut qu'une instance négative choisie au hasard (Fawcett, 2006).

3.5 La formule de calcul de la métrique d'AUC (Area Under Curve)

AUC représente la surface sous la courbe ROC, cette surface reflète la performance du modèle, cependant plus l'AUC est grand plus le modèle est performant. Cette variable représente une métrique commune entre les méthodes statistiques classiques et celles du Data Mining.

La surface sous la courbe ROC (AUC) comme une métrique visuelle ou indicateur synthétique qui mesure la performance d'un modèle :

- $AUC \approx 1 \, modèle \, Performant$
- $AUC \approx \frac{1}{2} modèle \, Non - performant$

Cet indicateur permet ainsi de choisir entre plusieurs modèles : on retient le modèle ayant le AUC le plus élevé.

La surface sous la courbe AUC peut être calculée en se basant sur la méthode de trapèzes [60]une fois que la courbe ROC est tracée. Mais généralement et surtout en pratique, on utilise la méthode des paires concordantes[61].

4 Cartographie du processus de modélisation du risque de crédit en utilisant les techniques du Data Mining

Dans la présente étude et pour modéliser le risque de crédit, nous allons adopter le processus KDD, ce dernier se base sur certaines étapes qui sont enchainées, et qui ont pour objectif d'extraire l'information de la solvabilité des clients bancaires depuis une base de données qui comporte des données réelles (Voir Figure ci-dessous).

---

[60] Le principe est d'assimiler la région sous la courbe représentative d'une fonction f définie sur un segment [a,b] à un trapèze et d'en calculer l'aire T.

[61] Les paires concordantes et discordantes permettent de décrire la relation entre les paires d'observations. Pour calculer les paires concordantes et discordantes, les données sont traitées comme des valeurs ordinales.

Section 2 : Fondements théoriques des méthodes utilisées

1 La méthode K-Plus Proche Voisin (KNN)

La méthode kNN a été développée avec succès dans des applications du

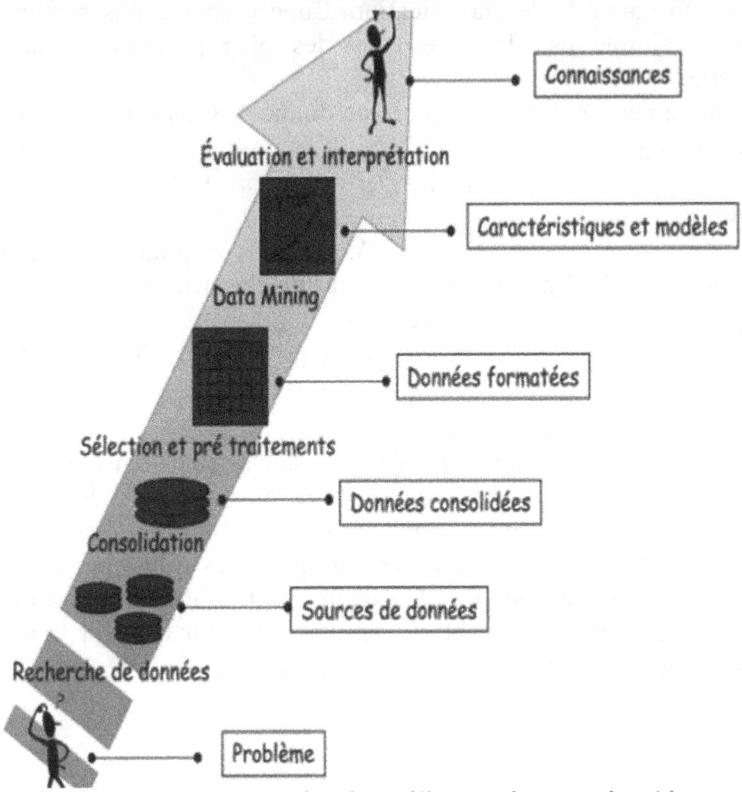

Figure 18: Processus suivi dans la modélisation du risque de crédit

Data Mining, telles que la classification, la régression et le remplissage des valeurs manquantes. L'idée principale du KNN est de prédire l'étiquette d'un individu émanant de données de test par la règle de vote, c'est-à-dire que l'étiquette de l'individu est prédite via les k individus de données d'entrainement les plus similaires (Cheng et al, 2015).

Pour (Shichao Zhang et al, 2017) (M. El Sanharawi et F. Naudet, 2013) les résultats expérimentaux d'utilisation du KPV ont montré que la méthode est plus précise et plus efficace, ainsi que, en plus des tâches de classification, la méthode KPV, on peut l'utiliser pour la régression et l'imputation des données manquantes.

1.1 Présentation du modèle KNN

La méthode KPV (K-plus proche Voisin) ou KNN (K- nearest neighbors) figure parmi les plus simples algorithmes d'apprentissage automatique (relevant de l'intelligence artificielle). Par conséquent, les KNN sont aussi connus comme des apprenants paresseux (Cunningham et Delany, 2007). Toutefois, les KNN ont réussi à régler un grand nombre de problèmes commerciaux (Jiang et al, 2012) et (Mccord et al, 2011).

Dans un contexte de classification d'une nouvelle observation $\boldsymbol{x}$, l'idée fondatrice simple est de faire voter les plus proches voisins de cette observation.

Formellement, soit $\boldsymbol{L}$ l'ensemble de données à disposition ou échantillon d'apprentissage :

$$L = \{(y_i, x_i), i = 1, \dots \dots, n_L\}$$

Avec :

- y_i (Variable à expliquer / dépendante) il reflète la classe de l'individu i pour le cas de classification et il représente un réel $y_i \in \mathbb{R}$ dans le cas de la régression
- $x_{ij} = (x_{i1}, \dots \dots \dots . x_{np})$ $i\epsilon\{1, n\}$ Représente l'indice de l'individu $j\epsilon\{1, p\}$ représente l'indice des variables prédictives (variables explicatives) de l'individu i.

Pour effectuer une prédiction, KNN va se baser sur l'ensemble de données en entier. Cependant, pour une observation, qui ne fait pas partie de l'ensemble de données, qu'on souhaite prédire, l'algorithme va chercher les K observations de l'ensemble de données les plus proches de notre observation. Ensuite pour ces K voisins, l'algorithme se basera sur leurs variables dépendantes (variable à expliquer) y pour calculer la valeur de la variable $\hat{y}$ de l'observation qu'on souhaite prédire.

Par ailleurs :

- Si KNN est utilisé pour la régression, c'est la **moyenne** (ou la médiane) des variables y des K plus proches voisines observations qui servira pour la prédiction
- Si $\boldsymbol{KNN}$ est adopté pour la classification, c'est le mode des variables $\boldsymbol{y}$ des $\boldsymbol{K}$ plus proches voisines observations qui servira pour la prédiction

1.2 Les fonctions du calcul de la distance

1.2.1 La distance *euclidienne*

Parmi les fonctions distance type, la distance euclidienne entre deux observations x_i, x_j est définie comme suit :

Équation 18 : Distance euclidienne

$$D_{euc}(x_i, x_j) = \left(\sum_{S=1}^{P} (x_{is} - x_{js})^2\right)^{\frac{1}{2}} = \sqrt{\sum_{S=1}^{P} (x_{is} - x_{js})^2}$$

$avec : P \text{ représente le nombre de variable explicative}$

1.2.2 La distance *Minkowski*

Généralement on peut écrire distance de **Minkowski** :

Équation 19: Distance Minkowski

$$D_{Mink}(x_i, x_j) = \left(\sum_{S=1}^{P} |x_{iS} - x_{jS}|^q\right)^{\frac{1}{q}} \quad avec\ q > 0$$

Quand $q = 2$ la distance de Minkowski est égale à la distance euclidienne et quand $q = 1$ il est égal à la distance de Manhattan.

1.2.3 La distance Manhattan

On peut écrire la fonction Distance de Manhattan comme suit :

Équation 20 : Distance Manhattan

$$D_{Manh}(x_i, x_j) = \sum_{S=1}^{P} |x_{iS} - x_{jS}|$$

Les mesures de distance les plus courantes sont les mesures de distance euclidienne et de Manhattan, les deux mesures mesurent la distance entre les observations pour toutes les s variables explicatives.

1.3 Quelques règles sur le choix de k

Le paramètre k doit être déclaré par l'utilisateur : $K \in N$. En classification dichotomique, il est utile de choisir un k impair pour éviter les votes identiques ou égalitaires. Le meilleur choix de k attache de l'ensemble de données d'apprentissage. Or, les grandes valeurs de k diminuent l'effet du bruit sur la classification et donc le risque de surapprentissage, mais rendent les frontières entre classes moins différentes. Un bon k peut être déterminé par une panoplie de techniques heuristiques, telle que la validation croisée. Cependant, nous choisirons la valeur de k qui minime l'erreur de classification.

2 La méthode d'Arbre de décision (AD)

Un Arbre de Décision (AD) est l'une des méthodes d'aide à la décision, émanant des techniques du Data Mining. Sa structure se base sur un ensemble de choix sous la forme graphique d'un arbre. Les différentes décisions possibles sont à l'extrémité des branches, et sont atteintes en fonction de décisions prises à chaque étape du processus d'apprentissage.

AD représente l'une des méthodes relevant des techniques d'apprentissage supervisé, il permet de modéliser une hiérarchie de tests dichotomiques et Il permet aussi de prédire la classe des individus dans le cas d'une variable à expliquer binaire, tel que le cas de la solvabilité des clients bancaires.

2.1 Revue de littérature

AD a une structure qui est facile à comprendre et à expliquer. Ainsi, un diagramme d'arborescence est souvent utilisé pour résoudre une série de problèmes de classification et de prise de décision pour classer de nombreux attributs et effectuer des prédictions ; par exemple, de tels diagrammes ont été appliqués dans le diagnostic médical et dans les études de classification des maladies (Khan et al, 2009 ; Ture, Tatli et Kurt, 2009).Un AD peut également être utilisé pour des études de classification en ingénierie et en gestion (Syachrani, Jeong et Chung, 2013 ; Alipour et coll., 2017).

2.2 Les composants d'un arbre de décision

Un AD est une construction hiérarchique de forme triangulaire en escaliers, constitué de plusieurs éléments :

- Les nœuds : on distingue entre deux catégories de nœuds :
  - Nœud de la racine (NR) : le premier nœud dans l'arbre, qui concerne le premier test.
  - Des nœuds intermédiaires (NI) : des nœuds des niveaux inférieurs apportant des tests pour mieux partitionner les individus de notre échantillon, pour ces nœuds, ils reçoivent des flèches en entrées et renvoient des flèches en sorties.
- Les flèches : elles indiquent le sens de la trajectoire à suivre jusqu'à la décision finale. Dans notre cas, on utilise des arbres dichotomiques, c'est-à-dire, de chaque nœud, on aura deux flèches sortantes (True / False) ; une indique la décision à prendre ou le test suivant si la condition dans le nœud est vraie, et l'autre dans le cas contraire.
- Les feuilles : sont les nœuds des derniers niveaux de l'arbre, elles contiennent la décision ou la classe prédite pour l'individu. Pour ce genre de nœud, il n'y a que des flèches entrantes pour ces feuilles.

2.3 La construction d'un AD de type CART :

Un Arbre de Décision de type CART proposé par (Beriman et al, 1984) est un arbre binaire aidant à la décision d'une variable dichotomique (Y) pour un individu dont on connaît ses variables explicatives. Sa construction repose sur un partitionnement récursif des individus à l'aide des données d'apprentissage. Ce partitionnement se fait par une succession de nœuds coupés en utilisant l'indice de Gini.

À cet effet, pour construire un arbre de type CART, on doit répondre à ces questions :

a) La détermination d'un critère permettant de sélectionner la meilleure division parmi toutes celles admissibles pour les différentes variables.

b) Une règle permettant de décider qu'un nœud est terminal.

c) L'affectation de chaque feuille à l'une des classes (pour le cas de la variable à expliquer qualitative) ou à une valeur de la variable à expliquer (pour le cas quantitatif).

Pour répondre aux questions susvisées, on suit les étapes suivantes :

Le critère de division repose sur la définition d'une fonction d'hétérogénéité. L'objectif étant de subdiviser les individus en deux segments les plus homogènes au sens de la variable à expliquer. L'hétérogénéité d'un nœud se mesure par une fonction qui renvoie 2 types de résultats :

- Nulle si, et seulement si, le nœud est homogène, c'est-à-dire les individus appartiennent à la même modalité de la variable à expliquer.
- Maximale lorsque les valeurs de Y sont équiprobables (Sur-apprentissage) ou très dispersées (sous-apprentissage).

Pour notre cas, pour choisir la variable racine ou bien la variable de segmentation, qui est relative au sommet de notre Arbre de décision, à cet effet nous allons utiliser l'indice de Gini[62], cet indice adopté par l'algorithme CART, mesure la fréquence pour qu'un individu soit mal classé par le test du nœud. Cela va nous permettre de choisir la variable qui réalise la meilleure séparation d'individus, on utilisera un critère de segmentation qu'on calcule pour les différentes variables d'apprentissage.

Pour calculer la valeur de l'indice de Gini on utilise la formule suivante :

Équation 21: L'indice de Gini

$$IG(D) = \sum_{i=1}^{k} p_i(1 - p_i)$$

Avec :

D : l'ensemble des données utilisées

k : Le nombre de modalités de la variable dépendante (Solvable ou non-solvable)

p_i : représente la probabilité de la modalité i (solvable ou non-solvable) dans la feuille après la segmentation.

Pour notre cas, nous avons 2 modalités donc on peut écrire :

$$IG(D) = p_1(1 - p_1) + p_2(1 - p_2)$$

$$IG(D) = p_1 - {p_1}^2 + p_2 - {p_2}^2$$

Nous avons que : $p_1 + p_2 = 1$

Donc : $IG(D) = 1 - {p_1}^2 - {p_2}^2 = 1 - \sum_{i=1}^{k} p_i^2$

Pour décider dans quel nœud nous allons nous arrêter, bien que la croissance de l'arbre doive s'arrêter à un nœud donné, qui devient donc terminal ou feuille. Alors qu'on arrête la segmentation du nœud, lorsqu'il est homogène ou lorsqu'il n'existe plus de partition admissible ou bien si le nombre d'observations qu'il contient est inférieur à une valeur seuil (entre 1 et 5).

- L'affectation des feuilles à l'une des classes dépend du type de la variable à expliquer (Y),
- Pour le cas Y quantitatif, à chaque feuille, est associée à une valeur qui est la moyenne des observations associées à cette feuille.
- Dans le cas qualitatif, chaque feuille ou nœud terminal est affecté à une classe (Solvable / non-Solvable) de Y en considérant l'un des modes conditionnels suivants :

[62] L'indice de Gini est une valeur variante de 0 à 1, où 0 signifie l'égalité parfaite et 1 signifie une inégalité parfaite

- ✓ La classe la mieux représentée dans le nœud ;
- ✓ La classe a posteriori la plus probable au sens bayésien ;

3 La méthode Régression logistique (RL)

Les classificateurs linéaires font partie des techniques les plus populaires appartenant à l'apprentissage supervisé, c'est pourquoi dans notre étude nous allons nous focaliser sur une méthode relevant aux classifieurs linéaires celle de la régression logistique (RL). La régression logistique (Hosmer et Lemeshow, 2000) est peut-être l'algorithme le plus utilisé dans le Scoring des crédits bancaires.

Lorsque la variable à expliquer $Y = g(u)$ est dichotomique $\{0, 1\}$, il n'est plus possible de modéliser directement $Y = g(u)$ En fonction d'une combinaison linéaire des prédicteurs, car les valeurs produites ne sont plus dans l'ensemble $\{0, 1\}$. Le principe de la régression logistique (RL) se diffère de celle de la régression linéaire, puisque le modèle de la RL se base sur le principe de calcul de la probabilité de la réalisation de la variable $Y = 1$ et non pas la prédiction de cette variable.

3.1 La fonction logistique :

C'est une fonction strictement croissante et prend des valeurs dans l'intervalle [0,1], sa représentation mathématique s'est écrit comme suit :

Équation 22 : Fonction logistique

$$g(u) = P(Y = 1 / X) = P = \frac{e^u}{1 + e^u} = \frac{1}{1 + e^{-u}}$$

Avec :

$$u = \beta_0 + \beta_1 x_{ij}$$

X représente le descripteur utiliser ou bien la variable explicative

3.2 La fonction Logit

C'est la fonction réciproque de logistique, son expression mathématique s'écrit comme suit :

$$g^{-1}(u) = Logit(P) = \ln\left(\frac{p}{1 - p}\right) = \beta_0 + \beta_1 x_1$$

où p définit sur]0,1[

La régression logistique s'applique lorsque la variable à expliquer (dépendante) est une variable Y qui est qualitative, pour les variables explicatives X_i (indépendantes) peuvent être qualitatives ou quantitatives, dans le cas où ces variables sont qualitatives on introduit une propriété intéressante pour la régression logistique qui est d'estimer un $\boldsymbol{Odds\ Ratio}$ ($\boldsymbol{OR}$) qui fournit l'information sur la force et le sens entre les deux variables (X_i, Y) (M. El Sanharawi et F. Naudet , 2013). Par exemple, si un individu présente un $\boldsymbol{odds} = 2$, cela veut dire qu'il a 2 fois plus de chances d'être positif que d'être négatif.

Pour la loi Bernoulli B(p) le rapport $Odds\ Ratio$ (OR) est une variable appartient à $]0 + \infty[$, elle a une certaine signification.

$$\begin{cases} si\ OR = 1 & donc\ (X_i, Y)\ sont\ indépendantes \\ si\ OR\ proche\ de\ 0\ ou\ +\infty & donc\ (X_i, Y)\ sont\ dépendantes \end{cases}$$

Dans le modèle logistique, le logarithme de ce rapport est donc une fonction linéaire de la variable explicative :

$$\ln\left(\frac{p}{1-p}\right) = \beta_0 + \beta_1 x$$

Le modèle comporte donc deux paramètres inconnus β_0 et β_1. On notera par β le couple (β_0 et β_1).

Dans notre cas il n'y a pas de variance de l'erreur à estimer puisque la loi de Bernoulli $B(p(x))$ ne dépend que du paramètre $p(x)$.

Bien que L'usage le plus répandu est de parler de régression logistique lorsque la variable explicative est quantitative et de modèle *logit* lorsqu'elle est qualitative.

3.3 Estimation des paramètres (β_0 et β_1) de la fonction P

Nous avons que la fonction P s'écrit comme suit :

$$P_i = P(Y_i = 1|X_i) = \frac{e^{\beta_0+\beta_1 x_{ij}}}{1 + e^{\beta_0+\beta_1 x_{ij}}}$$

Avec Y_i suit la loi Bernoulli du paramètre $p(x_i)$:

$$Y_i \rightsquigarrow B(p(x_i)) \Leftrightarrow Y_i \rightsquigarrow B(P_i)$$

Posons Y_i la solvabilité du client bancaire {0,1}, Et nous avons que la fonction de probabilité Y_i s'écrit comme suit :

$$p(y) = P_i^{\,y}(1 - P_i)^{(1-y)} \; avec \; y\epsilon\{0,1\}$$

Estimation des paramètres (β_0 et β_1) en utilisant l'estimateur du maximum de vraisemblance (Likelihood en Anglais) :

L'estimateur de vraisemblance va nous permettre d'estimer les paramètres de $\beta(\beta_0$ et $\beta_1)$, dans notre cas nous allons utiliser le produit des probabilités puisque la variable de y est discrète.

$$\mathcal{L}(\beta) = \prod_{i=1}^{n} P_i^{\,y_i}(1 - P_i)^{(1-y_i)}$$

Avec : $$P_i = P(Y = 1|X_i) = \frac{e^{\beta_0+\beta_1 x_{ij}}}{1+e^{\beta_0+\beta_1 x_{ij}}}$$

Donc on peut écrire comme suit : $$\mathcal{L}(\beta) = \prod_{i=1}^{n}\left(\frac{e^{\beta_0+\beta_1 x_{ij}}}{1+e^{\beta_0+\beta_1 x_{ij}}}\right)^{y_i}\left(1 - \left(\frac{e^{\beta_0+\beta_1 x_{ij}}}{1+e^{\beta_0+\beta_1 x_{ij}}}\right)\right)^{(1-y_i)}$$

Pour simplifier le calcul, nous allons utiliser le *Log − vraisemblance* (Voir Annexe 19) :

$$\ln(\mathcal{L}(\beta)) = \sum_{i=1}^{n} y_i(\beta_0 + \beta_1 x_{ij}) - \ln(1 + e^{\beta_0+\beta_1 x_{ij}})$$

3.3.1 L'optimisation de la fonction de vraisemblance

Nous avons que la fonction $\ln(\mathcal{L}(\beta))$ est convexe, donc il existe une solution unique, donc pour estimer β on doit maximiser la fonction de $log\ de\ vraisemblance$ $\ln(\mathcal{L}(\beta))$

Pour cela il faut vérifier les deux conditions ci-après (Voir Annexe 25) :

$$\begin{cases} \dfrac{\partial \ln(\mathcal{L}(\beta))}{\partial \beta} = 0 \\ \dfrac{\partial^2 \ln(\mathcal{L}(\beta))}{\partial^2 \beta} < 0 \end{cases}$$

Généralement on utilise un algorithme pour effectuer cette optimisation, en effet, une panoplie d'algorithmes existent qui permet de réaliser ce processus, dans ce papier scientifique nous avons adopté l'algorithme du Newton-Raphson.

L'algorithme de Newton-Raphson est une des méthodes numériques les plus utilisées pour optimiser la log-vraisemblance. Il démarre avec une initialisation quelconque du vecteur de paramètre $\beta \begin{pmatrix} \beta_0 \\ \beta_1 \end{pmatrix}$.

3.4 Tester la validation des paramètres de notre modèle

Après l'optimisation de la fonction de vraisemblance par l'algorithme de Newton-Raphson, nous allons obtenir un vecteur d'estimation des paramètres de notre modèle $\hat{\beta}$, ce dernier suit une loi normale multidimensionnelle.

Donc il nous reste que de vérifier la significativité de ces paramètres en utilisant le test de $Wald$ $(Wald - \chi^2)$ selon les hypothèses suivantes :

$$\begin{cases} H_0 : \beta_1 = 0 \\ H_1 : \beta_1 \neq 0 \end{cases}$$

Le test s'appuie sur la statistique de Wald (W) :

En général on écrit : $W_i = \dfrac{\widehat{\beta_i}^2}{\widehat{\sigma_{\beta_i}}^2}$

Donc notre cas univarié : $W_1 = \dfrac{\widehat{\beta_1}^2}{\widehat{\sigma_{\beta_1}}^2}$

Avec : $\widehat{\sigma_{\beta_1}}^2$ est la variance du paramètre estimé $\widehat{\beta_1}$

Nous avons que W_i suit une loi du χ_i^2 à 1 degré de liberté, donc pour rejeter H_0 il faut que $W_1 > \chi_1^2$ (0,05)

3.5 La performance du notre modèle de régression logistique

Pour s'assurer que le modèle généré est optimal et qui nous permet de prédire des valeurs proches de la réalité, il faut l'évaluer en utilisant des indicateurs bien précis, notamment la matrice de confusion qui nous permet d'exploiter certain indicateur assez puissant pour valider notre modèle ; à savoir Accuracy, Precision, F-Score et bien d'autres, mais aussi il y'a la courbe ROC qui nous permet d'avoir une visibilité sur la performance de notre modèle.

3.6 Régression logistique multivariable

Dans la présente étude scientifique on aura besoin de la régression logistique multivariable, pour cela, nous allons suivre le même processus de la régression logistique univarié, seulement nous allons modifier le nombre de paramètres et de variables explicatives.

À cet effet, nous allons utiliser les vecteurs suivants : $\beta(\beta_i \quad \dots \quad \beta_n)\, X' \begin{pmatrix} x_i \\ \vdots \\ x_n \end{pmatrix} \, 1 \leq i \leq n$

Avec : n : Le nombre de variables explicatives

x_i : Les variables explicatives

β_i : Les coefficients

N.B : Pour avoir la fonction linéaire qui représente notre modèle on doit multiplier β par la transposée de X.

4 La méthode du Réseau des Neurones artificiels (RNA)

L'utilisation des réseaux de neurones pour la prédiction de solvabilité des clients des banques, surtout la prévision de défaillance d'entreprises, a débuté véritablement dans les années 1990 avec les travaux d'Odom et Sharda (1990). La méthode RNA, qui s'inspire du traitement de l'information effectué par le cerveau humain, consiste à développer un algorithme d'apprentissage qui traite un ensemble d'informations pour obtenir un résultat. De multiples études et travaux de recherches pour prédire la solvabilité des clients des banques, surtout celles des entreprises, ont utilisé cette technique, parmi lesquelles on cite Lee et al (2002), West (2000), Khashman (2010), Tsai et al (2009), Coats et al (1993), Dimitras et al. (1996), Altman et Narayanan (1997), Coakley et Brown (2000), Ravi Kumar et Ravi (2007).

Pour Paquet (1997), il existe deux raisons fondamentales qui ont poussé les chercheurs à s'intéresser aux RNA :

- Les Réseaux de Neurones artificiels sont plus adaptables que certaines méthodes classiques de statistiques, étant donné qu'aucune hypothèse n'est nécessaire à propos de la configuration fonctionnelle de la relation entre les descripteurs et la probabilité de défaut.
- Les RNA représentent un instrument adéquat pour traiter des problèmes complexes non structurés, d'où l'inaptitude de spécifier, au préalable, la forme de la relation entre les variables explicatives étudiées.

4.1 Présentation du modèle Réseau de Neurones artificiels (RNA)

Un réseau de neurones artificiels est un système informatique qui s'inspire du fonctionnement du cerveau humain pour apprendre. Un réseau de neurones artificiels est un système dont la conception schématique s'est initialement inspirée du fonctionnement des neurones biologiques, et qui par la suite a adopté une approche statistique.

Cependant, les premiers réseaux de neurones n'étaient pas compétents de résoudre des problèmes non linéaires. Cette limite fut surmontée au travers de la rétropropagation du gradient de l'erreur dans les systèmes multicouches, proposé par Paul Werbos en 1974 et mis au point 12 années plus tard, en 1986 par David Rumelhart. Dans le perceptron multicouche à rétropropagation, les neurones d'une couche sont reliés à la totalité des neurones des couches adjacentes.

Par conséquent, ces liens sont soumis à un coefficient changeant l'effet de l'information sur le neurone de destination. Or, le poids de chacune de ces liaisons est l'élément principal du fonctionnement du réseau : la mise en place d'un Perceptron multicouche pour résoudre un problème passe donc par la détermination des meilleurs poids adéquats à chacune des connexions inter-neuronales. Ici, cette détermination se concrétise au travers d'un algorithme de rétropropagation.

Les réseaux de neurones artificiels ont par la suite connu un essor considérable, et ont fait partie des premiers systèmes à bénéficier de l'éclairage de la théorie de la « *régularisation statistique* » introduite par Vladimir Vapnik et qui permet d'anticiper, d'étudier et de réguler les phénomènes liés au surapprentissage. Bien que, le surapprentissage est une difficulté à laquelle doivent faire face à tous les systèmes d'apprentissage par l'exemple, que ceux-ci utilisent des méthodes d'optimisation directe (RL), itératives, ou itératives semi-directes et que ceux-ci soient appliqués aux modèles statistiques classiques, aux modèles de Markov cachés ou aux réseaux de neurones formels.

C'est grâce à leur capacité de classification et de généralisation, un réseau de neurones artificiels est généralement utilisé dans des problèmes de nature statistique, tels que la classification automatique de codes postaux ou la prise de décision concernant un achat boursier en fonction de l'évolution des cours et bien d'autres

4.2 Architecture d'un RNA

Un réseau de neurones artificiel est en général constitué d'une série de couches dont chacune prend ses entrées sur les sorties de la précédente. Cependant, chaque couche i est composée de N_i Neurones, prenant leurs entrées sur les N_{i-1} neurones de la couche qui la précède. La première couche est appelée couche d'entrée et la dernière couche composée d'un seul neurone est appelée couche de sortie. Bien que les couches intermédiaires soient appelées couches cachées.

4.3 Structure et fonctionnement d'un réseau de neurones artificiels

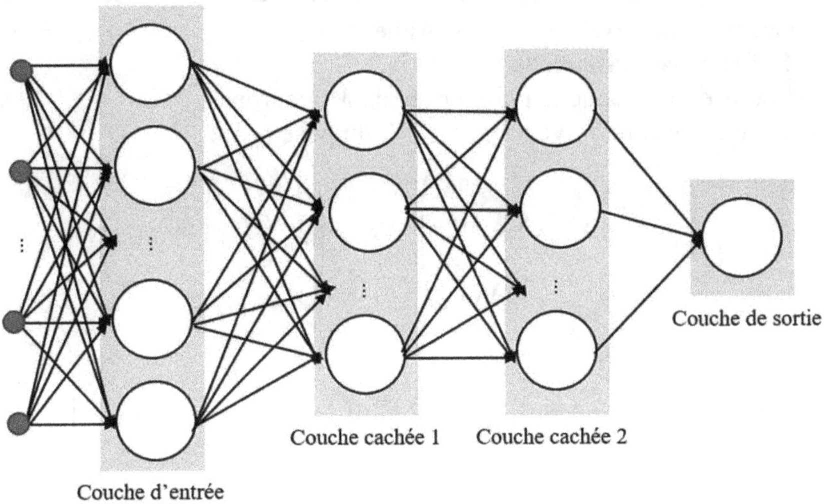

Figure 19 : Architecture d'un réseau de neurones artificiels

Un neurone artificiel est considéré comme un dispositif qui reçoit, à partir d'autres neurones, des stimulations par des entrées (inputs) et les pondère grâce à des valeurs réelles appelées coefficients synaptiques ou poids synaptiques.

Considérons le neurone j d'une couche i. Notons $x_1^i, x_2^i, \ldots, x_{N_{i-1}}^i$ les N_{i-1} entrées arrivant de la couche $i-1$ au neurone j de la couche i. Nous considérons aussi les N_{i-1} poids notés $w_{1j}^i, w_{2j}^{i-1}, \ldots, w_{N_{i-1}j}^i$. Le neurone j calcule la somme de ses entrées pondérées par les coefficients synaptiques respectifs, à laquelle il ajoute un terme constant appelé le biais b_j^i. On obtient ainsi la formule :

$$S_j^i = \sum_{k=1}^{N_{i-1}} w_{kj}^i x_{kj}^i + b_j^i$$

Le biais est un paramètre externe du neurone j. On peut l'intégrer dans la somme pondérée, comme étant le signal x_0^i qui prend la valeur 1, pondéré par le poids w_{0j}^i, dont la valeur est égale au biais b_j^i : $\begin{cases} x_{0j}^i = 1 \\ b_j^i = w_{0j}^i \end{cases}$

La somme S_j^i peut ainsi écrite sous la forme : $S_j^i = \sum_{k=0}^{N_{i-1}} w_{kj}^i x_k^i$

À cette somme S_j^i, le neurone applique une fonction d'activation ou de transfert φ pour obtenir une sortie y_j^i

$$y_j^i = \varphi(S_j^i) = \varphi\left(\sum_{k=0}^{N_{i-1}} w_{kj}^i x_k^i\right)$$

La sortie y_j^i (output) du neurone j de la couche, i est émise vers d'autres neurones ou vers l'extérieur. (Voir Annexe 20)

4.4 Ecriture matricielle

On considère la couche i composée de M_i neurones.

Pour tout neurone j avec $1 \leq j \leq M_i$ on pose :

$$X^i = \begin{pmatrix} x_0^i \\ x_1^i \\ \vdots \\ x_{N_{i-1}}^i \end{pmatrix} \quad W_j^i = \begin{pmatrix} w_{0j}^i \\ w_{1j}^i \\ \vdots \\ w_{N_{i-1}j}^i \end{pmatrix}$$

Donc : $S_j^i = \sum_{k=0}^{N_{i-1}} w_{kj}^i x_{kj}^i = \begin{pmatrix} w_{0j}^i & w_{1j}^i & \cdots & w_{N_{i-1}j}^i \end{pmatrix} . \begin{pmatrix} x_0^i \\ x_1^i \\ \vdots \\ x_{N_{i-1}}^i \end{pmatrix} = {}^T W_j^i . X^i$

On pose : $S^i = \begin{pmatrix} S_1^i \\ S_2^i \\ \vdots \\ S_{M_i}^i \end{pmatrix}$

Donc : $S^i = \begin{pmatrix} S_1^i \\ S_2^i \\ \vdots \\ S_{M_i}^i \end{pmatrix} = \begin{pmatrix} w_{01}^i & w_{11}^i & \cdots & w_{N_{i-1}1}^i \\ w_{02}^i & w_{12}^i & \cdots & w_{N_{i-1}2}^i \\ & & \vdots & \\ w_{0M_i}^i & w_{1M_i}^i & \cdots & w_{N_{i-1}M_i}^i \end{pmatrix} . \begin{pmatrix} x_0^i \\ x_1^i \\ \vdots \\ x_{N_{i-1}}^i \end{pmatrix} = \begin{pmatrix} {}^T W_1^i \\ {}^T W_2^i \\ \vdots \\ {}^T W_{M_i}^i \end{pmatrix} . X^i$

On pose : $W^i = \begin{pmatrix} w_{01}^i & w_{02}^i & & w_{0M_i}^i \\ w_{11}^i & w_{12}^i & \cdots & w_{1M_i}^i \\ \vdots & \vdots & & \vdots \\ w_{N_{i-1}1}^i & w_{N_{i-1}2}^i & & w_{N_{i-1}M_i}^i \end{pmatrix} = \left(w_{kj}^i\right)_{\substack{0 \leq k \leq N_{i-1} \\ 1 \leq j \leq M_i}}$

Donc : $S^i = {}^T W^i . X^i$

Les sorties des M_i neurones de la couche s'écrivent alors :

$$Y^i = \begin{pmatrix} y_1^i \\ y_2^i \\ \vdots \\ y_{M_i}^i \end{pmatrix}$$

Donc : $Y^i = \begin{pmatrix} y_1^i \\ y_2^i \\ \vdots \\ y_{M_i}^i \end{pmatrix} = \begin{pmatrix} \varphi(S_1^i) \\ \varphi(S_2^i) \\ \vdots \\ \varphi(S_{M_i}^i) \end{pmatrix} = \varphi \begin{pmatrix} S_1^i \\ S_2^i \\ \vdots \\ S_{M_i}^i \end{pmatrix} = \varphi(S^i)$

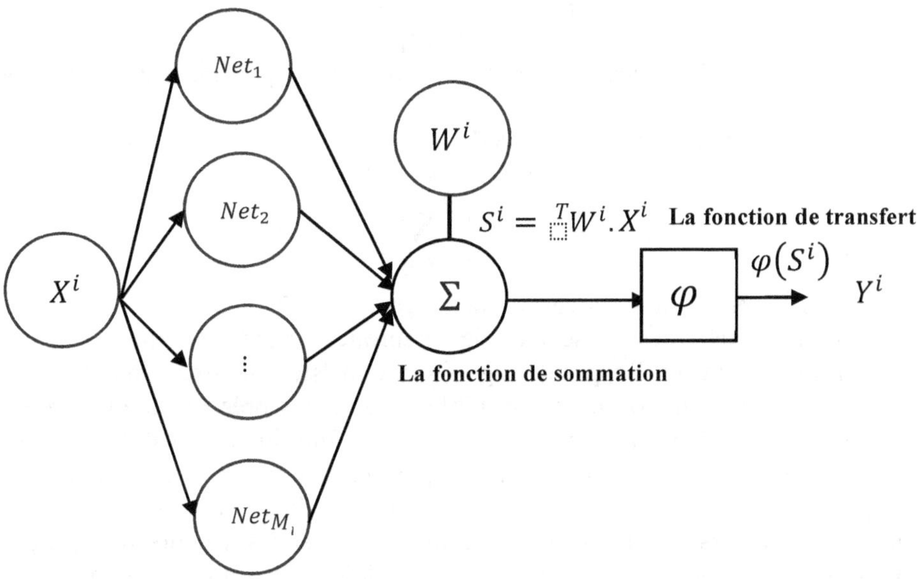

Figure 19 : Architecture et fonctionnement d'une couche d'un RNA

4.5 Fonction d'activation

La fonction de transfert ou fonction d'activation ou fonction de seuillage, appelée également fonction d'activation, est la fonction utilisée pour propager et distribuer l'information de couche en couche. Les fonctions les plus courantes et les plus citées dans la littérature sont recensées dans le tableau suivant. (Voir Annexe 21)

4.6 Fonctions d'erreur

Pour calculer les bons poids (paramètres), il faut calculer l'erreur entre la sortie attendue et la sortie produite par le réseau. Parmi les méthodes de calcul de l'erreur, on trouve :

4.6.1 $R - square$:

Équation 23 : R-square

$$R^2 = 1 - \frac{\sum_{i=1}^{n}(y_i - \widehat{y_i})^2}{\sum_{i=1}^{n}(y_i - \bar{y})^2}$$

Avec :

y_i : *la valeur exacte*

$\bar{y}$: *la moyenne des valeurs de* y_i

$\widehat{y_i}$: *la valeur qu'on a prédit*

4.6.2 *Mean Absolute Error* « *MAE* » :

Equation 24 : Mean Absolute Error « MAE »

$$Error = \frac{1}{m}\sum_{i=1}^{m}|y_i - \widehat{y_i}|$$

m : le nombre des individus ou objets à prédire ou le nombre d'observations.

***Mean Squared Error* « *MSE* » :**

Equation 25 : Mean Squared Error « MSE »:

$$Error = \frac{1}{2m}\sum_{i=1}^{m}(y_i - \widehat{y_i})^2$$

4.7 Apprentissage du réseau de neurones artificiels

La majorité des réseaux de neurones possède un algorithme « d'entrainement ou d'apprentissage » qui consiste à mettre à jour les poids synaptiques en fonction d'un ensemble de données présentées en entrée du réseau. Par conséquent, le but principal de cet entrainement est de permettre au réseau de neurones artificiels d'apprendre à partir des exemples. Si l'apprentissage est réalisé correctement, le réseau de neurones sera capable de nous fournir des réponses en sortie très proches des valeurs d'origine de l'ensemble de données d'apprentissage. Mais tout l'intérêt de réseau de neurones artificiels réside dans leur aptitude à généraliser à partir de l'ensemble de données de test. Ainsi, il est possible d'utiliser un réseau de neurones pour effectuer une mémoire ; on parle alors de mémoire neuronale.

Un apprentissage est dit supervisé lorsque le réseau de neurones artificiels est forcé à converger vers un état final précis, en même temps qu'une entrée lui est présentée.

À l'inverse, un apprentissage non-supervisé, le réseau est laissé indépendant de converger vers n'importe quel état final lorsqu'une entrée lui est présentée.

L'apprentissage des RNA peut être réalisé, entre autres, par :

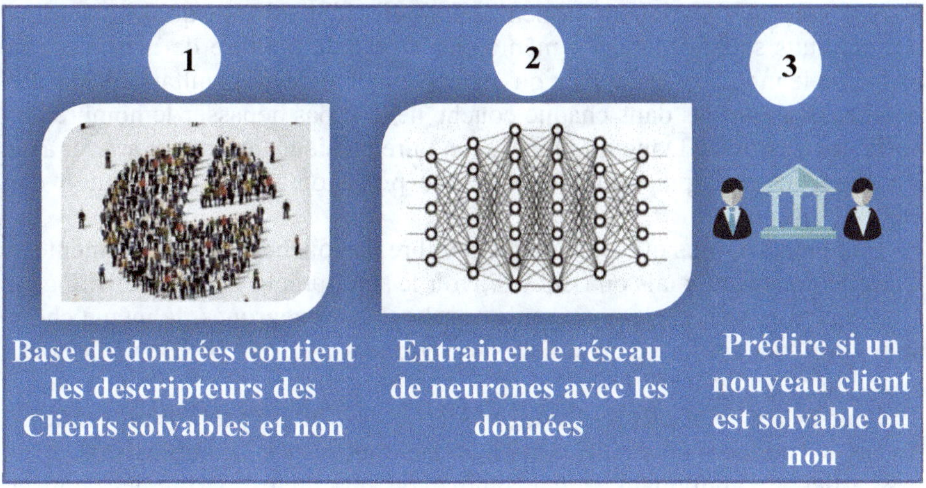

Figure 20 : Le processus de la modélisation en utilisant les réseaux de neurones artificiels
Source : Auteur

i) La modification des poids,

ii) La modification de la structure du réseau (création ou suppression de neurones ou de connexions, ou des couches),

iii) L'utilisation d'attracteurs appropriés ou d'autres points d'état stable appropriés,

iv) Le choix des fonctions d'activation.

La formation par rétropropagation étant un processus de descente de gradient, elle peut rester bloquée dans des minima locaux dans cet espace de poids. C'est à cause de cette possibilité que les modèles de réseaux neuronaux sont caractérisés par une variance et une instabilité élevée.

4.7.1 Rétropropagation

La rétropropagation consiste à rétro-propager l'erreur commise par un neurone à ses synapses et aux neurones qui y sont accolés. Cependant, pour un réseau de neurones artificiels, on utilise couramment la rétropropagation du gradient descente de l'erreur, qui consiste à corriger les erreurs selon l'importance des éléments qui ont effectivement participé à la réalisation de ces erreurs : les poids synaptiques qui contribuent à engendrer une erreur importante se verront modifiés de manière plus expressive que les poids qui ont engendré une erreur marginale.

4.7.2 Comment choisir le nombre des couches et de neurones ?

Le nombre de neurones et des couches influencent directement la performance d'un RNA, et ce, en termes de la qualité de prédiction. En effet, pour déterminer le nombre des couches cachées, nous pouvons suivre un processus qui consiste à commencer avec une seule couche cachée et de l'adapter afin d'atteindre l'architecture idéale.

Donc si une seule couche ne produit pas des résultats satisfaisants, alors nous devons automatiquement penser à ajouter une autre jusqu'à l'obtention des résultats satisfaisants. La même chose pour le nombre de neurones, on essaie de le modifier jusqu'à ce qu'on arrive à obtenir les résultats désirés. Le nombre de neurones dans chaque couche ne doit pas dépasser le nombre des variables d'entrées. Donc il faut penser à faire plusieurs tests pour arriver à un RNA pertinent et puissant en termes de précision dans la prédiction des variables de sorties.

En revanche, plus on augmente le nombre de couches plus on augmente la capacité du réseau, mais on risque d'avoir le surapprentissage (Overffiting) si on exagère en termes de nombre de couches ou de neurones, la même chose si on diminue le nombre de couches, on risque d'avoir un problème de sous-apprentissage (Underffiting).

Pour éviter le problème $d'underffiting$ et $d'overffiting$, on essaie de diviser les données en 4 parties et on essaie d'alterner les combinaisons entre ces parties. En appliquant cette technique, on aura un test parfait des données puisque toutes les parties vont être utilisées pour le test.

5 La méthode des Machines à Vecteurs de Support SVM

Support Vector Machine (SVM) ou bien Séparateur à Vaste Marge ou bien machines à vecteurs supports, est un algorithme d'apprentissage supervisé qui peut être utilisé pour les problèmes de classification[63] et de régression[64], Le (SVM) est une nouvelle technique discriminante dans la théorie de l'apprentissage statistique ; elle a été proposée en 1995 par **Vladimir Vapnik**[65]. Dans cet algorithme, nous traçons chaque élément de notre base de données comme étant un point dans un espace à n dimensions (où **n** est le nombre de descripteurs).

Ensuite, nous effectuons la classification en trouvant l'hyperplan optimal ou bien le séparateur qui sépare correctement les deux classes[66], trouver un séparateur revient à élaborer une fonction, qui prend un seul vecteur de notre ensemble de test, et peut dire de quel groupe il découle. SVM est une solution de ce problème. Pour produire la fonction de séparation, on aura besoin des données d'apprentissage, prenons un ensemble d'aprentissage :

$$\{(x_i, y_i)\}\ i = 1, \dots, n \text{ avec } x_i \in X \text{ et } y_i \in \{-1, +1\}.$$

---

63 Elle consiste à affecter une catégorie à chaque élément à classer, en se basant sur des données statistiques

64 La régression est un tas de méthodes statistiques très utilisées pour analyser la relation d'une variable par rapport à une autre (on l'utilise souvent pour le cas des variables quantitatives).

65 Un mathématicien et informaticien célèbre pour avoir développé les machines à support vectoriel

66 Une classe qui représente l'ensemble positif et une autre qui représente l'ensemble opposé ou négatif.

Le but est de construire une fonction $F: X \rightarrow R$ qui permet de prédire si un nouvel exemple $x \in X$ appartient à la classe (−1) ou à la classe (+1). On cherche alors une surface (un Plan) de séparation.

5.1 La formulation mathématique des Machines à Vecteurs de Support

La principale fonction de cette méthode est de classifier les données qui ont des sorties dichotomiques en utilisant un hyperplan séparateur, SVM utilise les méthodes à noyau pour classifier les problèmes non linéaires. Suivant le principe de minimisation du risque empirique classique, le meilleur hyperplan sera celui qui réduit le nombre d'exemples mal classés par cette fonction de décision dans l'échantillon d'apprentissage $S = \langle (X_i, y_i) \rangle_{i=1..m}$.

La distance d'un point X' à l'hyperplan d'équation $h(x) = w^T.X + w_0$ est égale à : $d(X', h) = \langle w, X' \rangle$ avec w un vecteur orthogonal à l'hyperplan $h(X)$. (Voir Annexe 22)

Pour pouvoir comparer une panoplie d'hyperplans séparateurs de vecteurs directeurs w différents, nous normalisons la distance $d(X', h) = \langle w, X' \rangle$, et ce en la divisant par la norme[67] du vecteur w :

$$\frac{\langle w, X' \rangle}{\|w\|} = \frac{d(X', h)}{\|w\|}$$

Dans un nuage de points (données) on peut avoir plusieurs séparateurs ou classificateurs (Figure ci-dessus), mais comment peut-on faire pour choisir le meilleur séparateur, pour cela, on utilise la définition suivante :

$$\underset{W, w_0}{\text{Argmax}} \min\{ \|X - X_i\| : X \in \mathcal{R}^d, (W^T X + w_0) = 0, i = 1, .., m\}$$

d : *étant la dimension de l'espace des entrées X*

X_i : *les Xi sont les données d'apprentissage*

Donc nous cherchons l'hyperplan dont la distance est assez minimale aux exemples d'apprentissage est le plus large possible. Toutefois, la marge normalisée, appelée aussi marge géométrique qui vaut $2 \times \frac{1}{\|w\|}$, donc on cherche l'hyperplan de marge maximale, pour cela la recherche de l'hyperplan idéal repart donc à résoudre le système d'optimisation suivant qui porte sur les paramètres w et w_0 :

Équation 26 : le problème d'optimisation

$$\begin{cases} \text{Min } \dfrac{\|w\|^2}{2} \\ \text{S.C} : y_i(w^T X_i + w_0) \geq 1 \; i = 1, \dots, m \end{cases}$$

Avec : $\|w\| = \sqrt{w_1^2 + w_{12}^2 + \cdots \dots + w_m^2}$

[67] La norme du vecteur, notée || ||, est la distance de A à B : || ||=AB. Soit un vecteur du plan ou de l'espace.

Nous remarquons donc que plus $\|w\|$ est assez petite, plus la marge de l'hyperplan canonique correspondant est grande. Ainsi pour trouver l'hyperplan idéal qui sépare le mieux les données, il faut minimiser $\|w\|$ cette minimisation est possible sous les conditions dites de "Karush-Kuhn-Tucker[68] (KKT)". Vu que la fonction objectif et les contraintes sont strictement convexes, donc il existe une mutation de ce problème dans une formulation duale que nous pouvons le résoudre en pratique en utilisant la fonction de **lagrangien**.[69] (Voir Annexe 13)

Équation 27 : la fonction de lagrangien

$$\mathcal{L}(w, w_0, \lambda) = \frac{\|w\|^2}{2} - \sum_{i=1}^{m} \lambda_i(\ y_i(w^T X_i + w_0) - 1)$$

Avec λ_i : multiplicateur de Lagrangien

En annulant les dérivées partielles premières, nous obtenons les relations suivantes :

$$\frac{\partial \mathcal{L}(w, w_0, \lambda)}{\partial w} = w - \sum_{i=1}^{m} \lambda_i\, y_i X_i = 0 \leftrightarrow {}^{70}\, w = \sum_{i=1}^{m} \lambda_i\, y_i X_i$$

$$\frac{\partial \mathcal{L}(w, w_0, \lambda)}{\partial w_0} = \sum_{i=1}^{m} \lambda_i\, y_i = 0$$

$$\frac{\partial \mathcal{L}(w, w_0, \lambda)}{\partial \lambda} = -y_i(w^T X_i + w_0) + 1 \geq 0$$

Alors que mes conditions de KKT sont les suivantes :

$$\frac{\partial \mathcal{L}(w,w_0,\lambda)}{\partial w} = 0 \quad \frac{\partial \mathcal{L}(w,w_0,\lambda)}{\partial w_0} = 0 \quad \frac{\partial \mathcal{L}(w,w_0,\lambda)}{\partial \lambda} \geq 0 \quad \lambda_i \geq 0$$

$$\lambda_i[y_i(w^T X_i + w_0) - 1] = 0$$

Cette dernière condition implique que pour tout point ne vérifiant pas $y_i(w^T X_i + w_0) = 1$ le multiplicateur de Lagrangien sera nul ($\lambda_i = 0$). Alors que seuls les points qui sont sur les hyperplans frontières $w^T X_i + w_0 = \pm 1$ jouent un rôle ; ces points, dont les multiplicateurs de Lagrange (λ_i) sont

---

[68] En mathématiques, les conditions de Karush-Kuhn-Tucker ou anciennement conditions de Kuhn-Tucker permettent de résoudre des problèmes d'optimisation sous contraintes non linéaires d'inégalités.

[69] Lagrangien est défini comme étant la somme de la fonction objectif et d'une combinaison linéaire des contraintes dont les coefficients $\lambda_i > 0$ sont appelés multiplicateurs de Lagrange ou variables duales.

[70] Il est possible d'obtenir les coefficients de l'hyperplan à partir des multiplicateurs de Lagrange selon la ligne ci-dessus

non nuls sont nommés vecteurs de support par Vapnik[71] ce sont les points les plus près de la marge.

En coulant les informations issues de l'annulation des dérivées partielles du Lagrangien, on obtient l'optimisation suivante qui ne dépend que des multiplicateurs lagrangiens :

Équation 28 : optimisation de la fonction Lagrangien

$$\begin{cases} \max_{\lambda} \mathcal{L}(\lambda) \sum_{i=1}^{m} \lambda_i - \frac{1}{2}\sum_{i=1}^{m}\sum_{j=1}^{m} \lambda_i\lambda_j y_i y_j \langle X_i | X_j \rangle \\ S.C \begin{cases} \forall\, i \in \{1..m\}\ \lambda_i \geq 0 \text{ (vont définir les points supports)} \\ \sum_{i=1}^{m} \lambda_i\, y_i = 0 \end{cases} \end{cases}$$

5.1.1 La détermination des coefficients w_0 et w_i :

Pour w on peut la conclure à partir de la dérivée partielle de Lagrangien par rapport à w :

$$\frac{\partial \mathcal{L}(w, w_0, \lambda)}{\partial w} = w - \sum_{i=1}^{m} \lambda_i\, y_i X_i = 0 \leftrightarrow {}^{72}\, w = \sum_{i=1}^{m} \lambda_i\, y_i X_i$$

Alors pour w_0 on peut l'obtenir à partir la dernière condition du KKT il faut que le λ_i soit non-nul ce qui est équivalent à dire que :

$$y_i(w^T X_i + w_0) - 1 = 0 \leftrightarrow y_i(w^T X_i + w_0) = 1$$

$$y_i w^T X_i + y_i w_0 = 1 \leftrightarrow y_i w_0 = 1 - y_i w^T X_i \leftrightarrow w_0 = \frac{1 - y_i w^T X_i}{y_i}$$

Et nous avons que $y_i \in \{-1,1\}$ donc le signe de $(\frac{1}{y_i})$ dépend du y_i alors on peut écrire :

$$w_0 = \frac{1}{y_i} - \frac{y_i w^T X_i}{y_i} \leftrightarrow w_0 = y_i - w^T X_i$$

$N.B$: *(la valeur de w_0 ne varie pas quelque soit l'observation i utilisée.)*

---

[71] Vladimir Naumovitch Vapnik, né le 6 décembre 1936, est un mathématicien et informaticien, célèbre pour avoir développé les machines à support vectoriel, être l'un des principaux contributeurs à la théorie de Vapnik-Chervonenkis et de la théorie de l'apprentissage statistique.

[72] Il est possible d'obtenir les coefficients de l'hyperplan à partir des multiplicateurs de Lagrange selon la ligne ci-dessus

5.1.2 La fonction de classement

La fonction de classement F peut s'écrire en fonction des coefficients w ou des λ multiplicateurs :

$$F(x) = X^T w + w_0$$

Et nous avons : $w = \sum_{i=1}^{m} \lambda_i \, y_i x X_i$

Donc on peut écrire : $F(X) = \sum_{i=1}^{m} \lambda_i \, y_i \langle X_i | X \rangle + w_0$

Alors que seuls les points de support qu'on peut utiliser pour réussir le classement vu qu'ils sont les seuls qui ont le poids $\boldsymbol{\lambda_i}$ non-nul ; pour cela, le « i » doit appartenir aux points du support.

Pour w_0 nous allons utiliser la condition du KKT : $w_0 = y_i - w^T X_i$

La fonction de séparation ou bien l'hyperplan solution ne nécessite que le calcul des produits scalaires $\langle x_i | x \rangle$. Par la suite, le résultat ne dépend plus de la dimension d de l'espace d'entrée, mais dépendra de la dimension de l'échantillon de données et même, plus précisément, du nombre d'exemples critiques (Supports vecteurs[73]) qui est habituellement bien inférieur à la taille de l'échantillon.

Discrimination non linéaire (Voir Annexe 23) :

Par ailleurs, il existe des cas pour lesquels il est impossible de séparer entièrement les données avec un hyperplan, on dit que les données sont non séparables linéairement et on peut les représenter graphiquement selon la figure ci-après.

Ce genre de problème exige un prétraitement des données pour obtenir une représentation séparable, vu que les SVM sont incapables de traiter un tel problème. Pour cela on doit appliquer une transformation des données de sorte qu'une fois transformées, elles soient linéairement séparables. Il suffit de trouver l'hyperplan optimal dans l'espace de transformation ou bien de $redescription$ [74] qui sépare correctement les données après leurs transformations.

Selon la figure ci-dessus on peut voir comment la transformation appliquée aux données pour les rendre linéairement séparables, transforme la dimension d de l'espace de $redescription$, généralement la taille de l'espace de $redescription$ et plus grand que celui des entrées. (Voir Annexe 26)

$$soit \; \psi : \Re^m \longrightarrow \Re^d$$
$$X \longrightarrow \psi(X)$$

[73] Ce sont les seuls points utiles pour déterminer l'hyperplan, ce sont aussi les points contenant toute l'information essentielle du problème.

[74] L'espace où se trouvent les données avant d'être transformées est appelé l'espace d'entrée, alors qui après avoir appliqué la transformation, les données se trouvent dans ce qu'on appelle l'espace de $redescription$.

Donc pour trouver l'hyperplan séparateur, on utilise la même ligne d'équation utilisée dans le cas précèdent, mais en remplaçant les X_i par $\psi(X_i)$[75] $(\boldsymbol{i = 1, \ldots, m})$:

$$\begin{cases} \text{Min } \dfrac{\|w\|^2}{2} \\ \text{S.C} : y_i(w^T \psi(X_i) + w_0) \geq 1 \ (i = 1, \ldots, m) \end{cases}$$

Avec : $\|w\| = \sqrt{w_1^2 + w_{12}^2 + \cdots \ldots . + w_m^2}$

Nous avons lagrangien du problème devient :

$$\mathcal{L}(w, w_0, \lambda) = \frac{\|w\|^2}{2} - \sum_{i=1}^{m} \lambda_i (y_i (w^T \psi(X_i) + w_0) - 1)$$

Donc le Dual de ce problème se transcrit comme suit :

Équation 29 : L'application du Dual

$$\begin{cases} \max\limits_{\lambda} \mathcal{L}(\lambda) \sum_{i=1}^{m} \lambda_i - \frac{1}{2} \sum_{i=1}^{m} \sum_{j=1}^{m} (\lambda_i \lambda_j y_i y_j \psi(X_i) . \psi(X_j)) \\ S.C \begin{cases} \forall \ i \in \{1..m\} \ \lambda_i \geq 0 \ (\text{ vont définir les points supports}) \\ \sum_{i=1}^{m} \lambda_i \, y_i = 0 \end{cases} \end{cases}$$

Alors pour la fonction de l'hyperplan de classement devient :

$$F(X) = \sum_{i=1}^{m} \lambda_i \, y_i \psi(X_i) . \psi(X) \ + w_0$$

5.2 Les méthodes à noyaux

Le problème de la formulation traité précédemment compromet un produit scalaire entre vecteurs dans l'espace de $\boldsymbol{redescription}$ et de dimension assez élevée, ce qui est rendre les calculs assez compliqués au niveau de calculs. Pour remédier ce problème, nous utilisons une technique connue sous le nom de « $Kernel\ trick$ » qui consiste à faire appel à une fonction noyau *K*, nous pouvons donc remplacer le problème précédent dans lequel il fallait déterminer la bonne mutation non linéaire $\boldsymbol{\psi}$, par celui du choix d'une meilleure fonction noyau *K* :

$$K(X_i, X_j) = \langle \psi(X_i), \psi(X_j) \rangle$$

Le problème d'optimisation associé devient alors :

[75] ψ : Une transformation non linéaire de l'espace d'entrée *X* en un espace de $redescription$

$$\begin{cases} \max_{\lambda} \mathcal{L}(\lambda) \sum_{i=1}^{m} \lambda_i - \frac{1}{2} \sum_{i=1}^{m} \sum_{j=1}^{m} (\lambda_i \lambda_j y_i y_j K(X_i, X_j)) \\ S.C \begin{cases} \forall\, i \in \{1..m\}\ \lambda_i \geq 0 \text{ (vont définir les points supports)} \\ \sum_{i=1}^{m} \lambda_i\, y_i = 0 \end{cases} \end{cases}$$

Alors pour la fonction de l'hyperplan de classement devient :

$$F(X) = \sum_{i=1}^{m} \lambda_i\, y_i K(X_i, X) + w_0$$

Par ailleurs, le choix du noyau a un impact majeur sur la performance de la prédiction des SVM. Pour cela quelques méthodes ont été suggérées pour sélectionner un bon noyau, on peut les citer comme suit :

Linéaire : Équation 30 : Kernel SVM-Linéaire

$$K(X_i, X_j) = (X_i^{T}.X_j)$$

Polynomial de degré « p » : Équation 31 : Kernel Polynomial de degré "p"

$$K(X_i, X_j) = (X_i.X_j + 1)^{d}$$

Multi-quadratique inverse : Équation 32 : Kernel Multi-quadratique

$$K(X_i, X_j) = \frac{1}{\sqrt{(X_i - X_j).(X_i - X_j) + \beta}}$$

Noyau RBF Gaussien (Radial Basis Function) : Équation 33 : Kernel Radial Basis Fucntion

$$\mathbf{K}(\mathbf{X}_i, \mathbf{X}_j) = \mathbf{e}^{-\frac{\|x_i - x_j\|^2}{\gamma}}$$

Avec « γ » contrôle la bande passante de la gaussienne : plus gamma est élevé, plus la gaussienne est étroite, autrement dit, plus la distance entre X_i, X_j doit être faible pour que le noyau soit différent de 0.

Donc ces méthodes permettent à partir d'un algorithme linéaire d'obtenir une version non linéaire. Il est bien de savoir que les méthodes à noyaux sont nécessaires pour utiliser les SVM dans le cas des données non séparables linéairement, pour cela on peut scinder l'intérêt de ces méthodes on 2 points :

✓ Le calcul ne se fait pas dans l'espace de *redecription* mais plutôt dans l'espace d'origine, ceci rendre les calculs beaucoup moins coûteux *qu'un produit scalaire* avec une dimension assez grande.

✓ La transformation ψ n'a pas besoin d'être connue explicitement, seule la fonction noyau intervient dans les calculs.

5.3 SVM et la notation interne

Un outil de notation permet de classer les clients en fonction de leurs caractéristiques et leurs probabilités de défaut sur un horizon d'une année. En effet, il peut être présenté comme suit (Tableau ci-dessous) :

Tableau 11:conception de l'outil de notation

Classe (i)	**Qualification**	**Score (S_i**	**Probabilité de défaut (P_i)**
1	Excellent	$\geq S_1$	P_8
2	Très bon	$]S_1, S_2]$	P_7
3	Bon	$]S_3, S_2]$	P_6
4	Assez Bon	$]S_4, S_3]$	P_5
5	Moyen	$]S_5, S_4]$	P_4
6	Faible	$]S_6, S_5]$	P_3
7	Risqué	$]S_7, S_6]$	P_2
8	Très risqué	$[S_8, S_7]$	P_1
Défaut	Défaillant		

Avec :

$$P_i = \frac{nombre\ de\ client\ en\ défaut\ dans\ la\ classe\ i}{sur\ le\ nombre\ total\ des\ client\ de\ la\ classe\ i}$$

Les score S_i sont définis par la valeur de l'hyperplan $\boldsymbol{h(x)}$. En effet, les classes de notation sont définies comme suit :

- Le client est dans la classe 1 si $S_1 \leq (\sum_{i=1}^{n} \lambda_i^* \, y_i(x_i, x) \ + w_0^*)* \ 100$
- Le client est dans la classe i si $S_i \leq (\sum_{i=1}^{n} \lambda_i^* \, y_i(x_i, x) \ + w_0^*) * 100 \leq S_{i-1}$

6 La méthode de Naïve Bayésienne (NB)

La méthode de Naïve Bayes (NB) est une technique de construction de modèles et de notation rapide et hautement évolutive. Est une méthode d'apprentissage probabiliste utilise le théorème de Bayes, avec l'hypothèse « naïve » de l'indépendance entre chaque paire de variables explicatives. Cela permet d'estimer indépendamment chaque distribution comme une distribution unidimensionnelle. La méthode NB calcule une probabilité postérieure pour chaque classe (solvable / non-solvable) en comptant la fréquence des combinaisons de valeurs dans l'historique données.

La méthode NB selon (Hand et al, 2001) est basée sur l'approche bayésienne bien établie. Elle suppose que toutes les variables explicatives sont mutuellement indépendantes les unes des autres. Pour chaque classe (Solvable / Non- Solvables), la méthode estime la distribution gaussienne des attributs. Sur la base de cette probabilité antérieure, la probabilité postérieure d'une instance non vue précédemment peut être déterminée. Malgré son hypothèse, NB a souvent fait ses preuves, rivalisant avec des techniques plus sophistiquées sur une variété d'applications, notamment dans le domaine de la classification de textes (Bawaneh et al., 2008).

Cependant nous pouvons la définir mathématiquement comme suit :

Soit l'ensemble suivant $E = \{X, C\}$

Avec :

$X = \{x_1, x_2, x_3, .. x_n\}$ Représente les variables explicatives ou bien les descripteurs du client pour le cas des données bancaires.

$$C = \{Solvable, non - solvable \;/\; 1,0 \;/\; Vrai, Faux \;/\; C_1, C_2\}$$

Selon l'approche Bayésien, la probabilité qu'un attribut x_i appartient à une classe $C = \{C_1, C_2\}$ s'écrit comme suit :

$$p(C_i|x_i) = \frac{p(x_i|C_i).p(C_i)}{p(x_i)}$$

Alors que la probabilité que la classe C_i nous donne une observation X parmi n observations est donnée par la formule suivante :

$$p(C_i|X) = \prod_{j=1}^{n} p(x_i|C_i).p(C_i)$$

La méthode N.B a été appliquée le plus récemment pour l'approbation du risque de crédit de 671 demandeurs de prêt (Islam et al, 2007). Sa performance a été comparée au classificateur (KPV). Le 5-PV s'est révélé le meilleur modèle pour l'application avec un taux de classement erroné de 9,45 %, comparativement à un taux d'erreur de 12,43 % par NB.

Conclusion Chapitre 2 :

Les techniques de modélisation quantitatives sont utilisées pour mieux comprendre les données, réduire les coûts et augmenter la rentabilité globale. De ce fait, de nouvelles méthodes sophistiquées ont vu le jour, ces méthodes relevant principalement de l'intelligence artificielle.

L'avènement de l'IA dans le secteur bancaire tient substantiellement à sa valeur ajoutée en termes d'exploitation et d'exploration des données ainsi qu'à la qualité des données stockées et récoltées. Cependant, pour les acteurs financiers, l'exploitation de ces données représente une occasion pour améliorer l'expérience client, ainsi d'augmenter la productivité et la performance opérationnelle et améliorer la gestion optimale des risques, notamment celle du risque de crédit.

Cependant, dans le présent chapitre, nous avons exposé certaines méthodes issues de l'intelligence artificielle, à cet effet, nous avons décortiqué la structure mathématique de ces méthodes afin de comprendre leurs fonctionnements et bien évidemment de les paramétrer selon le contexte de la problématique étudiée.

Chapitre 3 : Étude empirique de la modélisation du risque de crédit

Le risque de crédit est considéré comme la possibilité qu'un emprunteur ou client bancaire ou une contrepartie ne remplisse pas ses obligations conformément aux modalités convenues (Bis,2004). Au cours de la dernière décennie, plusieurs des plus grandes banques du monde ont mis au point des méthodes sophistiquées pour tenter de modéliser le risque de crédit découlant d'aspects importants de leurs secteurs d'activité.

Les résultats de ces modèles jouent pareillement un rôle de plus en plus primordial dans les processus de gestion du risque et de mesure du rendement des banques, y compris la rémunération fondée sur le rendement, l'analyse de la stabilité des clients, la tarification fondée sur le risque et dans une moindre mesure (mais croissante). Ainsi, les chercheurs et les praticiens en matière de financement appliqué restent préoccupés par l'exactitude des prévisions lorsqu'ils construisent des systèmes de modélisation du crédit.

Cependant, un modèle de prédiction de solvabilité des clients bancaire devrait permettre de classer avec précision les clients en groupes solvables ou non solvables, afin d'économiser les coûts encourus par les établissements de crédit. En général, un modèle d'évaluation du crédit est utilisé pour modéliser et évaluer chaque exemple dans un ensemble de données.

Dans la modélisation du risque de crédit, diverses tâches de prévision sont effectuées. Conformément à l'accord de Bâle II sur les fonds propres, il est nécessaire que les banques et autres institutions financières estiment :

i) La probabilité de défaut (PD) ;
ii) L'exposition en défaut (EAD) ;
iii) La perte en cas de défaut (LGD).

Les modèles récents de tendances pour le sujet de recherche sont les modèles EAD et LGD (R. Calabrese et al, 2014) (X. Yao et al, 2015).

Les modèles d'apprentissage automatique sont considérés comme des outils importants pour construire des modèles prédictifs. Plusieurs recherches dans la littérature discutent des modèles de notation de crédit qui utilisent des classificateurs d'apprentissage automatique. Cependant, l'établissement d'un modèle optimal de prévision du risque de crédit est un domaine de recherche potentiel. La qualité des données d'entrées des modèles de prédiction est importante pour construire un modèle d'apprentissage automatique de prédiction robuste, précise et sensible.

À cet effet, la sélection et le choix des variables explicatives sont une étape primordiale pour évaluer les variables qui ont le pouvoir informatif et la réduction de la dimension des données. Dans la littérature, de nombreuses techniques de sélection de variables indépendantes sont testées qui ont montré une amélioration dans la prédiction du risque de crédit.

Cependant, il y a diverses techniques du Data Mining (DM) relevant des méthodes d'apprentissage automatique, qui ont été utilisées en finance pour prédire le risque de crédit. Les examens de l'utilisation du DM indiquent que ces derniers en finance sont des techniques matures basées sur des outils largement disponibles, utilisant des algorithmes innovants. Une préoccupation centrale de ces demandes est la nécessité d'accroître l'exactitude de la notation de la décision de crédit.

Parmi ces techniques relevant du DM et des plus étudiées et citées (selon la revue de littérature de notre étude), nous proposons dans le présent travail une comparaison empirique de quelques méthodes émanant de l'intelligence artificielle, de ce fait, on aura l'opportunité de simuler dans le présent chapitre les techniques ci-après :

- K- plus proche voisin (k-nearest neighbors, KNN)
- Arbre de Décision (AD) de type CART
- Régression logistique (RL)
- Réseau des Neurones artificiels (RNA) (Artificiel Neural Network ANN)
- Support Vector Machine (SVM)
- Naïve Bayes (N.B)

Il y a diverses raisons pour lesquelles les méthodes susmentionnées ont été choisies pour construire des modèles de prédiction de la solvabilité d'un client bancaire. Cependant, le choix de ces méthodes représente un mélange raisonnable de non paramétriques et paramétriques techniques, qui est le produit et le résultat de la revue de littérature réalisée au départ de ce travail de recherche. En outre, ces méthodes fonctionnent pour presque tous les problèmes de prédiction et bien évidemment de classification.

Section 1 : La modélisation du risque de crédit

Afin de mesurer la performance des différentes méthodes et techniques issues de l'intelligence artificielle dans la modélisation du risque de crédit, il est nécessaire de manipuler ces techniques en utilisant des données bancaires réelles. À cet effet, nous allons voir dans cette section le processus de construction des modèles de prédiction de la solvabilité des clients bancaires, et ce, en utilisant une base de données qui comportent des données historiques d'une banque.

Avant de construire le modèle, il est nécessaire de normaliser toutes les données afin de garantir la précision de l'apprentissage du modèle. La méthode utilisée est celle de cartographie des intervalles maximum et minimum, sa formule mathématique est présentée ci-dessous (Code Python : Annexe 10) :

Équation 34 : Normalisation des données

$$X_{normalisé} = \frac{X - X_{Min}}{X_{Max} - X_{Min}}$$

Avec $X_{normalisé}$ est la variable après la normalisation

1 Définition des variables

La sélection des variables explicatives est le processus qui consiste à choisir un sous-ensemble de l'ensemble des variables indépendantes disponibles pour être utilisées dans un tableau de bord en éliminant les caractéristiques qui sont redondantes ou qui possèdent peu d'informations prédictives. Dans la littérature, le sujet de la sélection des variables explicatives a fait l'objet d'une discussion approfondie (Guyon et al, 2003), mais brièvement, les techniques de sélection sont fréquemment classées dans l'un des trois groupes suivants :

- ✓ Les techniques de filtre : évaluent la pertinence des caractéristiques en utilisant uniquement les propriétés intrinsèques des données.
- ✓ Les techniques d'emballage : Divers sous-ensembles de variables explicatives sont générés et évalués à l'aide d'un algorithme de classification spécifique.
- ✓ Les techniques intégrées : appelées aussi techniques imbriquées, la stratégie de sélection des caractéristiques est intégrée à l'algorithme de classification.

Cependant, pour notre étude, nous avons utilisé les données des clients d'une banque, notre base de données comporte 30000 lignes, après le prétraitement des données nous avons gardé 4000 [76]lignes et 14 variables (voir Figure ci-dessous), parmi ces variables utilisées nous avons13 variables explicatives et une seule variable à expliquer qui représente la solvabilité des clients. Pour assurer une meilleure modélisation, nous avons pensé à la codification des variables qualitatives nominale. Les 2 tableaux ci-après illustrent la nature de chaque variable utilisée et ses valeurs après la codification :

Variables	Intitulés des variables	Type	Mesure des variables
V_1	TARGET	Booléen	Target variable (1 – Client avec difficulté de paiement, 0 – tous les autres cas)

[76] N.B : cet échantillon de données a été utilisé seulement pour le cas (RL, SVM, KNN, AD)

V_2	NAME_CONTRACT_TYPE	Booléen	Identification si prête renouvelable ou en espèces
V_3	CODE_GENDER	Booléen	Genre du Client
V_4	FLAG_OWN_CAR	Booléen	Si le Client a une voiture
V_5	CNT_CHILDREN	Quantitative	Nombre d'enfants chez le client
V_6	AMT_INCOME_TOTAL	Quantitative	Les revenus du Client
V_7	AMT_CREDIT	Quantitative	Montant du crédit du prêt
V_8	AMT_ANNUITY	Quantitative	L'annuité du prêt
V_9	AMT_GOODS_PRICE	Quantitative	Le prix du bien dont le client a reçu le prêt
V_{10}	NAME_INCOME_TYPE	Qualitative	Les types de revenues du Client (businessman, Emploi…)
V_{11}	NAME_EDUCATION_TYPE	Qualitative	Le dernier niveau étude du Client
V_{12}	NAME_FAMILY_STATUS	Qualitative	Situation familiale du Client
V_{13}	NAME_HOUSING_TYPE	Qualitative	Lieu habitation du Client (avec ses parents…)
V_{14}	CNT_FAM_MEMBERS	Quantitative	Combien de membres dans la famille a le Client

1.1 La Codification des variables

Tableau 12 : La codification des variables utilisées

	NAME_CONTRACT_TYPE
Cash loans	1

Revolving loans	0
	CODE_GENDER
F	1
M	0
	FLAG_OWN_CAR
Y	1
N	0
	NAME_INCOME_TYPE
State servant	1
Working	2
Commercial associate	3
Pensioner	4
	NAME_FAMILY_STATUS
Married	1
Single / not married	2
Civil marriage	3
Separated	4
Widow	5
	NAME_HOUSING_TYPE
House / apartment	1
With parents	2
Municipal apartment	3
Office apartment	4
Co-op apartment	5
Rented apartment	6
	NAME_EDUCATION_TYPE
Higher education	1
Incomplete higher	2
Secondary / secondary special	3
Lower secondary	4

1.2 L'analyse univariée

Selon le résultat de l'exécution de l'analyse univariée sur SPSS, nous avons obtenu le tableau ci-dessous :

Tableau 13 : Tableau d'analyse univariée

Vi	*L'intitulé de la variable*	B	$E.S.$	$Wald$	ddl	Sig
V_2	**NAME_CONTRACT_TYPE**	,429	,132	10,522	1	,001
V_3	**CODE_GENDER**	1,604	,165	94,361	1	,000
V_4	**FLAG_OW0_CAR**	,424	,085	24,811	1	,000
V_5	**CNT_CHILDREN**	,341	,126	7,298	1	,007
V_6	**AMT_INCOME_TOTAL**	,000	,000	39,407	1	,000
V_7	**AMT_CREDIT**	,000	,000	34,029	1	,000
V_8	**AMT_ANNUITY**	,000	,000	,435	1	,510
V_9	**AMT_GOODS_PRICE**	,000	,000	44,091	1	,000
V_{10}	**NAME_INCOME_TYPE**	,375	,063	35,415	1	,000
V_{11}	**NAME_EDUCATION_TYPE**	,746	,038	375,557	1	,000
V_{12}	**NAME_FAMILY_STATUS**	,017	,043	,151	1	,697
V_{13}	**NAME_HOUSING_TYPE**	,108	,044	6,167	1	,013
V_{14}	**CNT_FAM_MEMBERS**	,263	,111	5,650	1	,017
	Constante	1,497	,354	17,887	1	,000

Selon l'analyse univariée, on peut conclure que les variables **V_8 (AMT$_{ANNUITY}$)** *et* **V_{12} (NAME_FAMILY_STATUS)** ne sont pas significatives, et ce, à cause de leurs valeurs de signification qui dépassent les 5%, cependant, on doit les éliminer pour pouvoir construire un modèle puissant en termes de significativité en gardant seulement les variables qui ont une probabilité significative.

1.3 La matrice de corrélation

Cependant on peut aussi vérifier pour le cas des variables explicatives qualitatives, s'il y a des corrélations entres les variables dépendantes, à cet effet on tracer la matrice de corrélation ci-après :

Tableau 14 : Matrice de corrélation RL

Corrélations											
	V2	V3	V4	V5	V6	V7	V9	V10	V11	V13	V14
V2	1	-,023	-,034*	-,004	,000	,227**	,188**	-,027	,053**	-,003	,007
V3	-,023	1	-,093**	,059**	-,026	,063**	,062**	,001	-,049**	-,037*	,079**
V4	-,034*	-,093**	1	,083**	,179**	,108**	,116**	,024	-,146**	-,053**	,109**
V5	-,004	,059**	,083**	1	-,056**	-,033*	-,042**	-,013	-,014	,014	,888**
V6	,000	-,026	,179**	-,056**	1	,379**	,388**	,196**	-,273**	-,058**	-,067**
V7	,227**	,063**	,108**	-,033*	,379**	1	,986**	,106**	-,197**	-,072**	,012
V9	,188**	,062**	,116**	-,042**	,388**	,986**	1	,108**	-,215**	-,073**	,005
V10	-,027	,001	,024	-,013	,196**	,106**	,108**	1	-,104**	-,005	-,028
V11	,053**	-,049**	-,146**	-,014	-,273**	-,197**	-,215**	-,104**	1	,074**	-,010
V13	-,003	-,037*	-,053**	,014	-,058**	-,072**	-,073**	-,005	,074**	1	-,015
V14	,007	,079**	,109**	,888**	-,067**	,012	,005	-,028	-,010	-,015	1

Selon la matrice ci-dessus, on peut remarquer qu'il y a une forte corrélation entre V_9 et V_7 ainsi, entre V_{14} et V_5, à cet effet, nous allons procéder à élimination d'une seule variable dans chaque couple fortement corrélé, et ce pour assurer une meilleure prédictibilité du modèle. Pour cela, nous allons éliminer $V_9 et\ V_{14}$.

Donc on ne gardera que les variables suivantes :

Tableau 15 : Les variables explicatives utilisées

Vi	***L'intitulé de la variable***
1	NAME_CONTRACT_TYPE
2	CODE_GENDER
3	FLAG_OW0_CAR
4	CNT_CHILDREN

5	AMT_INCOME_TOTAL
6	AMT_CREDIT
7	NAME_INCOME_TYPE
8	NAME_EDUCATION_TYPE
9	NAME_HOUSING_TYPE

2 La modélisation du risque de crédit en utilisant KNN

Donc nous garderons seulement 9 variables explicatives, cependant la valeur de p=9 alors les fonctions de distance s'écrivent comme suit :

Équation 35: Distance euclidienne

$$D_{euc}(x_i, x_j) = \left(\sum_{S=1}^{9} (x_{is} - x_{js})^2\right)^{\frac{1}{2}}$$

Pour la méthode $Minkowski$ nous avons retenu la valeur de $q = 3$:

Équation 36 : Distance Minkowski

$$D_{Mink}(x_i, x_j) = \left(\sum_{S=1}^{9} |x_{is} - x_{js}|^3\right)^{\frac{1}{3}}$$

Équation 37 : Distance Manhattan

$$D_{Manh}(x_i, x_j) = \sum_{S=1}^{9} |x_{is} - x_{js}|$$

2.1.1 Résultats obtenus

Le résultat de cette partie est le résultat d'une étude empirique publiée dans l'article suivant :
Titre : "Using the KNN method from artificial intelligence to the prediction of the solvency of banking customers"
Journal : « Revue du Contrôle de la Comptabilité et de l'Audit »

Pour choisir la valeur de k la plus pertinente, nous avons calculé la valeur de $Accuracy$ pour chaque valeur de k qui varie entre $\{1\ et\ 12\}$, et ce pour les trois types de distance $(Manhattan, Euclidienne, Minkowski)$ et nous avons obtenu les résultats suivants :

Tableau 16 : Tableau comparatif des distances

K	1	2	3	4	5	6	7	8	9	10	11	12
KNN-Eucl	0,9327	0,9127	**0,936**	0,916	0,931	0,927	0,934	0,9338	0,935	0,9257	0,9327	0,9277
KNN-Mink	0,9297	0,9117	0,935	0,917	0,932	0,926	0,931	**0,9348**	0,934	0,9297	0,9338	0,9307
KNN-Manh	0,9381	0,9137	**0,938**	0,919	0,93	0,926	0,934	0,9338	0,938	0,9287	0,9368	0,9338

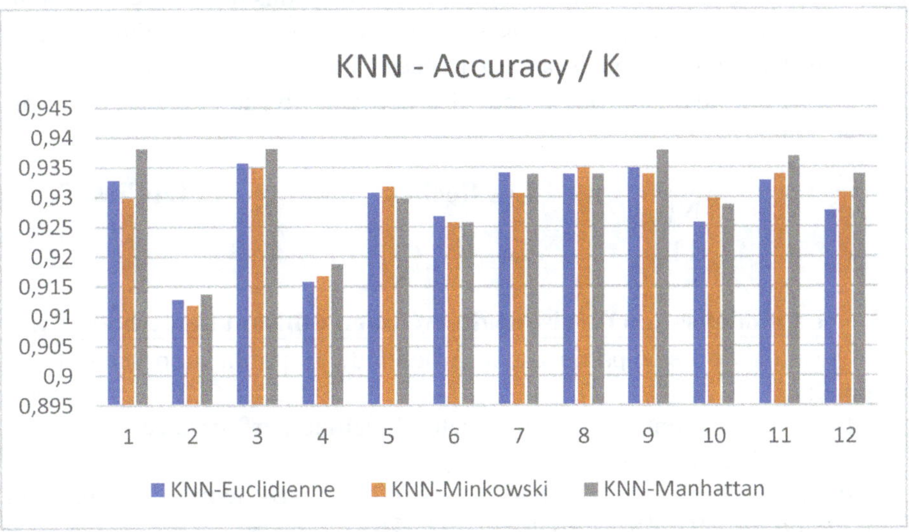

Selon la présentation graphique des résultats obtenus nous avons retenu les Valeurs de k suivantes :

Tableau 17 : résultats des précisions pour chaque distance

Type de distance	K	Accuracy
KNN-Euclidienne	3	0,9356
KNN-Minkowski	8	0,9348
KNN-Manhattan	3	0,9381

Parmi les trois méthodes de distance, nous avons retenu celle de $Manhattan\ avec\ k = 3$ et une précision de 0,9381.

Figure 21: graphe des distances utilisées

3 La modélisation du risque du crédit en utilisant la méthode AD

Le résultat de cette partie est le résultat d'une étude empirique présentée oralement et publiquement dans une conférence (à distance) :
Titre : "The Application of Techniques Derived from Artificial Intelligence to the Prediction of the Solvency of Bank Customers: Case of the Application of the Cart Type Decision Tree (DT)"
Conférence : « 11th International Conference on Advanced Information Technologies and Applications (ICAITA 2022) »

Après avoir lancé notre programme de modélisation en utilisant la méthode Arbre de Décision nous avons pu obtenir un arbre qui comporte les éléments ci-dessous :

- Les nœuds : on distingue entre deux catégories de nœuds :
  - Nœud de la racine (NR) : le premier nœud dans l'arbre, qui concerne le premier test.
  - Des nœuds intermédiaires (NI) : des nœuds des niveaux inférieurs apportant des tests pour mieux partitionner les individus de notre échantillon.
- Les flèches : Dans notre cas on utilise des arbres dichotomiques, c'est-à-dire, de chaque nœud, on aura deux flèches sortantes (True / False)
- Les feuilles : sont les nœuds des derniers niveaux de l'arbre. (Voir Annexe 27)

Nœuds		**Les flèches**	**Les feuilles**
NR	**NI**		
1	11	22	3

4 La modélisation du risque du crédit en utilisant la méthode RL

Le résultat de cette partie est le produit de la publication scientifique suivante :
Titre: "Assessment of Support Vector Machine performance for default prediction and credit rating"
Journal: Banks and Bank Systems **(Scopus)** (http://dx.doi.org/10.21511/bbs.17(1).2022.14)

Déterminer la fonction discriminante et les paramètres $\boldsymbol{\beta}_i$

Selon le tableau ci-dessus, on peut dire que toutes les variables explicatives sont significatives, donc on peut conclure les coefficients de notre modèle de solvabilité MS :

Vi	*L'intitulé de la variable*	B_i	$E.S.$	$Wald$	dd	$Sig.$	$OddR$
2	**NAME_CONTRACT_TYPE**	,606	,126	23,131	1	,000	1,834
3	**CODE_GENDER**	-1,604	,163	97,068	1	,000	,201
4	**FLAG_OW0_CAR**	-,457	,084	29,576	1	,000	,633
5	**CNT_CHILDREN**	,075	,048	2,478	1	,015	1,078
6	**AMT_INCOME_TOTAL**	,000	,000	40,468	1	,000	1,000
7	**AMT_CREDIT**	,000	,000	16,001	1	,000	1,000
9	**NAME_INCOME_TYPE**	-,363	,063	33,671	1	,000	,695
11	**NAME_EDUCATION_TYPE**	,756	,038	394,351	1	,000	2,129
13	**NAME_HOUSING_TYPE**	,116	,044	7,118	1	,008	1,123
	Constante	,873	,270	10,447	1	,001	2,393

$$MS = 0{,}873 + 0{,}606.V2 - 1{,}604.V3 - 0{,}457.V3 - 0{,}457.V4 + 0{,}075.V5 + 0.V6 + 0.V7 - 0{,}363.\mathrm{V9} + 0{,}756.\mathrm{V11} + 0{,}116.\mathrm{V13}$$

Alors on peut écrire :

$$MS = 0{,}873 + 0{,}606.V2 - 1{,}604.V3 - 0{,}457.V3 - 0{,}457.V4 + 0{,}075.V5 - 0{,}363.\mathrm{V9} + 0{,}756.\mathrm{V11} + 0{,}116.\mathrm{V13}$$

Les tests de vraisemblance

La valeur de la statistique LR (Like Lihood Ration ou RV Ratio Vraisemblance) est :

$$LL(Base) = 5528{,}5379$$

$$LL(modèle) = 4531{,}338032$$

$$LR = RV = 2LL(modèle) - 2LL(Base) = 997{,}199868$$

Donc on a que la valeur 997,2 est supérieure à $\chi^{2}{}_{9}^{0,05} = 16,92$. Donc on peut conclure que l'hypothèse nulle est rejetée et les variables maintenues sont totalement significatives et permettent de construire un modèle performant.

5 La modélisation du risque du crédit en utilisant la méthode RNA

Le résultat de cette partie est le résultat d'une étude empirique présentée oralement et publiquement dans les doctoriales :
Titre : "Application des Réseaux de Neurones artificiels (RNA) à la prédiction de la solvabilité des clients d'une banque"
Conférence : « 6éme édition des Doctoriales des Sciences de gestion » (FSJES – Agdal / Juin 2021)

5.1.1 La Structure de notre réseau de neurones

Tableau 18 : Architecture du RNA

Type de couche	Nombre de neurones	Nombre de paramètres
Couche d'entrée	17	289
Couche cachée	8	144
Couche de sortie	1	9
Total	26	442

6 La modélisation du risque du crédit en utilisant la méthode SVM

6.1 Les proportions de données utilisées

La base de données a été répartie en 2 classes, la première est composée de 75% des données et sera utilisée à l'entrainement de l'algorithme SVM, et la deuxième comporte 25% des données et sera consacrée pour l'évaluation la validation du modèle.

6.2 Les paramètres de la fonction de séparation linéaire

Après avoir modélisé nos données par le noyau linéaire (SVM-Linear) nous avons pu obtenir les poids suivants :

Tableau 19: Les poids des vecteurs SVM-Linéaire

w_1	w_2	w_3	w_4	w_5	w_6	w_7	w_8	w_9	*b ou w*
0.587	-0.048	0.010	-0.036	0.153	-0.271	0.099	0.525	-0.213	0.437

La relation s'écrit comme suit :

$$y_i = \sum_{i=1}^{n} w_i^* x_i + w_0^*$$

$$y_i = 0{,}587.x_1 - 0{,}048.x_2 + 0{,}010.x_3 - 0{,}036.x_4 + 0{,}153.x_5 - 0{,}271.x_6 + 0{,}099.x_7 + 0{,}525.x_8 - 0{,}213.x_9 + 0{,}437$$

Avec :

$$(w_0^*)_{Linear-SVM} = 0{,}437$$

La relation (32) définit l'hyperplan comme suit :

$$h(x) = \sum_{i=1}^{n} \boldsymbol{w^*}_i x_i x + \boldsymbol{w^*}_0$$

Et nous avons que la marge M est :

$$M = \frac{1}{\|w\|} \; avec \; \|w\| = \sqrt{\sum_{i=1}^{n} w_i^2}$$

onc :

$$\overline{.587^2 + 0.048^2 + 0.010^2 + 0.036^2 + 0.153^2 + 0.271^2 + 0.099^2 + 0.525^2 + 0.213}$$

$$\|w\| = 0{,}88085981$$

Alors :

$$M = \frac{1}{0{,}88085981} = 1{,}13525443$$

6.3 Les paramètres des noyaux RBF et POLY

La plupart des modèles d'apprentissage automatique doivent être paramétrés pour donner les meilleurs résultats de classification, pour choisir ces hyperparamètres ($\boldsymbol{\gamma}$, $\boldsymbol{Cout}$, $\boldsymbol{Degr}$é) pour nos 2 noyaux RBF et poly nous allons utiliser la fonction $Gird\ Search$, c'est une technique d'optimisation qui va nous permettre d'évaluer une série de paramètres et de comparer les performances pour en retenir les meilleurs paramètres.

Après avoir lancé cette fonction, nous avons pu obtenir les paramètres ci-dessous :

Tableau 20 : Test des paramètres du SVM-RBF par la fonction $\boldsymbol{Gird - Search}$

Noyau (Kernel)	$\boldsymbol{C}$	$\boldsymbol{\gamma}$	$\boldsymbol{Degr}$é	$\boldsymbol{Precision}$
SVM-RBF	1,0	1	1	0,903703
	1,0	1	2	0,903703
	1,0	2	2	0,92592
	1,0	2	3	0,92592
	1,0	3	3	0,92962
	1,0	4	3	0,95185
	1,0	5	3	0,95925

	1,0	6	3	0,97037
	1,0	7	3	0,97407
	[redacted]			
	1,0	9	3	0,98148

Tableau 21 : Test des paramètres du SVM-Poly par la fonction ***Gird – Search***

Noyau (Kernel)	C	γ	$Degr$é	$Precision$
SVM-Poly	1,0	1	1	0,618518
	1,0	1	2	0,644444
	1,0	1	3	0,74074
	1,0	2	3	0,91481
	1,0	3	3	0,929629
	[redacted]			
	1,0	4	4	0,966666
	1,0	4	5	0,96666

6.4 Les paramètres de l'hyperplan de séparation

RBF-SVM

- **La détermination $\mathbf{w}_0^*$:**

Nous n'avons que la valeur de w_0^* ne varie pas quelle que soit l'observation i utilisée dans chaque noyau :

$$(w_0^*)_{RBF-SVM} = -\ 0{,}07438714$$

- **La détermination $\boldsymbol{\lambda_i^*}$:**

Notons que seuls les points de support utilisés pour le classement sont les seuls qui ont des poids λ_i^* non-nuls,

Selon notre modèle $(RBF - SVM)$ nous avons obtenu les points de supports suivants (Voir annexe 13) :

Tableau 22 : Le nombre des vecteurs supports (RBF-SVM) $(\boldsymbol{n})$

	Classe 1 (Non-solvable)	Classe 0 (solvable)	Tot $(\boldsymbol{n})$
Le nombre de points de support	**327**	**271**	**598**

- **La fonction de décision RFB**

$$F(x) = signe(\sum_{i=1}^{598} \lambda_i^* y_i \mathrm{e}^{-\frac{\|x_i - x\|^2}{8}} -\ 0{,}07438714)$$

Poly-SVM

- **La détermination $\mathbf{w}_0^*$:**

Nous n'avons que la valeur de w_0^* ne varie pas quelle que soit l'observation i utilisée dans chaque noyau :

$$(w_0^*)_{Poly-SVM} = 3.00894479$$

- **La détermination λ_i^* :**

Notons que seuls les points de support utilisés pour le classement sont les seuls qui ont des poids λ_i^* non-nuls,

Selon notre modèle $(Poly - SVM)$ nous avons obtenu les points de supports suivants :

Tableau 23 : Le nombre des vecteurs supports (poly-SVM) (n)

	Classe 1 (Non-solvable)	**Classe 0 (solvable)**	**Total (n)**
Le nombre de points de support	**498**	**201**	**699**

- **La fonction de décision Poly**

Pour le noyau poly, la fonction de décision s'écrit :

$$F(x) = signe(\sum_{i=1}^{699} \lambda_i^* y_i (x_i{}^T x + 1)^4 + 3.00894479)$$

6.5 Résultats de la notation interne par SVM

Le résultat de cette partie est le produit de la publication scientifique suivante :

Titre: "Assessment of Support Vector Machine performance for default prediction and credit rating"

Journal: Banks and Bank Systems (Scopus) (http://dx.doi.org/10.21511/bbs.17(1).2022.14)

Après avoir entrainé notre modèle, nous avons pu construire notre outil de notation, qui va nous permettre de classer les clients en fonction de leurs caractéristiques et leurs probabilités de défaut sur un horizon d'une année, voir (Tableau ci-dessous) :

Tableau 24 : Résultat de l'outil de notation

Classe (i)	**Qualification**	**Score (S_i)**	**Probabilité de défaut (P_i)**
1	Excellent	[300-... [	0,0%
2	Très bon	[250-300[	2,9%
3	Bon	[150-250[	8,4%
4	Assez Bon	[105-150[	14,7%
5	Moyen	[35-105[	32,7%
6	Faible	[30-35[	44,0%
7	Risqué	[20-30[	63,8%

8	Très risqué	[0-20[	77,9%

7 La modélisation du risque de crédit en utilisant la méthode Naïve Bayes

Pour modéliser avec la méthode Naïve Bayes, nous avons utilisé le langage de programmation python et nous avons suivi le processus de modélisation des techniques du DM, à cet effet, nous avons décomposé l'ensemble des données utilisées en 2 sous-ensembles ; le premier qui comporte 80% des données représente l'ensemble et le reste représente l'ensemble de tests.

Section 2 : évaluation et étude comparative des différents modèles atteints

1 L'évaluation du modèle KPV

Pour évaluer les modèles relavant de l'intelligence artificielle, on utilise souvent la matrice de confusion qui nous permet de calculer les différents métriques et types d'erreurs, pour cela, on doit dresser la matrice de confusion pour chaque méthode de distance.

Matrice Confusion euclidienne		
	1	0
1	87	36
0	41	1033

Matrice Confusion Manhattan		
	1	0
1	95	28
0	46	1028

Matrice Confusion Minkowski		
	1	0
1	78	45
0	33	1041

Parmi les métriques utilisées, nous avons la sensibilité ($sensivity$ (SV)), elle représente la proportion des clients **solvables** bien classés :

$$SV = \frac{VS}{VS + FS}$$

La **spécificité** ($specificity$ (SP)) elle représente la proportion des clients **insolvables** bien classés :

$$SP = \frac{VD}{VD + FD}$$

Et il y a aussi $l'Accuaracy$ qui nous permet de mesurer la performance de notre modèle :

$$\boldsymbol{Accuracy} = \frac{Vrais\ négatifs + vrais\ Positifs}{vrais\ negatifs + Faux\ negatifs + Vrais\ Positifs + Faux\ positifs}$$

1.1 La mesure de taux des erreurs

On va utiliser trois ratios d'erreur :

$$e_1 = \frac{Nombre\ des\ observations(1)\ classeés\ (0)}{Nombre\ des\ obs(1)}$$

$$e_2 = \frac{Nombre\ des\ obs(0)\ classeés\ (1)}{Nombre\ des\ obs(0)}$$

$$e_3 = \frac{Nombre\ des\ obs(1)\ classeés\ (0) + Nombre\ des\ obs(0)\ classeés\ (1)}{Nombre\ des\ obs}$$

	K	*Accuracy*	E1	E2	E3	*Sensivity*	*specificity*
KNN-Euclidienne	3	0,9356	0,2926	0,0381	0,0643	0,9618	0,7073
KNN-Minkowski	8	0,9348	0,3658	0,0307	0,0651	0,9692	0,6341
KNN-Manhattan	3	0,9381	0,2276	0,0428	0,0618	0,9571	0,7723

Tableau 25: les paramètres retenus pour la méthode KNN

Après avoir calculé les différentes métriques et ratios d'erreur, nous avons obtenu les résultats susmentionnés dans le tableau ci-dessus (Tableau 23) :

En conséquence, et après avoir calculé les différents indicateurs, nous avons conclu que la méthode *Manhattan* utilisée par *KNN* avec un k=3 est la meilleure en termes de niveau de prédictibilité de la solvabilité des clients bancaires, ainsi que son taux d'erreur le plus faible.

1.2 La courbe ROC

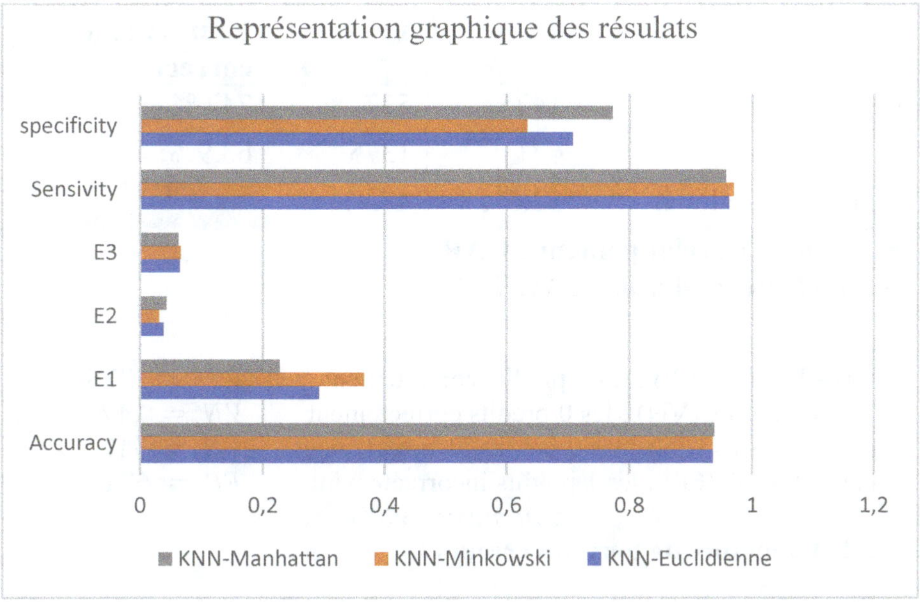

Figure 22 : Présentation graphique des résultats obtenus

On peut aussi mesurer ma performance par la présentation graphique de la courbe ROC, et aussi via la valeur AUC :

Selon la courbe $ROC_{\ Manhattan}$ ci-dessus, on peut remarquer clairement la performance de notre modèle retenu, celui du Manhattan avec $AUC_{Manhattan} = 94\%$

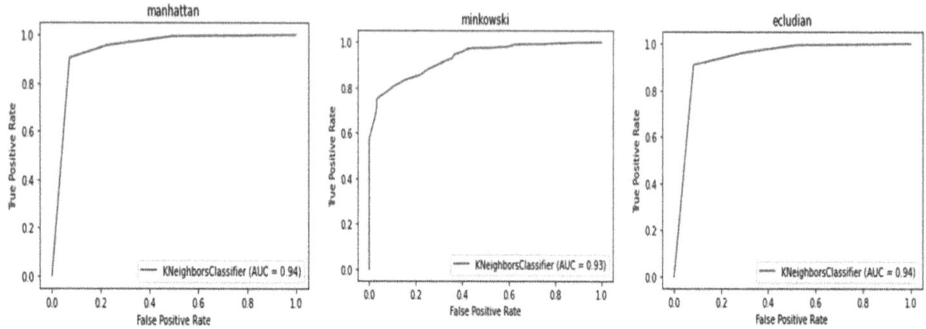

2 L'évaluation du modèle AD

2.1 Matrice de confusion

Tableau 26 : Matrice de la confusion (CART)

Classification			
Observations	**Prévisions**		
	0	**1**	**Pourcentage correct**
0	1475	517	74,0%
1	621	1375	68,9%
Pourcentage global	52,6%	47,4%	71,5%
Method de développement : CART **Variable dépendante : TARGET**			

Vrais Positifs (VP) : les 1 prédits correctement $VP = 1375$
Vrais Négatifs (VN) : les 0 prédits correctement $VN = 1475$
Faux Négatifs (FN) : les 0 prédits incorrectement $FN = 517$
Faux Positifs (FP) : les 1 prédits incorrectement $FP = 621$

$Somme = 3988$

2.2 La mesure de taux des erreurs

Pour calculer ces 3 types d'erreurs, on doit construire notre matrice de confusion :

	1	**0**

1	1375	621
0	517	1475

Alors on peut maintenant calculer les erreurs :

$$e_1^{AD} = \frac{621}{1996}\ e_2^{AD} = \frac{517}{1992}\ e_3^{AD} = \frac{1138}{3988}$$

Tableau 27 : les trois ratios d'erreur

Méthode	e_1^{AD}	e_2^{AD}	e_3^{AD}
AD	0,311122	0,25953	0,285356

D'après les taux d'erreur calculés, on peut voir clairement que les trois ratios reflètent une performance assez moyenne de notre modèle obtenu.

Donc selon la matrice ci-dessus, on peut calculer les métriques suivantes :

$$Accuracy = \frac{VP + VN}{Somme} = \frac{1375 + 1475}{3988} = 0.71$$

$$Sensibilité = \frac{VP}{VP + FP} = \frac{1375}{1375 + 621} = 0.69$$

$$Spécificité = \frac{VN}{VP + FP} = \frac{1475}{1375 + 621} = 0.74$$

2.3 La courbe ROC

Tableau 28 : Tableau résumant de la courbe ROC / CART

Zone sous la courbe				
Zone	**Erreur Std**	**Signification**	**Intervalle de confiance 95% asymptotique**	
			Borne inférieure	**Borne supérieure**
AUC = 0,715	0,008	0,000 << 0.05	0,698	0,731

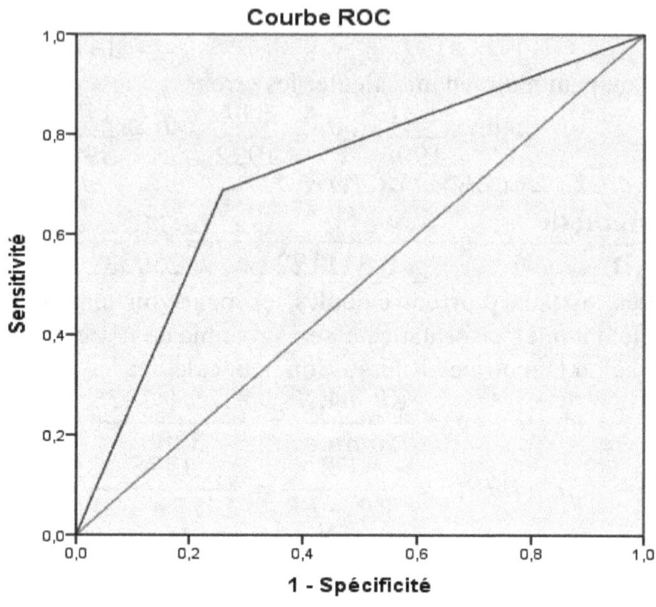

Les segments diagonaux sont générés par des liaisons.

Figure 24 : Courbe de la ROC (CART)

2.4 Résultat et discussion

Selon les illustrations précédentes des résultats d'évaluation de notre modèle d'AD de type CART, nous avons pu obtenir un modèle avec une précision de 0.71 qui est assez bien et on remarquer aussi cette précision dans la représentation graphique de la courbe ROC, dont nous avons obtenu une superficie sous la courbe égale à $AUC = 0.715$. Cependant notre modèle selon les valeurs de la $spécificité = 0.74$ ainsi que $Sensibilité = 0.69$ ce qui reflète que notre modèle, il est mieux performant dans la classification des clients non solvables que les clients solvables.

3 L'évaluation du modèle RL

3.1 Le pouvoir prédictif (P.P)

Selon la matrice de confusion ci-dessous, on peut voir clairement que notre modèle est performant en termes de classification avec un pourcentage de 71,7%

Tableau 29 : Matrice de confusion

Observations			**Prévisions**		
			TARGET		**Pourcentage correct**
			0	1	
Étape 1	**TARGET**	0	1357	635	68,1

		1	492	150 4	75,4
	Pourcentage global				**P.P = 71,7%**

3.2 La mesure de taux des erreurs :

Pour calculer ces 3 types d'erreurs, on doit construire notre matrice de confusion :

	1	**0**
1	1504	492
0	635	1357

Alors on peut maintenant calculer les erreurs :

$$e_1^{RL} = \frac{492}{1996}\ e_2^{RL} = \frac{635}{1992}\ e_3^{RL} = \frac{1127}{3988}$$

Tableau 30 : les trois ratios d'erreur

Méthode	e_1^{RL}	e_2^{RL}	e_3^{RL}
RL	0,24649	0,318775	0,28259

D'après les taux d'erreur calculés, on peut voir clairement que les trois ratios reflètent la performance de notre modèle obtenu.

3.3 Le test de Hosmer et Lemeshow

Nous pouvons réaliser le même constat en nous rendant compte de la significativité *de la valeur de la statistique de Hosmer – Lemeshow*

Tableau 31 : Test Hosmer-Lemshow

Test de Hosmer – Lemeshow			
Etape	*Khi – Chi – deux*	*ddl*	*Sig.*
1	30,850	8	0,000

3.4 La courbe de ROC

Selon la courbe de ROC on peut constater que le modèle est capable de prédire la solvabilité des clients avec un pourcentage $d'AUC = 78,4\%$

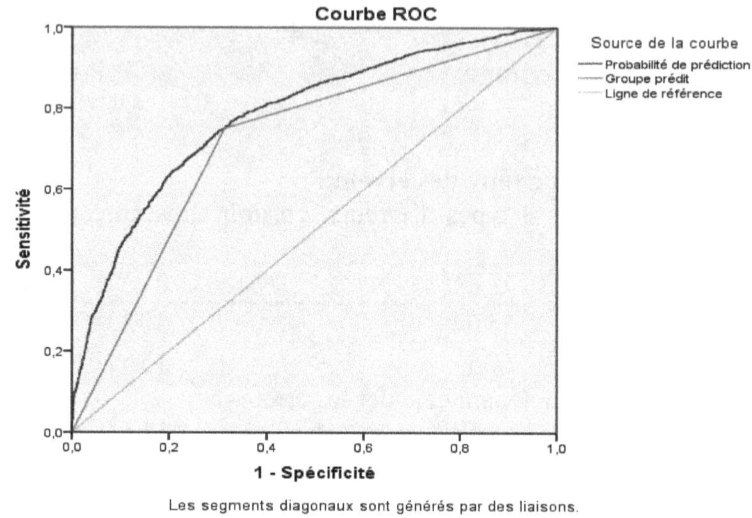

Figure 25 : Courbe ROC RL

4 L'évaluation du modèle RNA

La fonction $fit()$ est utilisée pour entrainer notre modèle sur 50 itérations (voir Annexe 2 et 3), ce qui nous permet de choisir les bonnes valeurs de la matrice des poids W. Les calculs sont accomplis selon la méthode de descente du gradient (DG). L'ensemble des données d'apprentissage utilisées sont enregistrées sur X_train (valeurs de départ) et Y_train (valeurs d'arrivée attendues). L'option $epochs$ détermine le nombre d'étapes dans la méthode du gradient. Les figures 4 et 5 présentent l'évolution de la précision et l'erreur (perte) du modèle dans la phase d'apprentissage.

On

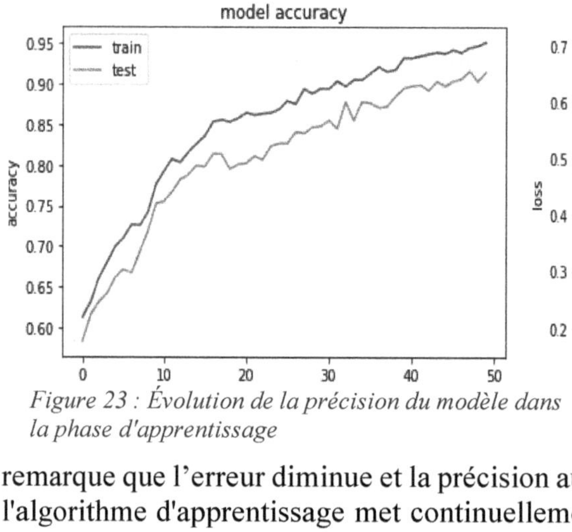

Figure 23 : Évolution de la précision du modèle dans la phase d'apprentissage

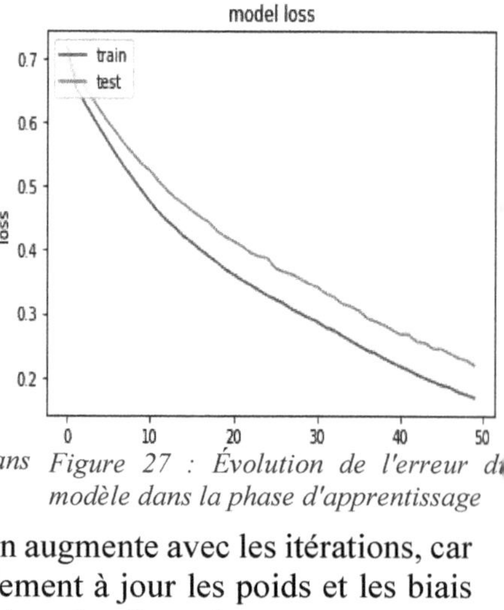

Figure 27 : Évolution de l'erreur du modèle dans la phase d'apprentissage

remarque que l'erreur diminue et la précision augmente avec les itérations, car l'algorithme d'apprentissage met continuellement à jour les poids et les biais dans le réseau de neurones en fonction des données d'entrainement.

On peut aussi constater sur la figure 4 que les courbes de la précision (bleu et orange) sont très proches pour les deux ensembles de données **Test et Train** (test et entrainement), ce qui signifie que le modèle été bien entrainé. On remarque aussi dans la figure 5 que les courbes de l'erreur (perte) pour les données Test et Train décroissent vers 0, ce qui signifie que le modèle présente des performances satisfaisantes et peut être utilisé pour prédire la solvabilité des clients avec une bonne précision.

Tableau 32 : Matrice de confusion RNA

	Prédiction positive	**Prédiction négative**
Positive	287 (40,77%)	31 (4,40%)
Négative	13 (1,85%)	373 (52,98%)

Les données du test représentent 20% du nombre total des clients, soit 704 clients sur 3516.

D'après la matrice de confusion, on peut conclure que le modèle a bien prédit la solvabilité des clients de la banque.

4.1 La mesure de taux des erreurs :

Pour calculer ces 3 types d'erreurs, on doit construire notre matrice de confusion :

	1	**0**
1	287	31
0	13	373

Alors on peut maintenant calculer les erreurs :

$$e_1^{ANN} = \frac{31}{318} \; e_2^{ANN} = \frac{13}{386} \; e_3^{ANN} = \frac{44}{704}$$

Tableau 33 : les trois ratios d'erreur

Méthode	e_1^{ANN}	e_2^{ANN}	e_3^{ANN}
ANN	0,097484	0,03367	0,0625

D'après les taux d'erreur calculés, on peut voir clairement que les trois ratios reflètent la performance de notre modèle obtenu.

4.2 La mesure des métriques d'évaluation :

On peut aussi déduire les différentes métriques :

Tableau 34 : Table des métriques

Métrique	**Accuracy**	**Précision**	**Recall**
Valeur	93%	92%	96%

Ce tableau ci-dessus montre aussi que le modèle RNA présente un niveau de prédictibilité assez élevé.

5 L'évaluation du modèle SVM

5.1 Performances de nos modèles

Dans notre étude, nous avons comparé les résultats de deux noyaux différents de SVM, à cet effet nous avons utilisé les noyaux suivants :

Tableau 35 : Les paramètres des noyaux choisis

Noyau (Kernel)	C	γ	$Degr$é	$Accuracy\ Score$	AUC
SVM-RBF	**1.0**	**8**	**3**	**0.98**	**0.99**
SVM-Linear	1.0	N/A	N/A	0.62	0.62
SVM-Poly	1.0	3	4	0.96	0.96

Les noyaux choisis sont :

Tableau 36 : Les paramètres des noyaux retenus

Polynomial de degré « d »	$\mathbf{K(x_i, x) = (x_i^T x + 1)^4}$
Noyau RBF	$K(x_i, x) = e^{-\frac{\|x_i - x\|^2}{8}}$

5.2 La mesure de taux des erreurs :

Pour calculer ces 3 types d'erreurs, on doit construire notre matrice de confusion :

Tableau 37 : La matrice de confusion des trois noyaux

	$SVM-RBF$		$SVM - Linear$		$SVM-Poly$	
	1	**0**	**1**	**0**	**1**	**0**
1	123	3	49	77	112	14
0	2	142	26	118	5	139

Alors on peut maintenant calculer les erreurs :

$$e_1^{rbf} = \frac{3}{126}\ e_1^{lin} = \frac{77}{126}\ e_1^{poly} = \frac{14}{126}$$
$$e_2^{rbf} = \frac{2}{144}\ e_2^{lin} = \frac{26}{144}\ e_2^{poly} = \frac{5}{144}$$
$$e_3^{rbf} = \frac{5}{270}\ e_3^{lin} = \frac{103}{270}\ e_3^{poly} = \frac{19}{270}$$

Tableau 38 : les trois ratios d'erreur des trois noyaux

Noyau (Kernel)	e_1	e_2	e_3	$Accuracy\ Score$	AUC
SVM-RBF	0,02380952	0,01388889	0,01851852	0.98	1.0

SVM-Linear	0,6111 1111	0,1805 5556	0,381 48148	0.62	0.62
SVM-Poly	0,1111 1111	0,0347 2222	0,070 37037	0.96	0.96

5.3 Courbe ROC

Selon les illustrations ci-dessus de la courbe ROC pour les 3 noyaux du

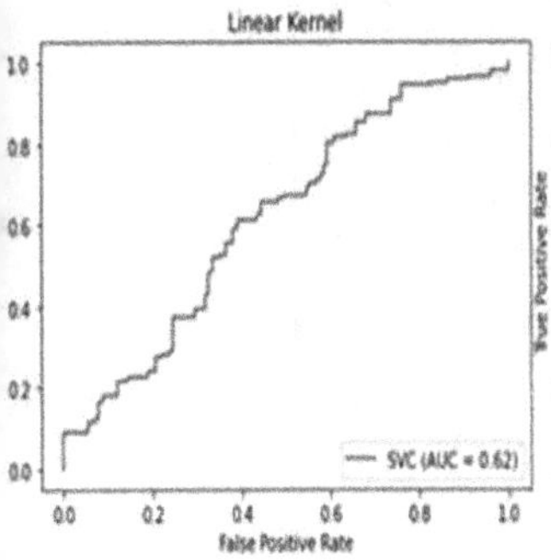

Figure 25 : Courbe de ROC du noyau linéaire

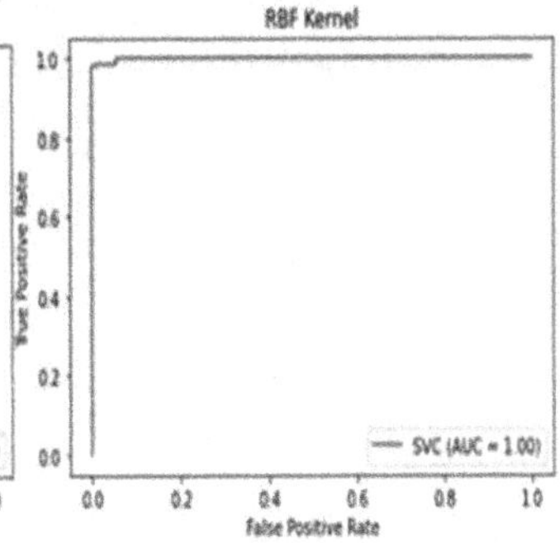

Figure 24 : Courbe de ROC du noyau RBF

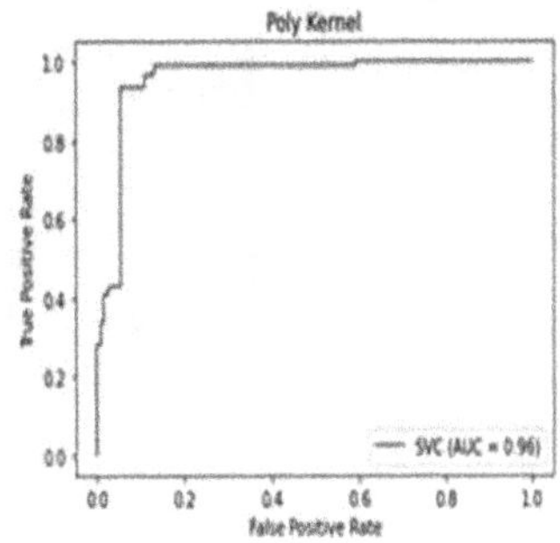

Figure 29 : Courbe de ROC du noyau Poly

SVM, on peut conclure que le modèle obtenu par **le noyau RBF-SVM** est le plus performant en termes de précision et de niveau de prédictibilité et de classification des clients bancaires.

6 L'évaluation du modèle NB

6.1 La mesure de taux des erreurs

Pour calculer ces 3 types d'erreurs, on doit construire notre matrice de confusion :

Tableau 39 : La matrice de confusion des trois noyaux

	Naive bayes	
	1	0
1	273	124
0	101	300

Alors on peut maintenant calculer les erreurs :

$e_1^{NB} = \frac{124}{397} = 0{,}31234 \; e_2^{NB} = \frac{101}{401} = 0{,}25187 \; e_3^{NB} = \frac{225}{798} = 0{,}28195$

À travers la matrice de confusion, nous avons pu calculer l'$Accuracy$:

- $Accuracy$ de l'ensemble de Tests :

$$Accuracy = 0.7180$$

- $Accuracy$ de l'ensemble d'entrainement :

$$Accuracy = 0.7022$$

Le score de $l'accuracy$ de l'ensemble d'entrainement est de 0.7022 tandis que la précision de l'ensemble d'essais est de 0.7180. Ces deux valeurs sont tout à fait comparables. Donc, il n'y a aucun signe de surapprentissage ou sous-apprentissage.

6.2 La courbe ROC

Selon la matrice de confusion, nous avons pu construire notre courbe de ROC :

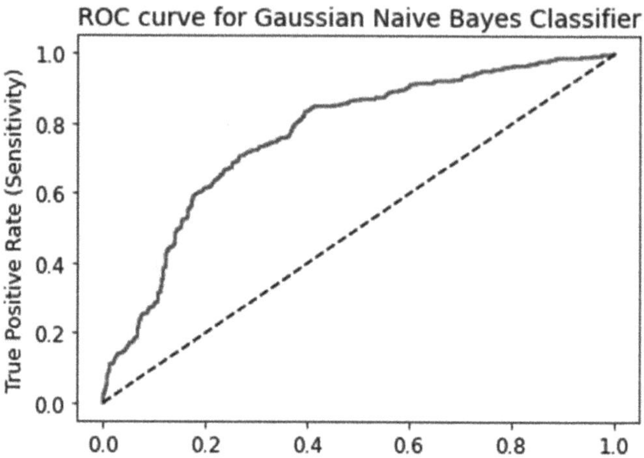

Figure 31 : Courbe ROC (NB)

Et pour la valeur de AUC :

$$AUC = 0.7667$$

Tableau 40 : les trois ratios d'erreur (NB)

Méthode	e_1	e_2	e_3	$Accuracy\ Sc$	AUC
Naïve Bayes	0,31234	0,25187	0,28195	0.72	0.77

7 Comparaison de la performance des modèles obtenus

Le risque de crédit est le risque le plus fréquent auquel sont exposés la majorité des établissements de crédit. L'utilisation des techniques d'apprentissage automatique émanant de l'intelligence artificielle, peut entrainer certains risques financiers et non-financiers et la raison pour laquelle la validation du modèle ou l'évaluation la performance du modèle sont indispensables avant de prendre des décisions.

Dans cette partie, nous avons présenté certaines techniques du Data Mining et leurs applications dans la modélisation du risque de crédit, à savoir RNA, SVM, KNN, AD, RL et NB. Nous avons également discuté des travaux de littérature disponibles pour ces méthodes d'apprentissage automatique précisément pour le risque de crédit.

Nous avons également comparé des métriques telles que $l'Accuracy$, le score de précision et la ROC AUC qui ont été utilisés pour tester la performance des modèles obtenus en utilisant des données de test.

Aprés avoir testé les différentes méthodes, nous avons procédé à la comparaison des résultats obtenus (voir le tableau ci-dessous) et nous nous sommes rendu compte que le modèle obtenu par SVM_{rbf} fonctionnait efficacement que les autres modèles obtenus.

Tableau 41 : Tableau comparatif

Méthode	e_1	e_2	e_3	$Accuracy$ $Score$	AUC
SVM-RBF	**0,0238**	**0,0138**	**0,0185**	**0.98**	**0.99**
SVM-Linear	0,6111	0,1805	0,3814	0.62	0.62
SVM-Poly	0,1111	0,0347	0,0703	0.96	0.96
KNN-Euclidienne (K=3)	0,2926	0,0381	0,0643	0,93	0.94
KNN-Minkowski (K=8)	0,3658	0,0307	0,0651	0,93	0.93
KNN-Manhattan (K=3)	0,2276	0,0428	0,0651	0,93	0.94
ANN	0,0974	0,0336	0,0625	0,93	0.93
RL	0,2464	0,3187	0,2825	0.71	0.78
AD	0,3111	0,2595	0,2853	0,71	0.72
NB	0,31234	0,25187	0,28195	0.72	0.77

Conclusion Chapitre 3 :

La gestion des risques a connu une évolution importante depuis ces premières années de mise en place. En effet, elle a évolué d'un simple ratio comptable dédié à la couverture du risque de crédit par les fonds propres réglementaires à une démarche globale composée de trois piliers concernant les exigences minima des fonds propres, le dispositif de gestion prudentielle des risques et la discipline de marché qui a établi la communication financière sur le risque.

Cependant, les établissements de crédit sont dans l'obligation de prendre des mesures de sécurité afin de garantir l'accomplissement leurs engagements. De ce fait, les établissements bancaires font de la prévision des risques liés au crédit une priorité, cette prévision permet de détecter les risques potentiels avant qu'ils ne surviennent, et ce, en se basant sur des méthodes et techniques capables de produire des modèles de prévision performants.

À cet effet, nous avons exposé dans ce chapitre l'application empirique de quelques méthodes du Data Mining (DM) issues de l'intelligence artificielle, en vue de construire des modèles capables de gérer le risque de chaque portefeuille de crédit. À cet effet, nous avons comparé le comportement ces méthodes du DM, ainsi, nous avons suivi le processus du DM par lequel nous avons pu conclure le comportement, le niveau de performance et le niveau de prédictibilité chaque méthode.

Par conséquent, et après avoir fait tourner toutes les méthodes, ainsi de mesurer les différentes métriques relavant de la matrice de confusion, nous nous sommes rendu compte que le modèle obtenu par la méthode SVM_{rbf} fonctionnait efficacement dans la prédiction de la solvabilité des clients bancaires.

Conclusion partie 2 :

Dans cet environnement en évolution rapide et continue, les banques doivent s'adapter pour rester compétitives. Par conséquent, la modélisation du risque de crédit joue un rôle important dans le fonctionnement normal d'une banque, étant donné que si un accident survient, la survie de l'établissement peut être compromise.

En effet, l'application d'un modèle plus sophistiqué a augmenté le niveau de capital économique. Par conséquent, l'avantage important d'élaboration d'un modèle est qu'il utilise des informations réelles sur le moment du cycle de crédit, vu qu'il va permettre de mettre fin en avance à toute opération d'octroi de crédit susceptible d'être non-crédible.

Cependant, dans cette deuxième partie de l'application des techniques du Data Mining à la modélisation du risque de crédit, nous avons pu élaborer une étude théorique de toute méthode utilisée dans le cadre de la modélisation du risque de crédit, selon une revue de littérature bien ficelée. Par conséquent, nous avons fait tourner les programmes de toute méthode en utilisant le langage de programmation Python. Ainsi, nous avons pu obtenir des modèles variés en termes de niveau de prédictibilité de la solvabilité des clients bancaires.

Par conséquent, dans le premier chapitre, on s'est focalisé sur l'aspect théorique de quelques techniques issues de l'intelligence artificielle, ainsi qu'une revue de littérature sélective, et ce, pour construire un cadre de recherche théorique, et d'avoir une vision claire sur les différentes méthodes innovantes.

Quant aux deuxièmes et troisièmes chapitres qui ont pour vocation d'appliquer les méthodes sélectionnées dans le cadre théorique, ainsi d'évaluer leurs performances en utilisant les différentes métriques relevant de la matrice de confusion ressortit depuis les données de test. Par conséquent, nous avons obtenu des résultats satisfaisants pour la méthode SVM_{rbf}, ce qui nous permet de la préconiser dans de tout geste de prédiction de solvabilité des clients bancaires.

Conclusion générale

L'octroi des prêts par les banques nécessite une évaluation précise de la solvabilité des demandeurs. En effet, en cas de défaillance du client, la banque subit des pertes de capital et d'intérêts, l'interruption de trésorerie et une augmentation des frais de recouvrement. La modélisation du risque de crédit (GRC) est l'un des processus de base des banques visant à évaluer, mesurer et contrôler les risques découlant de la probabilité de défaut (PD) dans les remboursements de prêts.

Ce processus affecte leurs approches stratégiques et opérationnelles en ce qui concerne la variété du portefeuille de prêts et la tarification, l'allocation la plus efficiente du capital, l'évaluation des exigences de fonds propres et d'adéquation de la liquidité, les politiques commerciales d'octroi de prêts aux clients, etc. (Van Gestel et al, 2008 ; Saunders et al, 2010).

Malgré les perspectives différentes, ces mesures affectent toutes les phases du processus de GRC bancaire. Elles visent notamment à renforcer les systèmes de mesure du risque de crédit, avec un impact significatif sur le calcul de l'adéquation des fonds propres à allouer aux actifs bancaires, y compris les prêts accordés, sur la base des pondérations de risque attribuées aux différents risques. De cette façon, pour le risque de crédit, le cadre de Bâle III offre une gamme d'options comprises entre l'approche normalisée, qui pondère l'exposition des banques en fonction de la notation du risque de crédit externe de chaque emprunteur.

Cependant, la construction d'un outil interne, en se basant sur les données historiques stockées, étant donné que les nouvelles technologies entrainent une augmentation considérable du volume, de la diversification et de la véracité des données. Ainsi que l'utilisation des outils et méthodes innovantes qui offrent des précisions exactes, tel que les techniques du Data Mining émanant de l'intelligence artificielle.

Depuis près de 2 décennies, les chercheurs universitaires et les praticiens essayent de tirer parti de la révolution des techniques du Data Mining pour apporter d'originales perspectives sur un large éventail de questions, telles que la propagation de la maladie à travers les données de localisation par téléphone mobile (Wesolowski et al., 2012), la mesure de l'activité économique à travers des requêtes sur les moteurs de recherche ou les prix sur les boutiques en ligne (Choi & Varian, 2012; Cavallo & Rigobon, 2016), ou la prédiction des résultats électoraux à travers des messages envoyés sur les réseaux sociaux (Tumasjan et al., 2010).

Dans le secteur bancaire et en raison de la croissance énorme du secteur du crédit, la construction d'un modèle efficace du risque de crédit a été une tâche importante pour économiser le coût et la prise d'une décision efficiente.

Cependant, l'utilisation de l'ensemble de méthodes de classifications est devenue évidente dans de nombreux domaines au cours des dernières années.

Ceci est dû essentiellement à l'augmentation des problèmes de classification et de prévision dans la recherche, et à la méthodologie avancée pour les techniques d'apprentissage automatique.

L'utilisation des modèles de prévision du risque de crédit offre aux banques un cadre pour examiner ce risque en temps opportun. Bien que les modèles de risque de crédit puissent fournir des estimations du risque de crédit qui reflètent la composition du portefeuille individuel ; par conséquent, ils peuvent mieux refléter le risque de concentration par rapport aux approches hors portefeuille.

Le choix d'une méthode particulière peut avoir des conséquences importantes sur l'analyse des données et l'interprétation ultérieure des conditions dans les modèles de prévision du risque de crédit, surtout si la qualité des données n'est pas assez pertinente.

De par leurs conceptions, les modèles de prévision du risque de crédit peuvent être influencés par l'évolution des lignes d'affaires, de la qualité du crédit, des variables du marché et de l'environnement économique, et y être sensibles. Par conséquent, la méthodologie de modélisation offre la possibilité de fournir un outil plus réactif et informatif pour la gestion dudit risque.

Par conséquent, la modélisation du risque de crédit est un domaine très sophistiqué, étant donné qu'il contient une multitude de facteurs de risque, du fait qu'ils peuvent être soit associés aux trois caractéristiques de risques soit associées à des facteurs macroéconomiques.

Cependant, la solvabilité de la banque est tributaire de la qualité de la gestion des risques encourus et leurs couvertures par les provisions et les fonds propres. De ce fait, la banque doit mesurer ses besoins en fonds propres pour assurer son développement et doit observer en continu l'adéquation des fonds propres avec son niveau d'activité.

Or, la quantification du risque est faite selon deux grandes approches fixées par le comité de Bâle pour le contrôle bancaire qui sont l'approche standard et l'approche notation interne IRB. Cette dernière comporte deux approches qui sont l'approche IRB-fondation et l'approche IRB avancée.

Pour les différents modèles, la banque doit déterminer la relation entre la probabilité de défaut et les variables explicatives (indépendantes) et la variable à expliquer (Dépendante). Cette relation doit être validée, d'une part, par des tests de signification ayant pour objectif de tester l'existence de corrélation entre les variables choisies et le défaut et d'autre part, par des tests de performance ayant pour objectif la détermination du pouvoir discriminant du modèle.

En outre, des techniques innovantes peuvent être exploitées pour construire des modèles puissants et robustes de modélisation du risque de crédit, parmi elles, nous trouvons les techniques du Data Mining issues de l'intelligence artificielle, ces dernières ont attiré l'attention de plusieurs chercheurs curieux, mais aussi des décideurs dans les établissements financiers, cependant cette robustesse demeure dans le fait que le niveau de précision de ces techniques dépasse celui des méthodes classiques.

Dans ce présent travail, nous avons étudié la précision des techniques du Data Mining émanant de l'intelligence artificielle appliquées à la prévision et modélisation du risque de crédit chez des clients particuliers d'une banque, et nous les avons testés sur des données réelles des clients d'une banque. En utilisant le même ensemble de données, nous avons approfondi l'exactitude et la performance desdites techniques, en termes d'amélioration de la prédiction et modélisation du risque de crédit.

Par conséquent, cette étude a pour vocation, avant tout, d'apporter une originalité dans la problématique de la modélisation du risque de crédit en adoptant de nouvelles méthodes sophistiquées émanant de l'intelligence artificielle et dans sa méthodologie à travers ses analyses et ses résultats atteints.

À travers ce travail de recherche, nous avons réussi à dévoiler l'importance de l'adoption des nouvelles méthodes de l'intelligence artificielle. De ce fait, nous avons choisi une multitude de méthodes sophistiquées pour modéliser le risque de crédit, parmi ces techniques, on trouve RNA, SVM, KNN, AD, NB et RL.

Nous avons également discuté des travaux de littérature disponibles pour ces méthodes d'apprentissage automatique précisément pour le risque de crédit. Nous avons également comparé des métriques telles que $l'Accuracy$, le score de précision et la ROC AUC qui ont été utilisées pour tester la performance des modèles obtenus en utilisant des données de test.

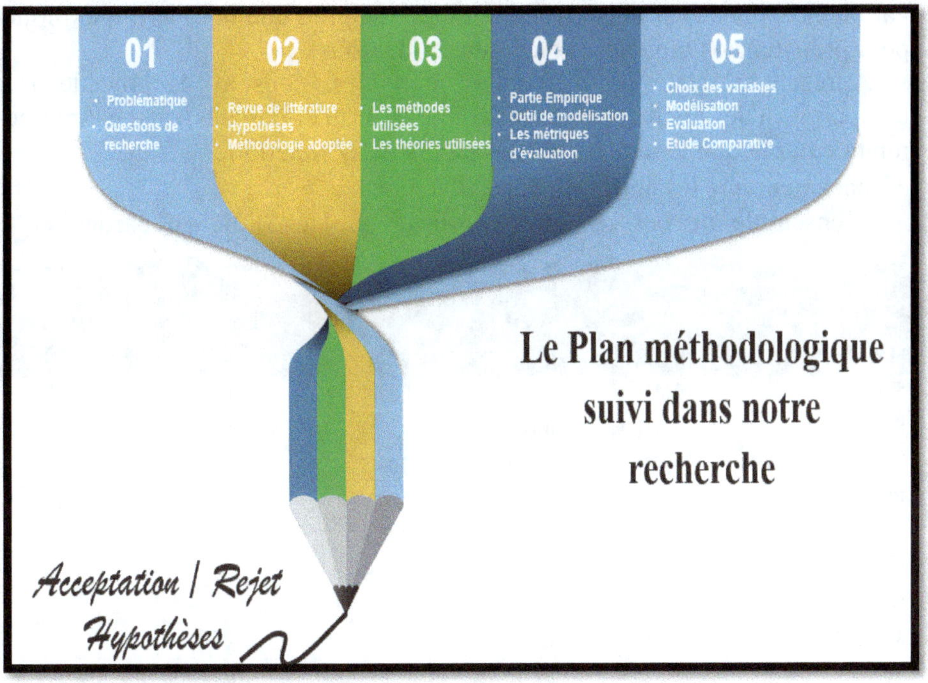

Avant de procéder à la modélisation nous avons initié notre processus par la préparation des données, cette étape qui consiste à nettoyer les données de toute variable aberrante ou extrême, ainsi d'éliminer toute ligne ou colonne qui comporte assez de données manquantes. Dans le même processus, nous avons utilisé des outils statistiques pour sélectionner les variables explicatives pertinentes. Au terme de ce processus, nous avons pu limiter notre champ de

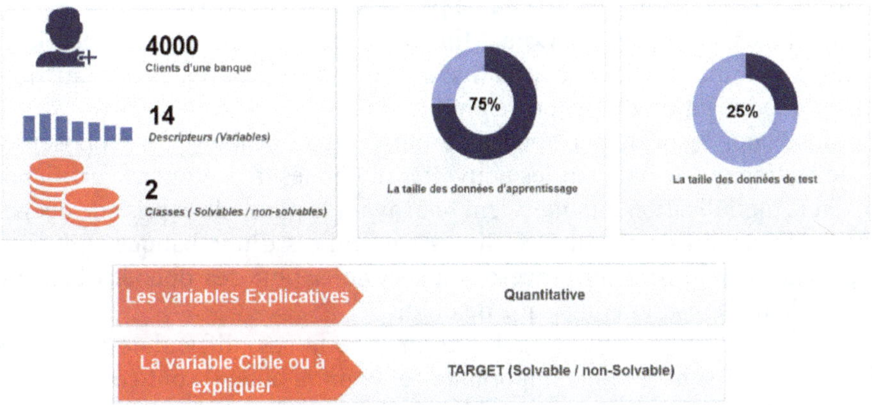

Figure 26 : Cartographie des données utilisées (Source auteur)

variables explicatives ainsi que le nombre de lignes que nous allons exploiter pour préparer nos modèles (voir figure ci-dessous)

Après avoir testé les différentes méthodes, nous avons procédé à la comparaison des résultats obtenus (voir le tableau ci-dessous) et nous sommes rendu compte que le modèle obtenu par SVM_{rbf} fonction Aie efficacement que les autres modèles obtenus.

L'ensemble de ces résultats confirme que le SVM, en particulier le

Méthode	e_1	e_2	e_3	*Accuracy Score*	*AUC*
SVM-RBF	0,0238	0,0138	0,0185	0.98	0.99
SVM-Linear	0,6111	0,1805	0,3814	0.62	0.62
SVM-Poly	0,1111	0,0347	0,0703	0.96	0.96
KNN-Euclidienne (K=3)	0,2926	0,0381	0,0643	0,93	0,94
KNN-Minkowski (K=8)	0,3658	0,0307	0,0651	0,93	0,93
KNN-Manhattan (K=3)	0,2276	0,0428	0,0618	0,93	0,94
ANN	0,0974	0,0336	0,0625	0,93	0,93
RL	0,2464	0,3187	0,2825	0.71	0,78
AD	0,3111	0,2595	0,2853	0,71	0,72
NB	0,3123	0,2518	0,2819	0.72	0.77

SVM_{rbf}, peut répondre à la problématique de détection/identification fixée initialement. En conséquence, les résultats obtenus nous amènent à valider les deux hypothèses soulevées au départ de notre étude à savoir que :

- Les méthodes du Data Mining issues de l'Intelligence artificielle utilisées à la prédiction de la solvabilité des clients bancaires sont performantes en termes de niveau de prédictibilité et précision.
- Les techniques du Data Mining issues de l'intelligence artificielle représentent une meilleure alternative des méthodes classiques de statistiques dans la modélisation du risque de crédit.

Ainsi que, le principal apport de notre étude d'abord de proposer une modélisation qui se base sur les nouvelles méthodes d'intelligence artificielle, ainsi une modélisation qui intervient bien avant la phase de la prise de décision lors de l'octroi d'un crédit aux clients particuliers d'une banque. Ensuite, il s'agissait de proposer un processus de modélisation des données bancaires dédié à la modélisation du risque de crédit.

Toutefois, ce présent travail présente certaines difficultés, parmi ces difficultés qui sont les plus importantes et courant auquel sont confrontés les chercheurs qui utilisent des ensembles de données financières ou de crédit est la présence de bruit dans les données. Même s'ils font partie d'un programme de mesure bien pensé, les ensembles de données sur le crédit peuvent être bruyants pour un certain nombre de raisons. Il s'agit notamment de renseignements inexacts ou non déclarés, lorsque les données d'un certain nombre de types différents de clients ou d'un certain nombre de banques sont combinées, certains champs peuvent être vides parce qu'ils ne sont pas collectables pour tous les clients.

Par conséquent, le présent travail présente certaines perspectives qui sont nombreuses et distinctes, mais convergent vers la place principale que prennent les données dans la modélisation du risque de crédit d'une banque. Toutefois, la suite logique de notre travail serait une expérimentation qui adopte un entrepôt de données assez volumineux dédié à la modélisation du risque de crédit. Nous pensons aussi que ces résultats peuvent être améliorés, en augmentant la taille de l'échantillon ainsi le nombre des variables explicatives.

Il faut penser aussi non seulement de concevoir un tel modèle de prédiction de la solvabilité des clients bancaires pertinents, mais aussi de pouvoir mettre à jour les données historiques des clients en temps réel, ainsi de comparer les résultats sur certains horizons avec les résultats connus à ce jour via des systèmes existants, ainsi, il faut que la validation expérimentale doive être menée sur une plus large série de mesures sur des échantillons présentant différentes configurations.

Ensuite, il faudra réfléchir aussi à l'utilisation des outils du Big Data en tant qu'ensemble de données non structurées. En sus de ces nouvelles pistes susvisées, on préconise aussi de penser à exploiter les techniques du Data Mining à la gestion des différents risques financiers dont ils souffrent toujours les établissements financiers.

Finalement, il faut noter pareillement l'importance progressive de l'IA dans le secteur bancaire en général, et particulièrement dans le domaine de la gestion du risque de crédit et dans celui de la connaissance du comportement du client et notamment de son parcours en particulier. Cependant, les établissements bancaires font désormais de plus en plus appel aux techniques issues de l'IA dans le but de diminuer davantage leurs coûts et de gagner en termes de réactivité par rapport aux sollicitations de leurs clients.

Annexes

Expositions sur les banques

Pondérations des risques dans les juridictions où l'approche fondée sur les notes est autorisée

Notation externe	**AAA à AA–**	**A+ à A–**	**BBB+ à BBB–**	**BB+ à B–**	**Inférieure à B–**	**Non notée**
Pondération	20%	30%	50%	100%	150%	Voir SCRA ci-dessous
Expositions à court terme						
Pondération	20%	20%	20%	50%	150%	Voir SCRA ci-dessous

Pondérations des risques quand l'approche fondée sur les notes n'est pas autorisée ou quand les expositions ne sont pas notées

Classification selon l'approche standard de l'évaluation du risque de crédit (SCRA)	**Tranche A**	**Tranche B**	**Tranche C**
Pondération	40%[1]	75%	150%
Expositions à court terme	20%	50%	150%

Exposition sur les obligations sécurisées

Pondérations pour les obligations sécurisées notées

Notation externe propre à l'obligation	**AAA à AA–**	**A+ à BBB–**	**De BB+ à B–**	**Inférieure à B–**
Pondération	10%	20%	50%	100%

Pondérations pour les obligations sécurisées non notées

Pondération de la banque émettrice	**20%**	**30%**	**40%**	**50%**	**75%**	**100%**	**150%**
Pondération	10%	15%	20%	25%	35%	50%	100%

Expositions sur les entreprises

Pondérations des risques dans les juridictions où l'approche fondée sur les notes est autorisée

Notation externe de la contrepartie	**De AAA à AA–**	**De A+ à A–**	**de BBB+ à BBB–**	**BB+ à BB–**	**Inférieure à BB–**	**Non notée**
Pondération	20%	50%	75%	100%	150%	100 % 85 % en cas de PME

Pondération des risques lorsque l'approche fondée sur les notes n'est pas autorisée

Classification SCRA	**Catégorie « investment grade »**	**Toutes les autres**
Entreprises hors PME	65%	100%
PME	85%	

Expositions sur le financement de projets, d'objets ou de produits de base

Exposition (hors immobilier)	**Financement de projets**	**Financement d'objets ou de produits de base**
Notations spécifiques disponibles et autorisées	Voir indication ci-dessus pour les entreprises	
Notations spécifiques non disponibles ou non autorisées	130% en phase pré-opérationnelle 100% en phase opérationnelle 80% en phase opérationnelle (qualité élevée)	100%

Annexe 1: Aperçu de l'approche standard révisée pour le risque de crédit

Expositions sur la clientèle de détail (hors immobilier)				
	Clientèle de détail réglementaire (non renouvelable)	**Clientèle de détail réglementaire (renouvelable)**		**Autres expositions sur la clientèle de détail**
		« Transactors »	**« Revolvers »**	
Pondération	75%	45%	75%	100%

Expositions sur l'immobilier résidentiel								
Fourchettes de ratio LTV	**Inférieur à 50%**	**50 % à 60%**	**60% à 70%**	**70% à 80%**	**80% à 90%**	**90% à 100%**	**Supérieur à 100%**	**Critères non satisfaits**
Immobilier résidentiel général								
Pondération selon l'approche fondée sur le prêt total	20%	25%	30%		40%	50%	70%	Pondération de la contrepartie
Pondération selon l'approche fondée sur la segmentation du prêt[2]	20%	Pondération de la contrepartie						Pondération de la contrepartie
Immobilier résidentiel producteur de revenu								
Pondération selon l'approche fondée sur le prêt total	30%	35%	45%		60%	75%	105%	150%

Expositions sur l'immobilier commercial			
Immobilier commercial général			
Approche fondée sur le prêt total	*LTV ≤ 60%*	*LTV > 60%*	*Critères non satisfaits*
	Minimum (60 %, pondération de la contrepartie)	Pondération de la contrepartie	Pondération de la contrepartie
Approche fondée sur la segmentation du prêt[2]	*LTV ≤ 55%*	*LTV > 55%*	*Critères non satisfaits*
	Minimum (60 %, pondération de la contrepartie)	Pondération de la contrepartie	Pondération de la contrepartie

Immobilier commercial producteur de revenu				
Approche fondée sur le prêt total	*LTV ≤ 60%*	*60% < LTV ≤ 80%*	*LTV > 80%*	*Critères non satisfaits*
	70%	90%	110%	150%

Expositions sur financements destinés à l'acquisition et à l'aménagement de terrains ainsi qu'à la construction de bâtiments (ADC)	
Prêts aux entreprises/SPV	150%
Prêts ADC résidentiels	100%

Dette subordonnée et actions (hors montants déduits)				
	Dette subordonnée et fonds propres autres que les actions	**Expositions sur actions à certains programmes officiels**	**« Actions non cotées spéculatives »**	**Toute autre exposition en actions**
Pondération	150%	100%	400%	250%

Facteurs de conversion des expositions hors bilan en équivalent-crédit					
	UCC	**Engagements sauf UCC**	**Facilités d'émission d'effets (NIF), facilités de prise ferme renouvelables (RUF) et certaines clauses optionnelles incluses dans les transactions**	**Lettres de crédit commercial à court terme à dénouement automatique liées à des mouvements de marchandises**	**Substituts directs de crédit et autres expositions hors bilan**
CCF	10%	40%	50%	20%	100%

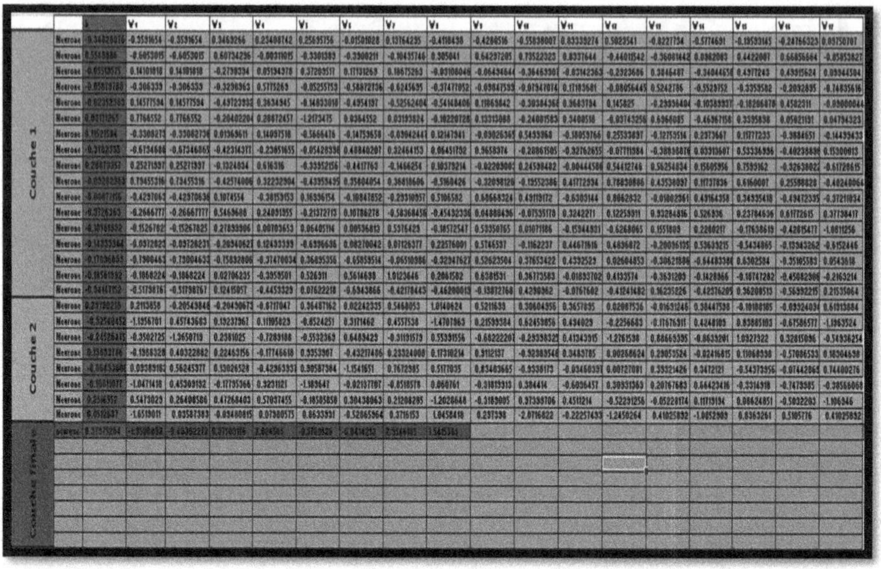

Annexe 3: Tableau résume les différentes valeurs de w et b dans chaque couche après l'entrainement du modèle

```
model.fit(X_train, y_train, epochs=50, validation_data=(X_test, y_test))

Epoch 1/50
89/89 [==============================] - 0s 4ms/step - loss: 0.7130 - accuracy: 0.5227 - val_loss: 0.6641 - val_accuracy: 0.6023
Epoch 2/50
89/89 [==============================] - 0s 3ms/step - loss: 0.6497 - accuracy: 0.6256 - val_loss: 0.6301 - val_accuracy: 0.6591
Epoch 3/50
89/89 [==============================] - 0s 2ms/step - loss: 0.6218 - accuracy: 0.6632 - val_loss: 0.6013 - val_accuracy: 0.7074
Epoch 4/50
89/89 [==============================] - 0s 2ms/step - loss: 0.5978 - accuracy: 0.7057 - val_loss: 0.5822 - val_accuracy: 0.7159
Epoch 5/50
89/89 [==============================] - 0s 2ms/step - loss: 0.5770 - accuracy: 0.7204 - val_loss: 0.5620 - val_accuracy: 0.7188
Epoch 6/50
89/89 [==============================] - 0s 3ms/step - loss: 0.5575 - accuracy: 0.7278 - val_loss: 0.5429 - val_accuracy: 0.7358
Epoch 7/50
89/89 [==============================] - 0s 3ms/step - loss: 0.5382 - accuracy: 0.7397 - val_loss: 0.5306 - val_accuracy: 0.7670
Epoch 8/50
89/89 [==============================] - 0s 2ms/step - loss: 0.5193 - accuracy: 0.7439 - val_loss: 0.5033 - val_accuracy: 0.7699
Epoch 9/50

89/89 [==============================] - 0s 2ms/step - loss: 0.1604 - accuracy: 0.9536 - val_loss: 0.1706 - val_accuracy: 0.9460
[347] Epoch 42/50
89/89 [==============================] - 0s 3ms/step - loss: 0.1573 - accuracy: 0.9557 - val_loss: 0.1613 - val_accuracy: 0.9631
Epoch 43/50
89/89 [==============================] - 0s 3ms/step - loss: 0.1511 - accuracy: 0.9582 - val_loss: 0.1624 - val_accuracy: 0.9517
Epoch 44/50
89/89 [==============================] - 0s 2ms/step - loss: 0.1471 - accuracy: 0.9596 - val_loss: 0.1551 - val_accuracy: 0.9659
Epoch 45/50
89/89 [==============================] - 0s 2ms/step - loss: 0.1427 - accuracy: 0.9564 - val_loss: 0.1467 - val_accuracy: 0.9659
Epoch 46/50
89/89 [==============================] - 0s 3ms/step - loss: 0.1394 - accuracy: 0.9582 - val_loss: 0.1458 - val_accuracy: 0.9688
Epoch 47/50
89/89 [==============================] - 0s 3ms/step - loss: 0.1356 - accuracy: 0.9607 - val_loss: 0.1394 - val_accuracy: 0.9659
Epoch 48/50
89/89 [==============================] - 0s 2ms/step - loss: 0.1319 - accuracy: 0.9607 - val_loss: 0.1365 - val_accuracy: 0.9744
Epoch 49/50
89/89 [==============================] - 0s 2ms/step - loss: 0.1283 - accuracy: 0.9596 - val_loss: 0.1356 - val_accuracy: 0.9602
Epoch 50/50
```

Annexe 2: Illustration du processus d'apprentissage et de détermination des poids

```
import pandas as pd
df = pd.read_csv('test_equilbré.csv',sep=';') #l'importation des donnée
s qui sont séparées par point-virgule
```

Annexe 4: L'importation des données avec le langage PYTHON

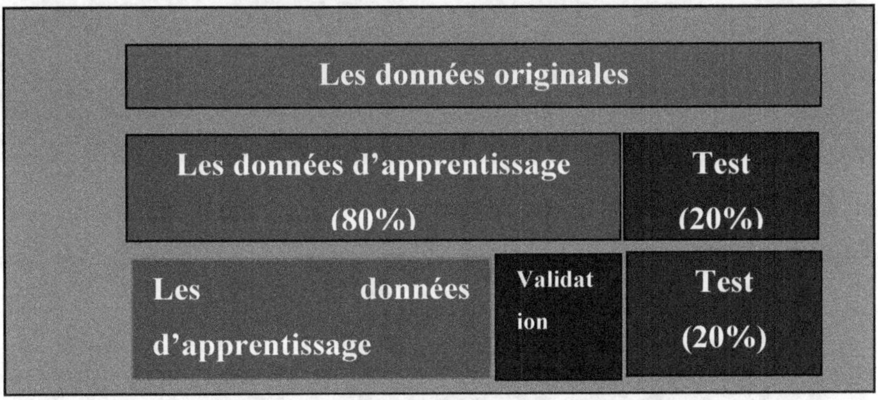

Annexe 7 : La subdivision des données (Source : Auteur)

```
[80] df['NAME_TYPE_SUITE'] = df['NAME_TYPE_SUITE'].fillna(df['NAME_TYPE_SUITE'].mean())

[81] df['OCCUPATION_TYPE'] = df['OCCUPATION_TYPE'].fillna(df['OCCUPATION_TYPE'].mean())
```

Annexe 5 : Remplissage des cases vides par la moyenne des données de la colonne du descripteur (Source : Auteur)

```
print(df.head())
print(df)

   TARGET  NAME_CONTRACT_TYPE  ...  OCCUPATION_TYPE  CNT_FAM_MEMBERS
0       0            0.342943  ...        -0.992495        -0.264595
1       0           -2.915939  ...        -0.736000        -1.348880
2       0            0.342943  ...        -0.736000        -0.264595
3       0            0.342943  ...        -0.992495        -1.348880
4       0            0.342943  ...        -0.736000        -0.264595

[5 rows x 17 columns]
      TARGET  NAME_CONTRACT_TYPE  ...  OCCUPATION_TYPE  CNT_FAM_MEMBERS
0          0            0.342943  ...        -0.992495        -0.264595
1          0           -2.915939  ...        -0.736000        -1.348880
2          0            0.342943  ...        -0.736000        -0.264595
3          0            0.342943  ...        -0.992495        -1.348880
4          0            0.342943  ...        -0.736000        -0.264595
...      ...                 ...  ...              ...              ...
3511       0           -2.915939  ...        -0.736000        -1.348880
3512       0           -2.915939  ...         0.289979         0.819690
3513       0            0.342943  ...        -0.736000        -0.264595
3514       0            0.342943  ...        -0.736000         1.903975
3515       0            0.342943  ...        -0.736000        -0.264595

[3516 rows x 17 columns]
```

Annexe 6 : Un aperçu sur la base de données utilisée (Source : Auteur)

```
[27] from sklearn import preprocessing
     df_scaled = preprocessing.scale(df)
     df_scaled = pd.DataFrame(df_scaled, columns=df.columns)
     df_scaled['TARGET'] = df['TARGET']
     df = df_scaled
```

```
print(df.describe().loc[['mean', 'std','max'],].round(2).abs())
```

```
      SK_ID_CURR  TARGET  ...  OCCUPATION_TYPE  CNT_FAM_MEMBERS
mean        0.00     0.5  ...             0.00              0.0
std         1.00     0.5  ...             1.00              1.0
max         2.22     1.0  ...             2.81              4.0
```

Annexe 11 : La normalisation des données (Source : Auteur)

```
print(df.isnull().any())
```

```
SK_ID_CURR               False
TARGET                   False
NAME_CONTRACT_TYPE       False
CODE_GENDER              False
FLAG_OWN_CAR             False
FLAG_OWN_REALTY          False
CNT_CHILDREN             False
AMT_INCOME_TOTAL         False
AMT_CREDIT               False
AMT_ANNUITY              False
AMT_GOODS_PRICE          False
NAME_TYPE_SUITE           True
NAME_INCOME_TYPE         False
NAME_EDUCATION_TYPE      False
NAME_FAMILY_STATUS       False
NAME_HOUSING_TYPE        False
DAYS_BIRTH               False
DAYS_EMPLOYED            False
DAYS_REGISTRATION        False
OCCUPATION_TYPE           True
CNT_FAM_MEMBERS          False
ORGANIZATION_TYPE        False
dtype: bool
```

Annexe 10 : Les descripteurs qui ont des cases vides Source (Auteur)

```
print("Number of rows with 0 values for each variable")
for col in df.columns:
  missing_rows = df.loc[df[col]==0].shape[0]
  print(col + ": " + str(missing_rows))
```

```
Number of rows with 0 values for each variable
SK_ID_CURR: 0
TARGET: 213
NAME_CONTRACT_TYPE: 0
CODE_GENDER: 0
FLAG_OWN_CAR: 0
FLAG_OWN_REALTY: 0
CNT_CHILDREN: 291
AMT_INCOME_TOTAL: 0
AMT_CREDIT: 0
AMT_ANNUITY: 0
AMT_GOODS_PRICE: 0
NAME_TYPE_SUITE: 0
NAME_INCOME_TYPE: 0
NAME_EDUCATION_TYPE: 0
NAME_FAMILY_STATUS: 0
NAME_HOUSING_TYPE: 0
DAYS_BIRTH: 0
DAYS_EMPLOYED: 0
DAYS_REGISTRATION: 0
OCCUPATION_TYPE: 0
```

Annexe 9 : Les cases qui contienn (source : Auteur)

```
print(df.describe().loc[['mean', 'std','max'],].round(2).abs())
```

```
      SK_ID_CURR  TARGET  ...  DAYS_REGISTRATION  CNT_FAM_MEMBERS
mean   100935.35     0.5  ...            4602.08             2.16
std      1054.95     0.5  ...            3214.51             0.96
max    103270.00     1.0  ...              23.00             6.00
```

Annexe 8 : Résumé des données statistiques de notre base de données (Source : Aute

```
from sklearn.model_selection import train_test_split
X = df.loc[:, df.columns != 'TARGET']
y = df.loc[:, 'TARGET']

[30] X_train, X_test, y_train, y_test = train_test_split(X, y, test_size=0.2)

[31] X_train, X_val, y_train, y_val = train_test_split(X_train, y_train,test_size=0.2)
```

Annexe 12 : La subdivision des données en données d'apprentissage et de test (Source : Auteur)

Pour le λ_i^* nous avons obtenu les valeurs suivantes réparties sur les 2 classes et qui représentent le résultat du produit suivant $\lambda_i^*.y_i$:

**[[-0.81530162 -1. -1. -0.76867777 -0.56952013 -1.
-0.76138515 -1. -0.54242039 -1. -0.39462369 -1.
-1. -1. -1. -0.53364715 -1. -0.92598271
-1. -1. -1. -0.18292871 -1. -1.
-0.00349934 -1. -1. -1. -1. -0.92564526
-0.78218079 -1. -1. -1. -0.93175232 -0.40146393
-1. -0.75508634 -1. -1. -1. -1.
-0.98853727 -1. -0.98899493 -1. -0.92577474 -1.
-1. -1. -1. -0.70076905 -0.08609335 -0.92575191
-1. -0.88383939 -1. -1. -1. -1.
-1. -1. -0.04928999 -1. -1. -1.
-0.92526538 -0.37514962 -0.55586099 -1. -1. -1.
-1. -0.92568598 -0.9254954 -0.9257556 -0.66981972 -0.07806514
-1. -1. -0.82983715 -1. -0.26994712 -1.
-1. -1. -1. -1. -1. -1.
-0.92517686 -0.9251871 -1. -0.92519983 -1. -1.
-0.92566591 -1. -0.88374447 -0.9257148 -0.92578809 -1.
-1. -0.92526606 -1. -1. -1. -0.92568496
-0.40083956 -1. -0.87254116 -1. -0.14749924 -0.92563917
-1. -1. -0.94758661 -1. -0.59221511 -1.
-0.92562591 -0.07651578 -0.92573516 -0.06781009 -1. -0.07637042
-0.91648704 -0.35405954 -0.92526993 -0.49888653 -0.88155937 -1.
-0.9454859 -0.92596252 -1. -0.92421966 -1. -1.
-1. -0.74299374 -0.92567338 -1. -0.92829658 -1.
-0.90273226 -1. -0.92526606 -0.92549828 -0.8793001 -1.
-1. -0.89293282 -0.08086274 -1. -0.89786248 -1.
-0.13009249 -0.76186109 -0.54886122 -1. -0.99261386 -0.99853259
-1. -1. -0.92579042 -1. -1. -1.
-0.92552509 -0.92519469 -0.92574402 -1. -0.92612664 -0.99688337
-1. -0.92527719 -1. -1. -0.92580098 -1.
-1. -0.92551996 -0.92601283 -0.92517686 -1. -1.
-0.88667609 -0.92563508 -0.00954185 -0.96768879 -0.0055723 -1.
-0.92571882 -0.9716933 -0.98949217 -0.98517977 -1. -1.**

-0.12914573 -0.92579872 -0.9347204 -0.925631 -0.92587767 -0.92545725
-1. -1. -1. -0.24281611 -1. -0.92526676
-0.92526019 -0.92714114 -0.99936245 -1. -0.92576452 -1.
-0.56969367 -0.92575559 -0.78133155 -0.98040443 -0.92566768 -0.92638466
-1. -0.99910157 -0.92519874 -0.74545658 -0.94395969 -0.92567345
-0.93540916 -0.92564823 -0.92559706 -0.9161455 -0.92394028 -0.92568606
-0.89307443 -1. -0.92572952 -0.99816222 -0.92570848 -1.
-0.82784212 -0.77404726 -1. -0.82856458 -1. -0.9928774
-0.6781235 -0.92552543 -0.92571659 -0.92544786 -0.20063136 -0.88196438
-0.92567773 -1. -0.91613605 -1. -0.92571882 -0.92567638
-0.6307993 -0.87722617 -0.92518328 -0.92567004 -0.92552338 -0.93842377
-1. -0.92542501 -0.9257718 -0.99939249 -0.9256522 -0.92614639
-1.] [1. 1. 1. 0.97456092 0.89871708
1. 1. 1. 1. 1. 1.
1. 1. 1. 1. 1. 1.
0.47889467 1. 1. 0.00244978 1. 1.
1. 0.54272573 1. 0.29903193 1. 1.
1. 1. 0.63695352 0.92355525 1. 1.
0.62521555 1. 1. 1. 1. 1.
1. 1. 1. 1. 0.9277651 1.
1. 1. 1. 1. 1. 1.
0.1136995 0.55455467 1. 1. 1. 1.
0.09848182 0.53693563 1. 1. 1. 1.
1. 1. 1. 1. 1. 0.27946941
1. 1. 1. 0.54334345 1. 1.
1. 0.7449298 1. 1. 1. 0.05095227
0.07424673 1. 1. 0.26198416 1. 1.
1. 1. 1. 0.12808583 0.07431057 1.
1. 1. 1. 0.30839221 0.027366 1.
1. 0.11461387 1. 0.09909434 0.08030737 1.
0.13804535 0.1007994 0.85956095 1. 0.07477483 0.07558848
0.1324049 0.18239476 0.94619419 0.99881445 0.0740172 1.
1. 0.73622686 0.12791455 0.96018659 0.53951333 0.85809137
1. 0.61255673 0.10283748 0.10410457 0.42486389 0.08425808
0.07860235 0.07429693 0.12753964 0.97370665 0.44544533 0.10414982
1. 0.07551233 0.87185047 0.99260002 0.16912124 0.93708385
0.14313272 0.07762289 0.10785106 1. 0.10834766 0.92709463

**0.94639973 0.93900854 0.97009826 0.98454956 0.99211002 1.
1. 0.5247145 0.94682142 1. 0.609505 0.87375863
0.92849277 1. 0.2600743 0.87656437 1. 0.07436713
1. 0.11965106 0.21310871 0.99461428 0.95467434 0.83357088
0.07471197 0.07666159 1. 0.96993558 0.94233238 1.
1. 0.96681912 0.13118733 0.07029022 0.10835162 0.66256172
1. 0.98505819 1. 0.07538765 0.07442644 0.05191244
0.45444181 0.39973843 1. 1. 0.97142702 0.61917366
0.73272703 0.96622536 0.96621178 0.10971362 0.41652193 0.1098797
0.91591418 0.99584958 0.23182736 1. 0.11073117 0.96050093
1. 0.14963619 0.12095538 0.96175364 0.99480613 0.98719675
0.12538004 1. 0.0777957 0.99694965 0.98941446 0.99462573
0.90828062 0.12820057 0.20250658 0.99462607 1. 0.13712566
0.07498274 0.97030358 0.96473097 0.81761801 0.93798856 0.99454079
0.13114944 0.9488268 0.07436017 0.11636933 0.79537984 0.07428519
0.99653085 0.49322445 0.40727357 0.93769752 0.07820325 1.
0.96598683 0.19543625 0.93293503 0.99539346 0.99587916 0.11456132
0.34194996 0.13298154 0.45408577 0.25952012 0.99614284 0.97523566
0.6624336 0.84173904 0.95335967 0.94314487 0.37875649 0.63118443
0.32246842 0.82963414 0.81960388 1. 0.98262517 0.90097401
1. 0.94173406 0.07905202 0.54834903 0.8174832 0.99094552
0.70539167 0.98307992 0.79527914 0.13178389 0.96453007 0.93779283
0.99104862 0.99480163 0.94305157 0.94249128 0.07475525 1.
0.86897133 0.99936245 1. 0.38582914 0.41661174 0.46444351
0.92710455 0.45348586 0.96616476 0.97580011 1. 0.90938671
0.11681247 0.99878784 1. 0.9988526 0.0432704 0.73131729
1. 1. 1. 0.96017194 0.85185126 0.48906907
0.91830685 0.05689814 0.99945102 0.97936224 0.85533729 0.94604752
0.90770214 0.81650821 0.89909598 0.99112564 0.95806912 0.99459125
0.95744882 0.83880511 0.96384052 1.]]**

Annexe 13 : Les valeurs de λ_i(RBF-SVM)

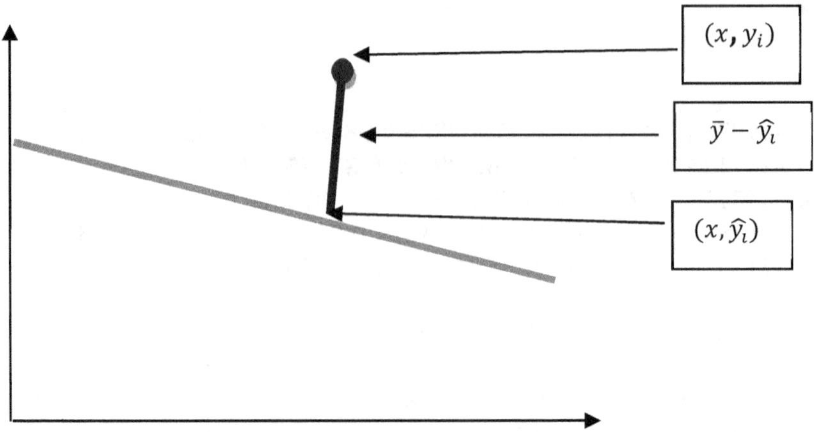

Annexe 14 : Fonction D'erreur R-Square

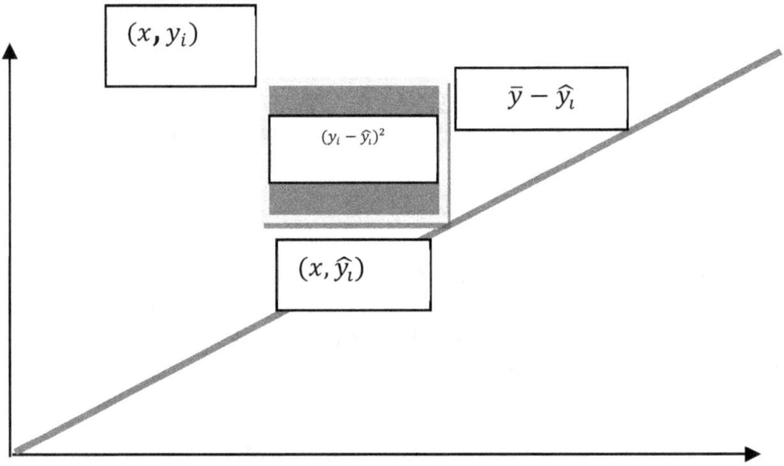

Annexe 15 : Fonction d'erreur MSE

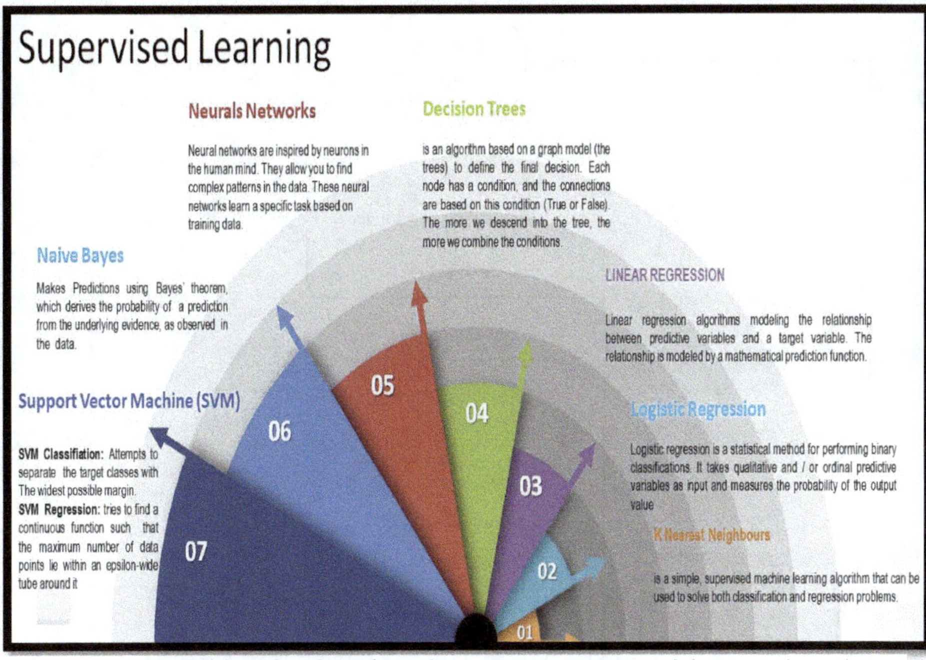

Annexe 16 : Schéma des algorithmes à apprentissage supervisé (source : Auteur)

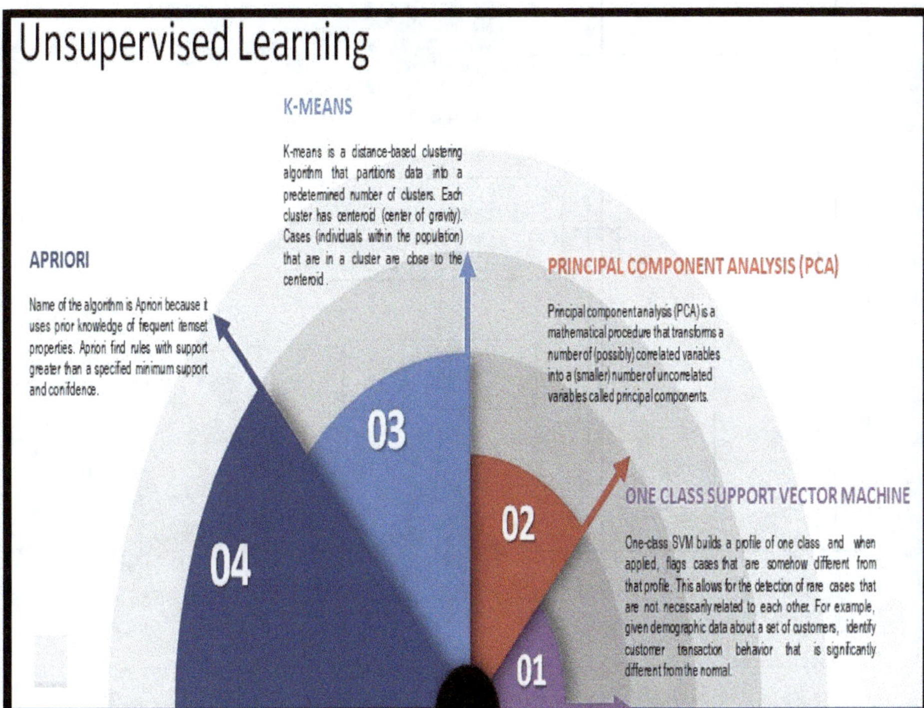

Annexe 17 : Schéma des algorithmes à apprentissage non supervise (source : Auteur)

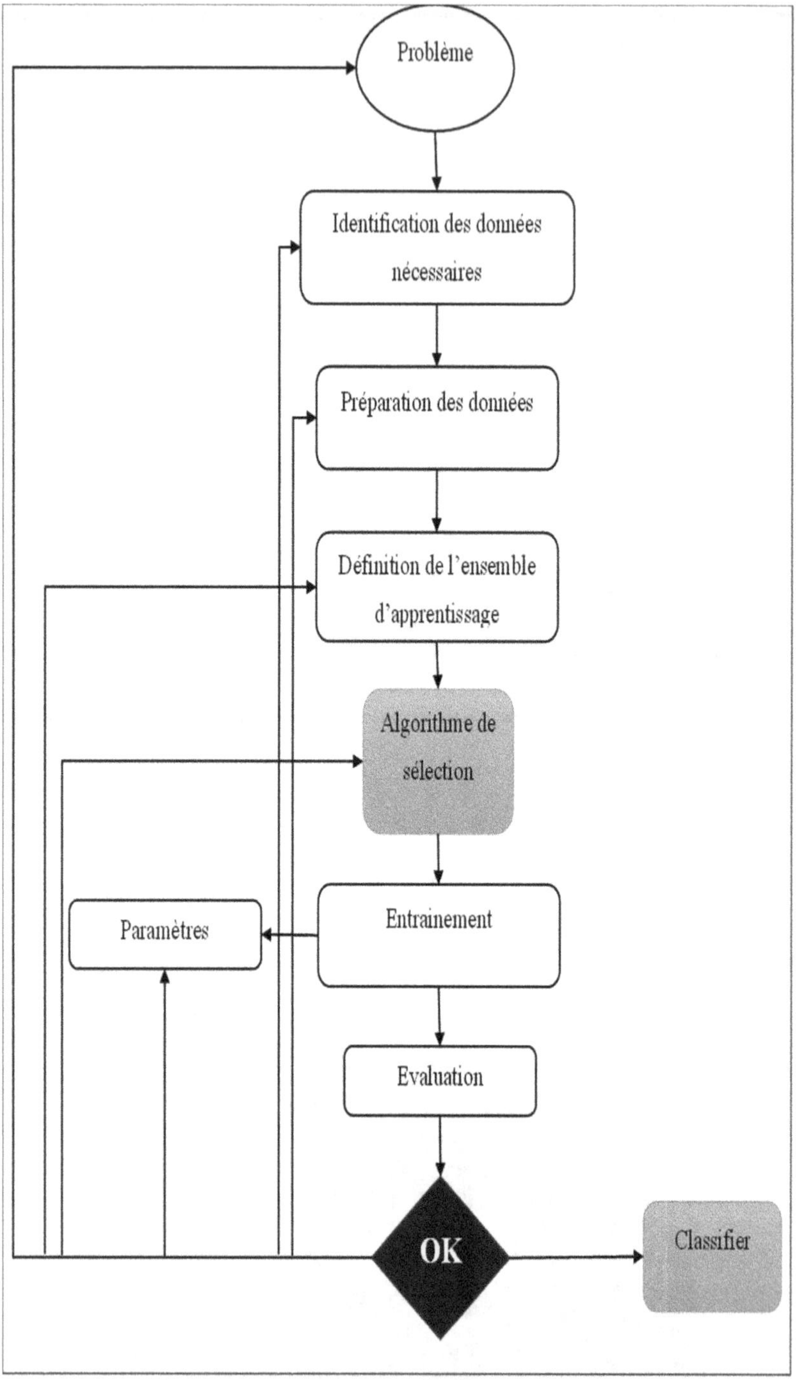

Annexe 18 : Algorithme d'apprentissage supervisé

$$\ln(\mathcal{L}(\beta)) = \sum_{i=1}^{n} y_i \ln(P_i) + (1 - y_i)\ln(1 - P_i)$$

$$\ln(\mathcal{L}(\beta)) = \sum_{i=1}^{n} y_i \ln\left(\frac{e^{\beta_0+\beta_1 x_{ij}}}{1 + e^{\beta_0+\beta_1 x_{ij}}}\right) + (1 - y_i)\ln\left(1 - \left(\frac{e^{\beta_0+\beta_1 x_{ij}}}{1 + e^{\beta_0+\beta_1 x_{ij}}}\right)\right)$$

$$\ln(\mathcal{L}(\beta)) = \sum_{i=1}^{n} y_i \ln\left(\frac{e^{\beta_0+\beta_1 x_{ij}}}{1 + e^{\beta_0+\beta_1 x_{ij}}}\right) + \left(\ln\left(1 - \left(\frac{e^{\beta_0+\beta_1 x_{ij}}}{1 + e^{\beta_0+\beta_1 x_{ij}}}\right)\right) - y_i \ln\left(1 - \left(\frac{e^{\beta_0+\beta_1 x_{ij}}}{1 + e^{\beta_0+\beta_1 x_{ij}}}\right)\right)\right)$$

$$\ln(\mathcal{L}(\beta)) = \sum_{i=1}^{n} y_i \ln\left(\frac{e^{\beta_0+\beta_1 x_{ij}}}{1 + e^{\beta_0+\beta_1 x_{ij}}}\right) + \left(\ln\left(\left(\frac{1 + e^{\beta_0+\beta_1 x_{ij}} - e^{\beta_0+\beta_1 x_{ij}}}{1 + e^{\beta_0+\beta_1 x_{ij}}}\right)\right) - y_i \ln\left(\left(\frac{1 + e^{\beta_0+\beta_1 x_{ij}} - e^{\beta_0+\beta_1 x_{ij}}}{1 + e^{\beta_0+\beta_1 x_{ij}}}\right)\right)\right)$$

$$\ln(\mathcal{L}(\beta)) = \sum_{i=1}^{n} y_i \ln\left(\frac{e^{\beta_0+\beta_1 x_{ij}}}{1 + e^{\beta_0+\beta_1 x_{ij}}}\right) + \ln\left(\frac{1}{1 + e^{\beta_0+\beta_1 x_{ij}}}\right) - y_i \ln\left(\frac{1}{1 + e^{\beta_0+\beta_1 x_{ij}}}\right)$$

$$\ln\big(\mathcal{L}(\beta)\big) = \sum_{i=1}^{n} y_i(\ln\left(e^{\beta_0+\beta_1 x_{ij}}\right) - \ln(1 + e^{\beta_0+\beta_1 x_{ij}})) + \ln\left(\frac{1}{1 + e^{\beta_0+\beta_1 x_{ij}}}\right) - y_i(\ln(1) - \ln(1 + e^{\beta_0+\beta_1 x_{ij}}))$$

$$\ln\big(\mathcal{L}(\beta)\big) = \sum_{i=1}^{n} y_i \ln\left(e^{\beta_0+\beta_1 x_{ij}}\right) - y_i \ln(1 + e^{\beta_0+\beta_1 x_{ij}}) - \ln(1 + e^{\beta_0+\beta_1 x_{ij}}) + y_i \ln(1$$

Annexe 19 : Simplification par log-vraisemblance

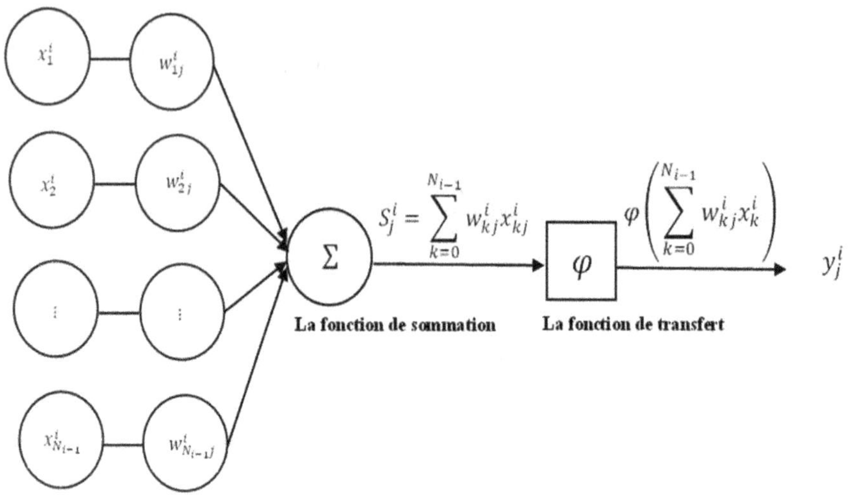

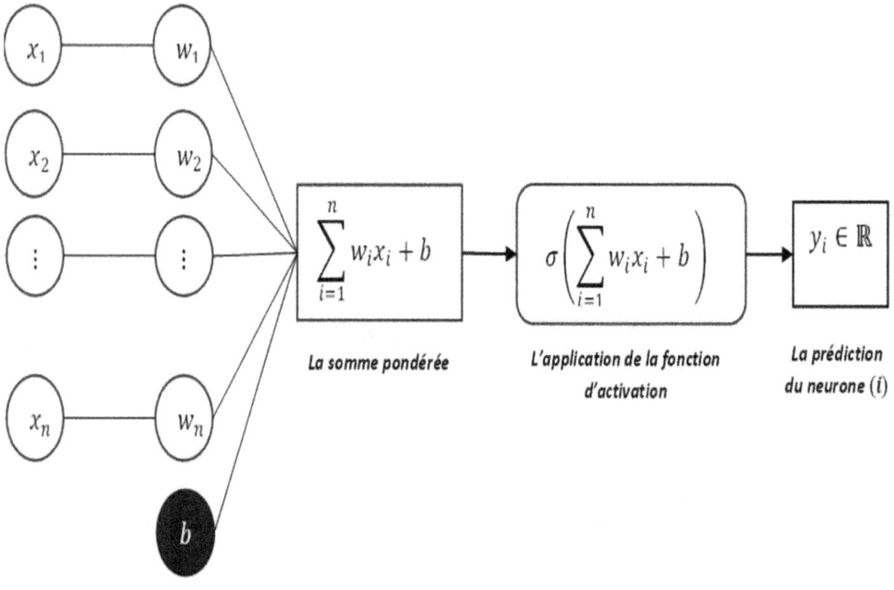

Annexe 20 : Représentation mathématique d'un réseau de neurones

Annexe 21 : Tableau des fonctions d'activation

<table>
<tr><th>L'intitulé de la fonction</th><th>La fonction</th><th>La représentation graphique</th></tr>
<tr><td>Sigmoïde</td><td>$\sigma(x) = \frac{1}{1+e^{-x}}$</td><td>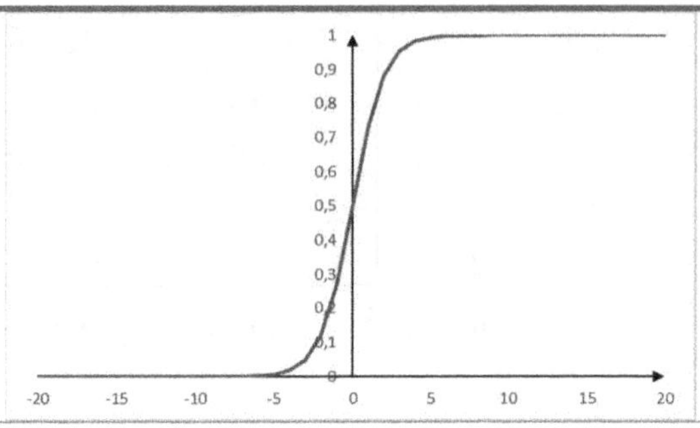
</td></tr>
<tr><td>Tangent hyperbolique</td><td>$Tanh(x) = \frac{e^{x}-e^{-x}}{e^{x}+e^{-x}}$</td><td>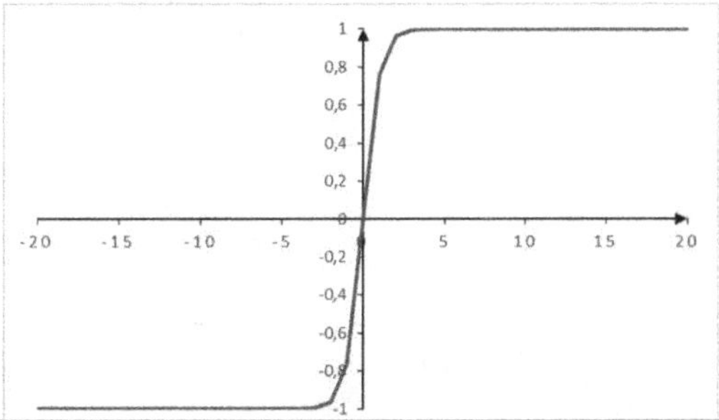
</td></tr>
<tr><td>Relu</td><td>$ReLu = Max(0,x)$</td><td>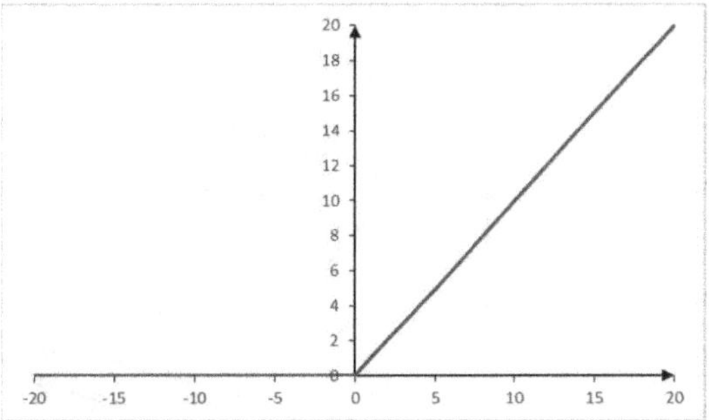
</td></tr>
</table>

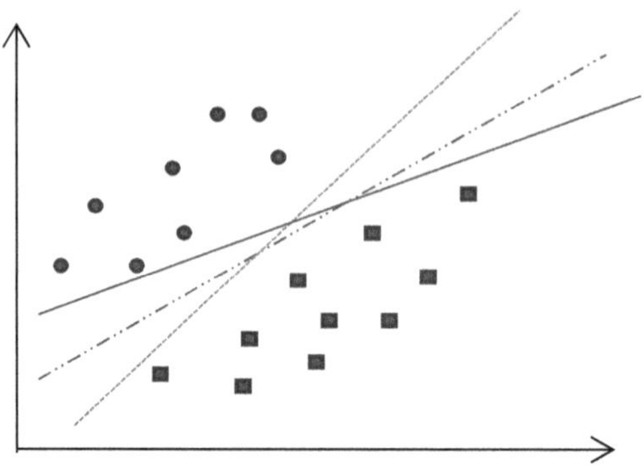

Annexe 22 : Les différents séparateurs de données possibles

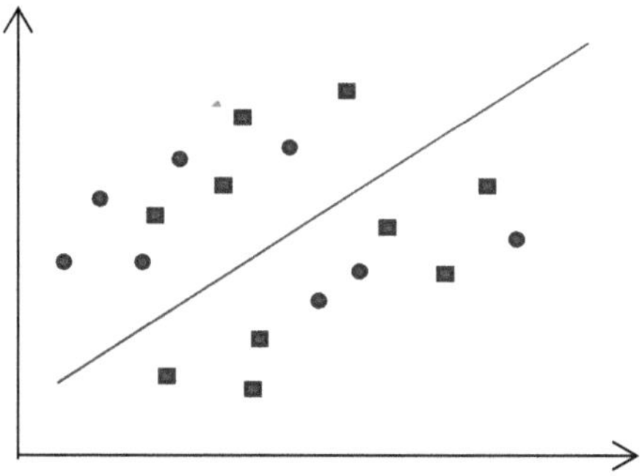

Annexe 23 : Problème non séparable linéairement

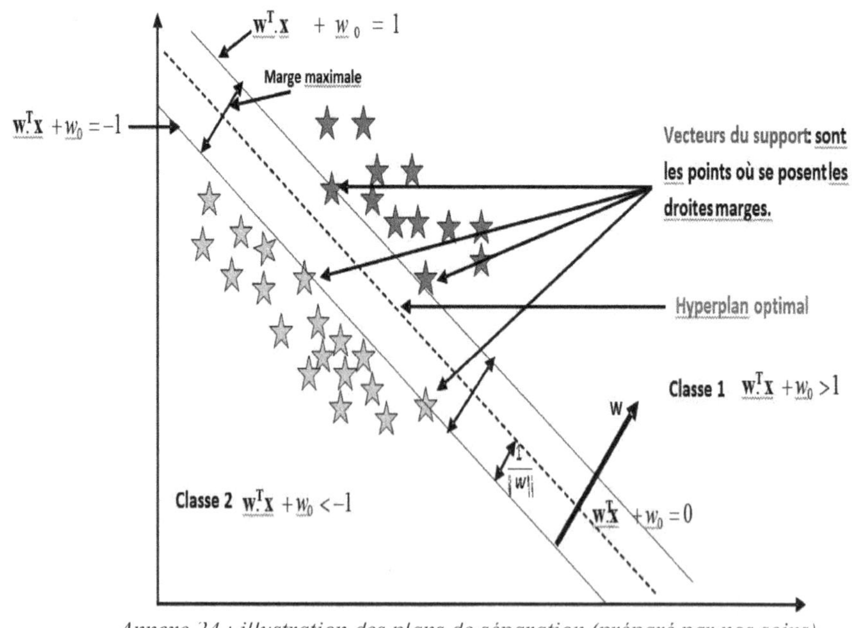

Annexe 24 : illustration des plans de séparation (préparé par nos soins)

1ére Condition :

Nous avons que : $\ln(\mathcal{L}(\beta)) = \sum_{i=1}^{n} y_i \ln(P_i) + (1-y_i)\ln(1-P_i)$

$$\frac{\partial \ln(\mathcal{L}(\beta))}{\partial \beta} = \frac{\partial(\sum_{i=1}^{n} y_i \ln(P_i) + (1-y_i)\ln(1-P_i))}{\partial \beta}$$

Nous avons que : $P_i = \frac{e^{\beta_0+\beta_1 x_{ij}}}{1+e^{\beta_0+\beta_1 x_{ij}}}$

Alors que : $\frac{\partial P_i}{\partial \beta_0} = P_i(1-P_i)$

$$\frac{\partial P_i}{\partial \beta_1} = x_{ij} P_i(1-P_i)$$

Donc la dérivée première par rapport à β_0 :

$$\frac{\partial \ln(\mathcal{L}(\beta))}{\partial \beta_0} = y_i \frac{P_i(1-P_i)}{P_i} - (1-y_i)\frac{P_i(1-P_i)}{1-P_i}$$

$$= y_i \frac{P_i(1-P_i)}{P_i} - \frac{P_i(1-P_i)}{1-P_i} + y_i \frac{P_i(1-P_i)}{1-P_i} = y_i(1-P_i) - P_i + y_i P_i$$

$$= y_i - y_i P_i - P_i + y_i P_i$$

$$\frac{\partial \ln(\mathcal{L}(\beta))}{\partial \beta_0} = y_i - P_i$$

La dérivée première par rapport à β_1 :

$$\frac{\partial \ln(\mathcal{L}(\beta))}{\partial \beta_1} = x_{ij}(y_i - P_i)$$

Donc on peut écrire l'équation de la vraisemblance comme suit :

$$\begin{cases} \dfrac{\partial \ln(\mathcal{L}(\beta))}{\partial \beta_0} = \sum_{i=1}^{n} (y_i - P_i) = 0 \\ \dfrac{\partial \ln(\mathcal{L}(\beta))}{\partial \beta_1} = \sum_{i=1}^{n} \{x_{ij}(y_i - P_i)\} = 0 \end{cases}$$

2éme Condition :

$$\frac{\partial^2 \ln(\mathcal{L}(\beta))}{\partial^2 \beta_0} = -\sum_{i=1}^{n} P_i(1-P_i) < 0$$

$$\frac{\partial^2 \ln(\mathcal{L}(\beta))}{\partial^2 \beta_1} = -\sum_{i=1}^{n} x_{ij}{}^2 P_i(1-P_i) < 0$$

$$\frac{\partial^2 \ln(\mathcal{L}(\beta))}{\partial \beta_0\, \partial \beta_1} = -\sum_{i=1}^{n} x_{ij} P_i(1-P_i) < 0$$

$$\frac{\partial^2 \ln(\mathcal{L}(\beta))}{\partial \beta_1\, \partial \beta_0} = -\sum_{i=1}^{n} x_{ij} P_i(1-P_i) < 0$$

Annexe 25 : 2 conditions pour optimisation de la fonction de vraisemblance

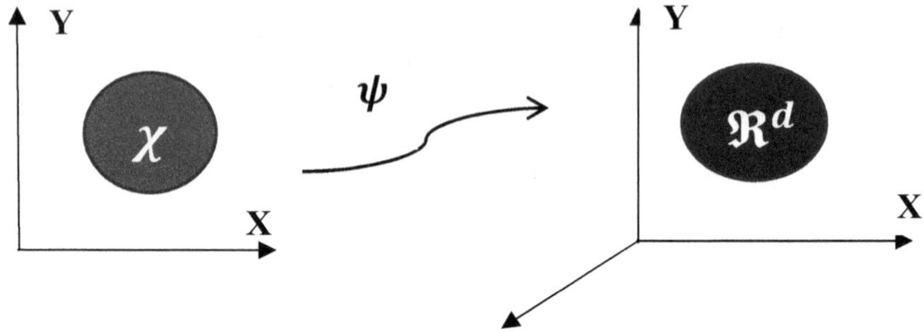

Annexe 26 : transformation des données

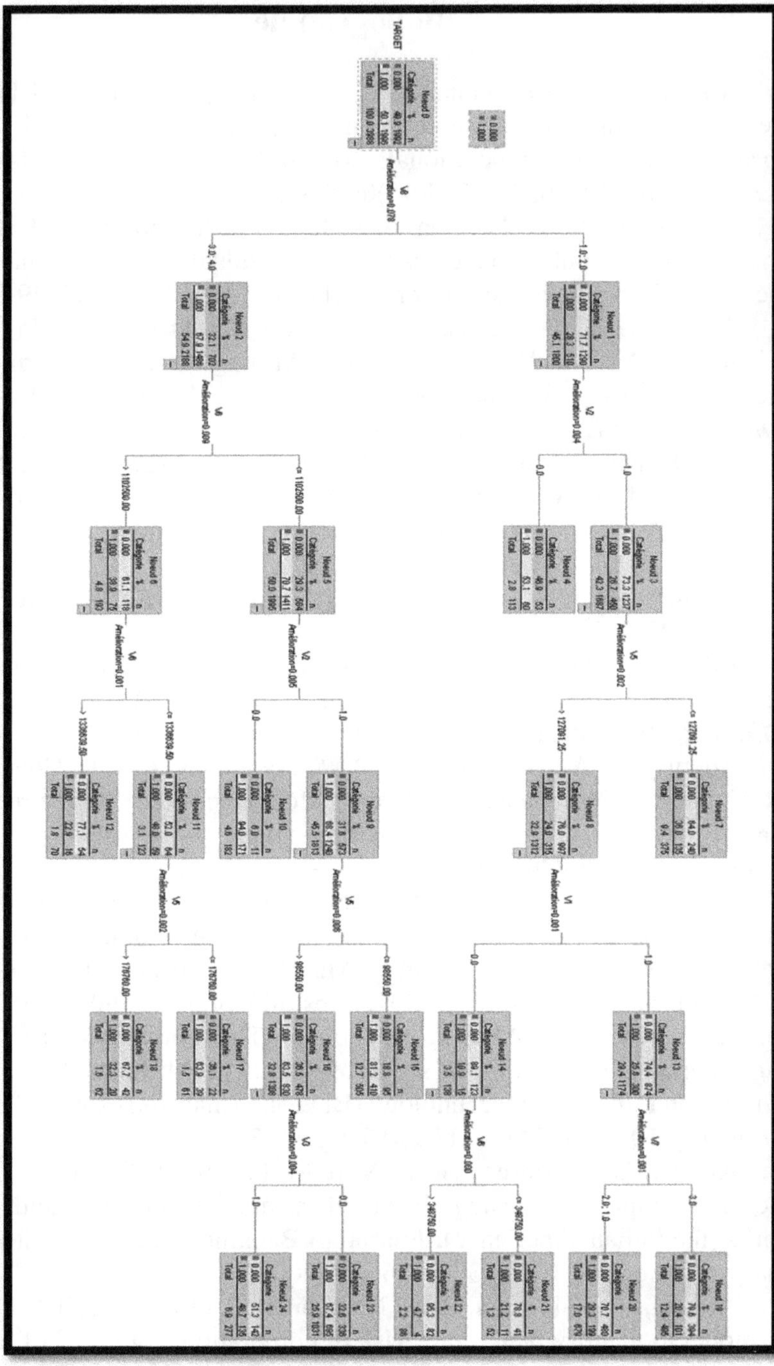

Annexe 27: AD de type CART (Sous SPSS) (Source : auteur)

Bibliographie

1. A.I. Dimitras, S.H. Zanakis, C. Zopounidis, “A survey of business failures with an emphasis on prediction methods and industrial applications”, European Journal of Operational Research, Volume 90, Issue 3, https://doi.org/10.1016/0377-2217(95)00070-4
2. Abdou, H. A., & Pointon, J. (2009). Credit scoring and decision making in Egyptian public sector banks. International Journal of Managerial Finance, 5(4), 391-406. https://doi.org/10.1108/17439130910987549
3. Aboobyda, J. H., & Tarig, A. M. (2016). Developing Prediction Model of Loan Risk in Banks Using Data Mining. Machine Learning and Applications: An International Journal (MLAIJ), 3(1), 1-9. https://doi.org/10.5121/mlaij.2016.3101
4. Abu-Srhan, A., Alhammad, B., Al, S., & Al-Sayyed, R. (2019). Visualization and Analysis in Bank Direct Marketing Prediction. International Journal of Advanced Computer Science and Applications, 10(7). https://doi.org/10.14569/IJACSA.2019.0100785
5. Achnit, M. (s. d.). CALCUL DES PROVISIONS SOUS LES NORMES IFRS.9. 109.
6. Addo, P., Guegan, D., & Hassani, B. (2018). Credit Risk Analysis Using Machine and Deep Learning Models. Risks, 6(2), 38. https://doi.org/10.3390/risks6020038
7. Adebiyi, A. A., Adewumi, A. O., & Ayo, C. K. (2014). Comparison of ARIMA and Artificial Neural Networks Models for Stock Price Prediction. Journal of Applied Mathematics, 2014, 1-7. https://doi.org/10.1155/2014/614342
8. Adriaans, P., & Zantinge, D. (2009). Data mining. Pearson Education.
9. Alfonso, G., & Ramirez, D. R. (2020). A Nonlinear Technical Indicator Selection Approach for Stock Markets. Application to the Chinese Stock Market. Mathematics, 8(8), 1301. https://doi.org/10.3390/math8081301
10. Almoqren, N., & Altayar, M. (2016a). The motivations for big data mining technologies adoption in saudi banks. 2016 4th Saudi International Conference on Information Technology (Big Data Analysis) (KACSTIT), 1-8. https://doi.org/10.1109/KACSTIT.2016.7756075
11. Altman, E. I., Marco, G., & Varetto, F. (1994). Corporate distress diagnosis: Comparisons using linear discriminant analysis and neural networks (the Italian experience). Journal of Banking & Finance, 18(3), 505-529. https://doi.org/10.1016/0378-4266(94)90007-8
12. Altman, E., Haldeman, R., & Narayaman,P. (1977). “ZETA analysis: a new model to identify bankruptcy risk of corporations”, Journal of banking and finance, vol 1, pp.29-51. https://doi.org/10.1016/0378-4266(77)90017-6

13. Alzeaideen, K. (2019). Credit risk management and business intelligence approach of the banking sector in Jordan. Cogent Business & Management, 6(1). https://doi.org/10.1080/23311975.2019.1675455

14. Amzile, K., & Amzile, R. (2021). Using SVM for Smart Direct Marketing (SDM): A case of predicting bank customers interested in the Term Deposits. International Journal of Accounting, Finance, Auditing, Management and Economics, 2(5), 525-537. Retrieved from https://www.ijafame.org/index.php/ijafame/article/view/366/294

15. AMZILE, K., & Benbachir Saâd. (2017). L'application des techniques du Data Mining dans la gestion des risques financiers et assurantiels [Mémoire Master]. Université Mohammed V.

16. Angelini, E., di Tollo, G., & Roli, A. (2008). A neural network approach for credit risk evaluation. The Quarterly Review of Economics and Finance, 48(4), 733-755. https://doi.org/10.1016/j.qref.2007.04.001

17. Anggoro, D. A. (2020). The Implementation of Subspace Outlier Detection in K-Nearest Neighbors to Improve Accuracy in Bank Marketing Data. International Journal of Emerging Trends in Engineering Research, 8(2), 545-550. https://doi.org/10.30534/ijeter/2020/44822020

18. Ariyo, A. A., Adewumi, A. O., & Ayo, C. K. (2014). Stock Price Prediction Using the ARIMA Model. 2014 UKSim-AMSS 16th International Conference on Computer Modelling and Simulation, 106-112. https://doi.org/10.1109/UKSim.2014.67

19. Asare-Frempong, J., & Jayabalan, M. (2017). Predicting customer response to bank direct telemarketing campaign. 2017 International Conference on Engineering Technology and Technopreneurship (ICE2T), 1-4. https://doi.org/10.1109/ICE2T.2017.8215961

20. Ayyadevara, V Kishore. (2019). Neural Networks with Keras Cookbook (Packt Publishing).

21. Baesens, B., Van Gestel, T., Viaene, S., Stepanova, M., Suykens, J., & Vanthienen, J. (2003). Benchmarking state-of-the-art classification algorithms for credit scoring. Journal of the Operational Research Society, 54(6), 627-635. https://doi.org/10.1057/palgrave.jors.2601545

22. Baesens, B., Van Gestel, T., Viaene, S., Stepanova, M., Suykens, J., & Vanthienen, J. (2003). Benchmarking state-of-the-art classification algorithms for credit scoring. Journal of the Operational Research Society, 54(6), 627-635. https://doi.org/10.1057/palgrave.jors.2601545

23. Bâle III : finalisation des réformes de l'après-crise. (s. d.). 177.

24. Bassey, P. (2019). Logistic Regression Vs Support Vector Machines (SVM). Retrieved from https://medium.com/axum-labs/logistic-regression-vs-support-vector-machines-svm-c335610a3d16

25. Bekhet, H. A., & Eletter, S. F. K. (2014a). Credit risk assessment model for Jordanian commercial banks : Neural scoring approach. Review of Development Finance, 4(1), 20-28. https://doi.org/10.1016/j.rdf.2014.03.002

26. Bellotti, T., & Crook, J. (2009). Support vector machines for credit scoring and discovery of significant features. Expert Systems with Applications, 36(2), 3302-3308. https://doi.org/10.1016/j.eswa.2008.01.005

27. Benbachir, S., & Habachi, M. (2018). Assessing the Impact of Modelling on the Expected Credit Loss (ECL) of a Portfolio of Small and Medium-sized Enterprises. Universal Journal of Management, 6(10), 409-431. https://doi.org/10.13189/ujm.2018.061005

28. Benchicou, Y. (s. d.). Nouvelle réglementation prudentielle : Quel impact sur la performance des banques marocaines ? 119.

29. Benslama, M. L. (s. d.). Préparé par : Mme Salma BELABBES M Yahya FIRDAOUSSI. 86.

30. Benth, F. E., Dimakos, X. K., & Aas, K. (s. d.). Thesis committee : Christian Genest, Université Laval Mark Salmon, University of Warwick Nils Lid Hjort, University of Oslo. 164.

31. Bequé, A., & Lessmann, S. (2017). Extreme learning machines for credit scoring : An empirical evaluation. Expert Systems with Applications, 86, 42-53. https://doi.org/10.1016/j.eswa.2017.05.050

32. Bewick, V., Cheek, L., & Ball, J. (2004). Statistics review 13: Receiver operating characteristic curves. Critical Care, 8, 508. https://doi.org/10.1186/cc3000

33. Beytollahi, A., & Zeinali, H. (2020). Comparing Prediction Power of Artificial Neural Networks Compound Models in Predicting Credit Default Swap Prices through Black–Scholes–Merton Model. 13(1), 25.

34. Bhattacharjee, B., Sridhar, A., & Shafi, M. (s. d.). An artificial neural network-based ensemble model for credit risk assessment and deployment as a graphical user interface.

35. Blanco, A., Pino-Mejías, R., Lara, J., & Rayo, S. (2013a). Credit scoring models for the microfinance industry using neural networks : Evidence from Peru. Expert Systems with Applications, 40(1), 356-364. https://doi.org/10.1016/j.eswa.2012.07.051

36. Bodin, A., & Recher, F. (s. d.). M AT H É M AT I Q U E S (S I M P L E S) DES RÉSEAUX DE NEURONES (PAS TROP COMPLIQUÉS). 281.

37. Borg, A., & Boldt, M. (2020). Using VADER sentiment and SVM for predicting customer response sentiment. Expert Systems with Applications, 162, 113746. https://doi.org/10.1016/j.eswa.2020.113746

38. Bose, I., & Chen, X. (2009). Quantitative models for direct marketing : A review from systems perspective. European Journal of Operational Research, 195(1), 1-16. https://doi.org/10.1016/j.ejor.2008.04.006

39. Bouaziz, M. (s. d.). Réseaux de neurones récurrents pour la classification de séquences dans des flux audiovisuels parallèles. 163.

40. Bourgeois, É. (2011). Chapitre 1. Les théories de l'apprentissage : Un peu d'histoire... In É. Bourgeois & G. Chapelle, Apprendre et faire apprendre

(2e éd., p. 23). Presses Universitaires de France. https://doi.org/10.3917/puf.brgeo.2011.01.0023

41. Bousquet, O. (2001). Introduction aux “Support Vector Machines” (SVM).

42. Broll, U., Gilroy, B. M., & Lukas, E. (2007). MANAGING CREDIT RISK WITH CREDIT DERIVATIVES. Annals of Financial Economics, 03(01), 0750004. https://doi.org/10.1142/S2010495207500042

43. Brown, I., & Mues, C. (2012). An experimental comparison of classification algorithms for imbalanced credit scoring data sets. Expert Systems with Applications, 39(3), 3446-3453. https://doi.org/10.1016/j.eswa.2011.09.033

44. Byanjankar, A., Heikkila, M., & Mezei, J. (2015a). Predicting Credit Risk in Peer-to-Peer Lending : A Neural Network Approach. 2015 IEEE Symposium Series on Computational Intelligence, 719-725. https://doi.org/10.1109/SSCI.2015.109

45. Cai, S., & Zhang, J. (2020). Exploration of credit risk of P2P platform based on data mining technology. Journal of Computational and Applied Mathematics, 372, 112718. https://doi.org/10.1016/j.cam.2020.112718

46. Calas, G. (2009a). Études des principaux algorithmes de data mining.

47. Calis, A., Boyaci, A., & Baynal, K. (2015a). Data mining application in banking sector with clustering and classification methods. 2015 International Conference on Industrial Engineering and Operations Management (IEOM), 1-8. https://doi.org/10.1109/IEOM.2015.7093731

48. Caner Savas, Fabio Dovis. (2019). The Impact of Different Kernel Functions on the Performance of Scintillation Detection Based on Support Vector Machines. Sensors (Basel). https://doi.org/10.3390/s19235219

49. Chen, F.-L., & Li, F.-C. (2010). Comparison of the Hybrid Credit Scoring Models Based on Various Classifiers: International Journal of Intelligent Information Technologies, 6(3), 56-74. https://doi.org/10.4018/jiit.2010070104

50. Chen, S., Härdle, W. K., & Moro, R. A. (2011). Modeling default risk with support vector machines. Quantitative Finance, 11(1), 135-154. https://doi.org/10.1080/14697680903410015

51. Chen, T.-H. (2020). Do you know your customer? Bank risk assessment based on machine learning. Applied Soft Computing, 86, 105779. https://doi.org/10.1016/j.asoc.2019.105779

52. Chen, W., Xiang, G., Liu, Y., & Wang, K. (2012). Credit risk Evaluation by hybrid data mining technique. Systems Engineering Procedia, 3, 194-200. https://doi.org/10.1016/j.sepro.2011.10.029

53. Chen, Y., & Hao, Y. (2017). A feature weighted support vector machine and K-nearest neighbor algorithm for stock market indices prediction. Expert Systems with Applications, 80, 340-355. https://doi.org/10.1016/j.eswa.2017.02.044

54. Chi, G., & Zhang, Z. (2017). Multi Criteria Credit Rating Model for Small Enterprise Using a Nonparametric Method. Sustainability, 9(10), 1834. https://doi.org/10.3390/su9101834

55. Chitra, D. K., & Subashini, B. (2013). Data Mining Techniques and its Applications in Banking Sector. 3(8), 8.

56. Chitra, K., & Subashini, B. (2011). Customer retention in banking sector. 4.

57. Chong, E., Han, C., & Park, F. C. (2017a). Deep learning networks for stock market analysis and prediction : Methodology, data representations, and case studies. Expert Systems with Applications, 83, 187-205. https://doi.org/10.1016/j.eswa.2017.04.030

58. Ciaburro, Giuseppe,Venkateswaran, Balaji. (2017). Neural Networks with R (Packt Publishing).

59. Çığşar, B., & Ünal, D. (2019). Comparison of Data Mining Classification Algorithms Determining the Default Risk. Scientific Programming, 2019, 1-8. https://doi.org/10.1155/2019/8706505

60. Cimpoeru, S. S. (2011). NEURAL NETWORKS AND THEIR APPLICATION IN CREDIT RISK ASSESSMENT. EVIDENCE FROM THE ROMANIAN MARKET / NEURONINIAI TINKLAI IR JŲ TAIKYMAS KREDITO RIZIKAI VERTINTI RUMUNIJOS RINKOS PAVYZDŽIU. Technological and Economic Development of Economy, 17(3), 519-534. https://doi.org/10.3846/20294913.2011.606339

61. Coakley James R., & Carol E. Brown, (2000). “Artificial neural networks in accounting and finance: modeling issues”, https://doi.org/10.1002/1099-1174(200006)9:2<119::AID-ISAF182>3.0.CO;2-Y

62. Cornuéjols, A. (s. d.-a). Une nouvelle méthode d’apprentissage : Les SVM. Séparateurs à vaste marge. 10.

63. Cortes, C., & Vapnik, V. (1995). Support-vector networks. Machine Learning, 20(3), 273-297. https://doi.org/10.1007/BF00994018

64. Coser, A., Maer-Matei, M. M., & Albu, C. (2019). Predictive Models for Loan Default Risk Assessment. ECONOMIC COMPUTATION AND ECONOMIC CYBERNETICS STUDIES AND RESEARCH, 53(2/2019), 149-165. https://doi.org/10.24818/18423264/53.2.19.09

65. Couty-Fredon, Françoise, Debord, Jean, & Fredon, Daniel. (2018). Mini Manuel de Probabilités et statistique (Dunod).

66. Crouhy, M., Galai, D., & Mark, R. (2000). A comparative analysis of current credit risk models q. 59.

67. Cybenko, G., (1989). “Approximation by superpositions of a sigmoidal function”. Math. Control Signal Systems 2, 303–314. https://doi.org/10.1007/BF02551274

68. Danenas, P., & Garsva, G. (2015). Selection of Support Vector Machines based classifiers for credit risk domain. Expert Systems with Applications, 42(6), 3194-3204. https://doi.org/10.1016/j.eswa.2014.12.001

69. Danenas, P., & Garsva, G. (2015a). Selection of Support Vector Machines based classifiers for credit risk domain. Expert Systems with Applications, 42(6), 3194-3204. https://doi.org/10.1016/j.eswa.2014.12.001

70. Dass, R. (s. d.). DATA MINING IN BANKING AND FINANCE: A NOTE FOR BANKERS. 15.

71. David West, (2000). “Neural network credit scoring models”, Computers & Operations Research, Volume 27, Issues 11–12, Pages 1131-1152, https://doi.org/10.1016/S0305-0548(99)00149-5

72. Delamaire, L. (s. d.). IMPLEMENTING A CREDIT RISK MANAGEMENT SYSTEM BASED ON INNOVATIVE SCORING TECHNIQUES. 375.

73. Department of Artificial Intelligence, University of Malta, Malta, Dingli, A., & Fournier, K. S. (2017). Financial Time Series Forecasting – A Deep Learning Approach. International Journal of Machine Learning and Computing, 7(5), 118-122. https://doi.org/10.18178/ijmlc.2017.7.5.632

74. Department of Mathematics, University of Zagreb, Faculty of Economics and Business, Trg J.F. Kennedy 6, 10000 Zagreb, Croatia, Vlah Jerić, S., Primorac, M., & Department of Finance, University of Zagreb, Faculty of Economics and Business, Trg J.F. Kennedy 6, 10000 Zagreb, Croatia. (2017b). Data mining for assessing the credit risk of local government units in Croatia. Croatian Operational Research Review, 8(1), 193-205. https://doi.org/10.17535/crorr.2017.0012

75. Dhar, V. (1998). Data mining in finance : Using counterfactuals to generate knowledge from organizational information systems. Information Systems, 23(7), 423-437. https://doi.org/10.1016/S0306-4379(98)00021-0

76. Dhouib Ayadi, F. (2014). L’impact du risque de crédit et d’asymétrie informationnelle sur la décision bancaire. La Revue des Sciences de Gestion, 267-268(3), 115. https://doi.org/10.3917/rsg.267.0115

77. Dima, A. M., & Vasilache, S. (2009). ANN Model for Corporate Credit Risk Assessment. 2009 International Conference on Information and Financial Engineering, 94-98. https://doi.org/10.1109/ICIFE.2009.33

78. Doumpos, M., & Zopounidis, C. (2007). Model combination for credit risk assessment : A stacked generalization approach. Annals of Operations Research, 151(1), 289-306. https://doi.org/10.1007/s10479-006-0120-x

79. Dreyfus, G. (Éd.). (2004). Réseaux de neurones : Méthodologie et applications ; [prévision, data mining, bio-ingénierie, reconnaissance de formes, robotique et commande de processus] (2. éd). Eyrolles.

80. Dreyfus, Gérard,Martinez, Jean-Marc. (2008). Apprentissage statistique : Réseaux de neurones—Cartes topologiques—Machines à vecteurs supports (Eyrolles).

81. DRUCKER PETER. (1973). Management, Task, Responsibilities and Practices. edition Harper & Row.

82. Dubey, S. C., Mundhe, K. S., & Kadam, A. A. (2020). Credit Card Fraud Detection using Artificial Neural Network and BackPropagation. 2020

4th International Conference on Intelligent Computing and Control Systems (ICICCS), 268-273. https://doi.org/10.1109/ICICCS48265.2020.9120957

83. Dutta, I., Dutta, S., & Raahemi, B. (2017). Detecting financial restatements using data mining techniques. Expert Systems with Applications, 90, 374-393. https://doi.org/10.1016/j.eswa.2017.08.030

84. Dzelihodzic, A., & Donko, D. (s. d.). Data Mining Techniques for Credit Risk Assessment Task. 6.

85. El Sanharawi, M., & Naudet, F. (2013). Comprendre la régression logistique. Journal Français d'Ophtalmologie, 36(8), 710-715. https://doi.org/10.1016/j.jfo.2013.05.008

86. El Sanharawi, M., & Naudet, F. (2013). Understanding logistic regression. Journal Français d'Ophtalmologie, 36(8), 710-715. https://doi.org/10.1016/j.jfo.2013.05.008

87. Emer Mestiri. (s. d.-a). Les techniques d'exploitation de données (Data Mining) (2015e éd.).

88. Emioma, C. C., & Edeki, S. O. (2021). Stock price prediction using machine learning on least-squares linear regression basis. Journal of Physics: Conference Series, 1734, 012058. https://doi.org/10.1088/1742-6596/1734/1/012058

89. ERIC VERNETTE. (1998). l'Essentiel du marketing : Marketing fondamental. édition d'organisation.

90. Farizawani, A., Puteh, M., Marina, Y., & Rivaie, A. (2020). A review of artificial neural network learning rule based on multiple variant of conjugate gradient approaches. Journal of Physics: Conference Series, 1529(2), 022040. https://doi.org/10.1088/1742-6596/1529/2/022040

91. Fawcett, T. (2006). An introduction to ROC analysis. Pattern Recognition Letters, 27(8), 861-874. https://doi.org/10.1016/j.patrec.2005.10.010

92. Feng, J., Wang, Y., Peng, J., Sun, M., Zeng, J., & Jiang, H. (2019). Comparison between logistic regression and machine learning algorithms on survival prediction of traumatic brain injuries. Journal of Critical Care, 54, 110-116. https://doi.org/10.1016/j.jcrc.2019.08.010

93. Fenghua, W., Jihong, X., Zhifang, H., & Xu, G. (2014). Stock Price Prediction based on SSA and SVM. Procedia Computer Science, 31, 625-631. https://doi.org/10.1016/j.procs.2014.05.309

94. Ferreira, A., Reforgiato Recupero, D., Saia, M., & Saia, R. (2020). A combined entropy-based approach for a proactive credit scoring. Engineering Applications of Artificial Intelligence, 87, 103292. https://doi.org/10.1016/j.engappai.2019.103292

95. Figini, S., & Giudici, P. (2017). Credit risk assessment with Bayesian model averaging. Communications in Statistics - Theory and Methods, 46(19), 9507-9517. https://doi.org/10.1080/03610926.2016.1212070

96. Fischer, T., & Krauss, C. (2018). Deep learning with long short-term memory networks for financial market predictions. European Journal of

Operational Research, 270(2), 654-669. https://doi.org/10.1016/j.ejor.2017.11.054

97. Florez-Lopez, R., & Ramon-Jeronimo, J. M. (2014). Modelling credit risk with scarce default data : On the suitability of cooperative bootstrapped strategies for small low-default portfolios. Journal of the Operational Research Society, 65(3), 416-434. https://doi.org/10.1057/jors.2013.119

98. Francoeur, D. (2010). Support vector machines: an introduction. Retrieved from https://savoirs.usherbrooke.ca/bitstream/handle/11143/16093/2_francoeur_CaMUS_2010_vol.1.pdf

99. Francoeur, D. (s. d.). Machines à vinecttreoudrusctdieonsupport Une. 19.

100. Frezza-Buet, H. (2013). Vector Machines Supports Tutorial. Retrieved from http://www.metz.supelec.fr/metz/personnel/frezza/ApprentissageNumerique/svm-fr-ereader.pdf

101. Gahlaut, A., Tushar, & Singh, P. K. (2017a). Prediction analysis of risky credit using Data mining classification models. 2017 8th International Conference on Computing, Communication and Networking Technologies (ICCCNT), 1-7. https://doi.org/10.1109/ICCCNT.2017.8203982

102. Gahlaut, A., Tushar, & Singh, P. K. (2017b). Prediction analysis of risky credit using Data mining classification models. 2017 8th International Conference on Computing, Communication and Networking Technologies (ICCCNT), 1-7. https://doi.org/10.1109/ICCCNT.2017.8203982

103. Gao, Z., Cui, M., & Po, L.-M. (2008). Enterprise Bankruptcy Prediction Using Noisy-Tolerant Support Vector Machine. 2008 International Seminar on Future Information Technology and Management Engineering, 153-156. https://doi.org/10.1109/FITME.2008.135

104. Gelly, G. (s. d.). Reseaux de neurones recurrents pour le traitement automatique de la parole. 153.

105. Goh, R. Y., & Lee, L. S. (2019). Credit Scoring: A Review on Support Vector Machines and Metaheuristic Approaches. Advances in Operations Research, 2019, 1-30. https://doi.org/10.1155/2019/1974794

106. Guilbert, Philippe, Haziza, David, Ruiz-Gazen, Anne, & Guilbert, Philippe. (2008). Méthodes de sondage (Dunod).

107. Gül, S., Kabak, Ö., & Topcu, I. (2018). A multiple criteria credit rating approach utilizing social media data. Data & Knowledge Engineering, 116, 80-99. https://doi.org/10.1016/j.datak.2018.05.005

108. Gunduz, H., Yaslan, Y., & Cataltepe, Z. (2017). Intraday prediction of Borsa Istanbul using convolutional neural networks and feature correlations. Knowledge-Based Systems, 137, 138-148. https://doi.org/10.1016/j.knosys.2017.09.023

109. Guo, T., & Li, G.-Y. (2008). NEURAL DATA MINING FOR CREDIT CARD FRAUD DETECTION. 5.

110. Guo, X., & Li, J. (2019). A Novel Twitter Sentiment Analysis Model with Baseline Correlation for Financial Market Prediction with Improved Efficiency. 6.

111. Guo, Y. (2020). Credit risk assessment of P2P lending platform towards big data based on BP neural network. Journal of Visual Communication and Image Representation, 71, 102730. https://doi.org/10.1016/j.jvcir.2019.102730

112. Guotai, C., Zhichong, Z., & Abedin, M. Z. (2017). Credit Risk Rating System of Small Enterprises Based on the Index Importance. International Journal of Security and Its Applications, 11(6), 35-52. https://doi.org/10.14257/ijsia.2017.11.6.04

113. Guyon, I., Weston, J., & Barnhill, S. (s. d.). Gene Selection for Cancer Classification using Support Vector Machines. 34.

114. Guyon, I., Weston, J., Barnhill, S., & Vapnik, V. (2002). Gene Selection for Cancer Classification using Support Vector Machines. Machine Learning, 46, 389-422. https://doi.org/10.1023/A:1012487302797

115. Habachi, M., & Benbachir, S. (2019). Combination of linear discriminant analysis and expert opinion for the construction of credit rating models: The case of SMEs. Cogent Business & Management, 6(1), 1685926. https://doi.org/10.1080/23311975.2019.1685926

116. Habachi, M., & El Haddad, S. (2021). Impact of Covid-19 on SME portfolios in Morocco: Evaluation of banking risk costs and the effectiveness of state support measures. Investment Management and Financial Innovations, 18(3), 260-276. https://doi.org/10.21511/imfi.18(3).2021.23

117. Hamdy, A., & Hussein, W. B. (2016). Credit Risk Assessment Model Based Using Principal component Analysis And Artificial Neural Network. MATEC Web of Conferences, 76, 02039. https://doi.org/10.1051/matecconf/20167602039

118. Hassan, A., & Jayousi, R. (2020). Financial Services Credit Scoring System Using Data Mining. 2020 IEEE 14th International Conference on Application of Information and Communication Technologies (AICT) (pp. 1-7). https://doi.org/10.1109/AICT50176.2020.9368572

119. Hassani, H., Huang, X., & Silva, E. (2018a). Digitalisation and Big Data Mining in Banking. Big Data and Cognitive Computing, 2(3), 18. https://doi.org/10.3390/bdcc2030018

120. Hategan, C.-D., & Curea-Pitorac, R.-I. (2017). Testing the Correlations between Corporate Giving, Performance and Company Value. Sustainability, 9(7), 1210. https://doi.org/10.3390/su9071210

121. HELFER JEAN PIERRE. (s. d.). Internet et marketing (édition 2000).

122. Hennani, R. (s. d.). De Bâle I à Bâle III: les principales avancées des accords prudentiels pour un système financier plus résilient. 102.

123. Henrique, B. M., Sobreiro, V. A., & Kimura, H. (2019). Literature review : Machine learning techniques applied to financial market prediction.

Expert Systems with Applications, 124, 226-251. https://doi.org/10.1016/j.eswa.2019.01.012

124. Ho, S. L., Xie, M., & Goh, T. N. (2002). A comparative study of neural network and Box-Jenkins ARIMA modeling in time series prediction. Computers & Industrial Engineering, 42(2-4), 371-375. https://doi.org/10.1016/S0360-8352(02)00036-0

125. Hosmer, D. W., Lemeshow, S., & Sturdivant, R. X. (2013). Applied logistic regression (3rd ed.). https://doi.org/10.1002/9781118548387.fmatter

126. Hsieh, N.-C., & Hung, L.-P. (2010). A data driven ensemble classifier for credit scoring analysis. Expert Systems with Applications, 37(1), 534-545. https://doi.org/10.1016/j.eswa.2009.05.059

127. Huang, B., Wei, J., Tang, Y., & Liu, C. (2021). Enterprise Risk Assessment Based on Machine Learning. Computational Intelligence and Neuroscience, 2021, 1-6. https://doi.org/10.1155/2021/6049195

128. Huang, C.-L., Chen, M.-C., & Wang, C.-J. (2007). Credit scoring with a data mining approach based on support vector machines. Expert Systems with Applications, 33(4), 847-856. https://doi.org/10.1016/j.eswa.2006.07.007

129. Huang, X., Liu, X., & Ren, Y. (2018). Enterprise credit risk evaluation based on neural network algorithm. Cognitive Systems Research, 52, 317-324. https://doi.org/10.1016/j.cogsys.2018.07.023

130. Hung, P. D., Hanh, T. D., & Tung, T. D. (2019). Term Deposit Subscription Prediction Using Spark MLlib and ML Packages. Proceedings of the 2019 5th International Conference on E-Business and Applications - ICEBA 2019, 88-93. https://doi.org/10.1145/3317614.3317618

131. Hurlin, C., & Mignon, V. (2015). Statistique et probabilités en économie-gestion. Dunod.http://res.banq.qc.ca/login?url=http://www.numilog.com/bibliotheque/bnquebec/fiche_livre.asp?idprod=653758

132. Hurtado, A. F. B. (s. d.). Aide à la prise de décision stratégique : Détection de données pertinentes de sources numériques sur Internet. 311.

133. Hwang, Yoon Hyup. (2019). Hands-On Data Science for Marketing. Packt Publishing.

134. Ince, H., & Aktan, B. (2009). A COMPARISON OF DATA MINING TECHNIQUES FOR CREDIT SCORING IN BANKING : A MANAGERIAL PERSPECTIVE. Journal of Business Economics and Management, 10(3), 233-240. https://doi.org/10.3846/1611-1699.2009.10.233-240

135. Ingle, V., & Deshmukh, S. (2021). Ensemble deep learning framework for stock market data prediction (EDLF-DP). Global Transitions Proceedings, 2(1), 47-66. https://doi.org/10.1016/j.gltp.2021.01.008

136. Introduction aux Support Vector Machines (SVM)—Apprentissage artificiel et reconnaissance des formes. (s. d.).

137. Jafar Hamid, A., & Ahmed, T. M. (2016a). Developing Prediction Model of Loan Risk in Banks Using Data Mining. Machine Learning and Applications: An International Journal, 3(1), 1-9. https://doi.org/10.5121/mlaij.2016.3101

138. James Loy. (2019). Neural Network Projects with Python.

139. Jan, C. (2018). An Effective Financial Statements Fraud Detection Model for the Sustainable Development of Financial Markets : Evidence from Taiwan. Sustainability, 10(2), 513. https://doi.org/10.3390/su10020513

140. JAQUES LENDREVIE, DENIS INDON. (1997). Théories et pratiques de marketing (5e éd.). Edition Dolez.

141. Jiang, M., Liu, J., Zhang, L., & Liu, C. (2020). An improved Stacking framework for stock index prediction by leveraging tree-based ensemble models and deep learning algorithms. Physica A: Statistical Mechanics and Its Applications, 541, 122272. https://doi.org/10.1016/j.physa.2019.122272

142. Jin, Y., & Zhu, Y. (s. d.). A Data-Driven Approach to Predict Default Risk of Loan for Online Peer-to-Peer (P2P) Lending.

143. Jones, S., & Hensher, D. A. (2007). Corporate failure: A multinomial nested logit analysis for unordered outcomes. The British Accounting Review, 39(1), 89-107. https://doi.org/10.1016/j.bar.2006.12.003

144. Jun-Ya Zeng, Jian-Bang Lin, & Tian Wang. (2017a). A new competing risks model for predicting prepayment and default using data mining. 2017 2nd International Conference on Image, Vision and Computing (ICIVC), 985-989. https://doi.org/10.1109/ICIVC.2017.7984702

145. Kaefer, F., Heilman, C. M., & Ramenofsky, S. D. (2005). A neural network application to consumer classification to improve the timing of direct marketing activities. Computers & Operations Research, 32(10), 2595-2615. https://doi.org/10.1016/j.cor.2004.06.021

146. Kavitha, D. K. (2016). Clustering Loan Applicants based on Risk Percentage using K-Means Clustering Techniques. 5.

147. Kennedy, K. (2013a). Credit Scoring Using Machine Learning. https://doi.org/10.21427/D7NC7J

148. Khandani, A. E., Kim, A. J., & Lo, A. W. (2010). Consumer credit-risk models via machine-learning algorithms. Journal of Banking & Finance, 34(11), 2767-2787. https://doi.org/10.1016/j.jbankfin.2010.06.001

149. Kharoubi, C., & Thomas, P. (2016a). Analyse du risque de crédit : Banque & marchés. RB édition.

150. Khashman, A. (2010). Neural networks for credit risk evaluation : Investigation of different neural models and learning schemes. Expert Systems with Applications, 37(9), 6233-6239. https://doi.org/10.1016/j.eswa.2010.02.101

151. Khemakhem, S., Ben Said, F., & Boujelbene, Y. (2018). Credit risk assessment for unbalanced datasets based on data mining, artificial neural network and support vector machines. Journal of Modelling in Management, 13(4), 932-951. https://doi.org/10.1108/JM2-01-2017-0002

152. Khodamoradi, M., & Mosa, R. N. (2016a). The application of data mining techniques in risk management in banking industry. 5.

153. Kim, Y., & Street, W. N. (2004). An intelligent system for customer targeting : A data mining approach. Decision Support Systems, 37(2), 215-228. https://doi.org/10.1016/S0167-9236(03)00008-3

154. Klaas, Jannes. (2019). Machine Learning for Finance (Packt Publishing).

155. Kliešṫik, T., & Cúg, J. (2015). Comparison of Selected Models of Credit Risk. Procedia Economics and Finance, 23, 356-361. https://doi.org/10.1016/S2212-5671(15)00452-9

156. Kostadinov, Simeon. (2018). Recurrent Neural Networks with Python Quick Start Guid (Packt Publishing).

157. Koutanaei, F. N., Sajedi, H., & Khanbabaei, M. (2015). A hybrid data mining model of feature selection algorithms and ensemble learning classifiers for credit scoring. Journal of Retailing and Consumer Services, 27, 11-23. https://doi.org/10.1016/j.jretconser.2015.07.003

158. Kovalerchuk, B., & Vityaev, E. (2009). Data Mining for Financial Applications. In O. Maimon & L. Rokach (Éds.), Data Mining and Knowledge Discovery Handbook (p. 1153-1169). Springer US. https://doi.org/10.1007/978-0-387-09823-4_60

159. Krauss, C., Do, X. A., & Huck, N. (2017). Deep neural networks, gradient-boosted trees, random forests : Statistical arbitrage on the S&P 500. European Journal of Operational Research, 259(2), 689-702. https://doi.org/10.1016/j.ejor.2016.10.031

160. Krishna, C. L., & Reddy, P. V. S. (2019). Principal Component Analysis on Mixed Data For Deep Neural Network Classifier in Banking System. International Journal of Computer Sciences and Engineering, 7(5), 129-134. https://doi.org/10.26438/ijcse/v7i5.129134

161. Kruppa, J., Schwarz, A., Arminger, G., & Ziegler, A. (2013). Consumer credit risk : Individual probability estimates using machine learning. Expert Systems with Applications, 40(13), 5125-5131. https://doi.org/10.1016/j.eswa.2013.03.019

162. Kumar, D., Sarangi, P. K., & Verma, R. (2021). A systematic review of stock market prediction using machine learning and statistical techniques. Materials Today: Proceedings, S2214785320390337. https://doi.org/10.1016/j.matpr.2020.11.399

163. Lafaye de Micheaux, P., Drouilhet, R., & Liquet, B. (2011a). Le logiciel R : Maîtriser le langage ; effectuer des analyses statistiques. Springer.

164. Lai, K. K., Yu, L., Wang, S., & Zhou, L. (2006). Credit Risk Analysis Using a Reliability-Based Neural Network Ensemble Model. In S. Kollias, A. Stafylopatis, W. Duch, & E. Oja (Eds.), Artificial Neural Networks - ICANN 2006 (pp. 682-690). Springer Berlin Heidelberg. https://doi.org/10.1007/11840930_71

165. LAMBIN JEAN-JACQUE et CHANTAL DE MOERLOOSE. (2008). Le marketing stratégique et opérationnel (7éme édition). DUNOD.

166. Laurent, J.-P., Djamen, I. T., Vrins, F., Cousin, A., & Malevergne, Y. (s. d.). Risque de Crédit et Interdépendance. 306.

167. Le marketing digital au service de l'innovation pour les maladies chroniques. (2017). [Mémoire Master]. Université de Lille 2 Faculté d'Ingénierie et Management de la Santé.

168. Lecoutre, J.-P. (2019). Statistique et probabilités (7éd.). Dunod. https://doi.org/10.3917/dunod.lecou.2019.01

169. Lee, T. K., Cho, J. H., Kwon, D. S., & Sohn, S. Y. (2019a). Global stock market investment strategies based on financial network indicators using machine learning techniques. Expert Systems with Applications, 117, 228-242. https://doi.org/10.1016/j.eswa.2018.09.005

170. Lee, T. K., Cho, J. H., Kwon, D. S., & Sohn, S. Y. (2019b). Global stock market investment strategies based on financial network indicators using machine learning techniques. Expert Systems with Applications, 117, 228-242. https://doi.org/10.1016/j.eswa.2018.09.005

171. Lee, T., Chiu, C., Lu, C., & Chen, I. (2002). "Credit scoring using the hybrid neural discriminant technique". Expert Systems with Applications, 23(3), 245–254. https://doi.org/10.1016/S0957-4174(02)00044-1

172. Lejeune, M. (2010). Statistics – Theory and its applications. Sumy: Springer.

173. Leo, M., Sharma, S., & Maddulety, K. (2019a). Machine Learning in Banking Risk Management : A Literature Review. Risks, 7(1), 29. https://doi.org/10.3390/risks7010029

174. Li, Y., Lin, X., Wang, X., Shen, F., & Gong, Z. (2017a). Credit Risk Assessment Algorithm Using Deep Neural Networks with Clustering and Merging. 2017 13th International Conference on Computational Intelligence and Security (CIS), 173-176. https://doi.org/10.1109/CIS.2017.00045

175. Lin, C.-L., & Fan, C.-L. (2019). Evaluation of CART, CHAID, and QUEST algorithms : A case study of construction defects in Taiwan. Journal of Asian Architecture and Building Engineering, 18(6), 539-553. https://doi.org/10.1080/13467581.2019.1696203

176. Lin, Y., & Zhang, Y. (2012a). Credit risk assessment based on neural network. 2012 8th International Conference on Natural Computation, 402-404. https://doi.org/10.1109/ICNC.2012.6234739

177. Liu, C., Chan, Y., Alam Kazmi, S. H., & Fu, H. (2015a). Financial Fraud Detection Model : Based on Random Forest. International Journal of Economics and Finance, 7(7). https://doi.org/10.5539/ijef.v7n7p178

178. Liu, Y. (s. d.-a). Value-at-Risk Model Combination Using Artificial Neural Networks.

179. Loan Thi Vu, Lien Thi Vu, Nga Thu Nguyen, Phuong Thi Thuy Do, & Dong Phuong Dao (2019). Feature selection methods and sampling techniques to financial distress prediction for Vietnamese listed companies.

Investment Management and Financial Innovations, 16(1), 276-290. https://doi.org/10.21511/imfi.16(1).2019.22

180. Logistic Regression Vs Support Vector Machines (SVM). (s. d.).

181. Lotfi, S., & Mesk, H. (2020). Prédiction du risque de crédit : Étude comparative des techniques de Scoring Prediction of credit risk : Comparative study of scoring techniques. 1(2),

182. Louzada, F., Ara, A., & Fernandes, G. B. (2016). Classification methods applied to credit scoring : Systematic review and overall comparison. Surveys in Operations Research and Management Science, 21(2), 117-134. https://doi.org/10.1016/j.sorms.2016.10.001

183. Lucea, M. (s. d.). Modélisation dynamique par réseaux de neurones et machines à vecteurs supports : Contribution à la maîtrise des émissions polluantes de véhicules automobiles.

184. Luo, J. (s. d.). Credit Risk Measurement and Application based on BP Neural Networks.

185. Ma, L., & Sun, B. (2020a). Machine learning and AI in marketing – Connecting computing power to human insights. International Journal of Research in Marketing, 37(3), 481-504. https://doi.org/10.1016/j.ijresmar.2020.04.005

186. Machine Learning et Data Mining—Clustering, Groupement, Segmentation. (s. d.).

187. Mahdi Pakdaman Naeini, Taremian, H., & Homa Baradaran Hashemi. (2010a). Stock market value prediction using neural networks. 2010 International Conference on Computer Information Systems and Industrial Management Applications (CISIM), 132-136. https://doi.org/10.1109/CISIM.2010.5643675

188. Mahdi Pakdaman Naeini, Taremian, H., & Homa Baradaran Hashemi. (2010b). Stock market value prediction using neural networks. 2010 International Conference on Computer Information Systems and Industrial Management Applications (CISIM), 132-136. https://doi.org/10.1109/CISIM.2010.5643675

189. Malik, M., & Thomas, L. C. (2010). Modelling credit risk of portfolio of consumer loans. Journal of the Operational Research Society, 61(3), 411-420. https://doi.org/10.1057/jors.2009.123

190. Mandala, I. G. N. N., Nawangpalupi, C. B., & Praktikto, F. R. (2012). Assessing Credit Risk : An Application of Data Mining in a Rural Bank. Procedia Economics and Finance, 4, 406-412. https://doi.org/10.1016/S2212-5671(12)00355-3

191. McNelis, Paul. (2004). Neural Networks in Finance : Gaining Predictive Edge in the Market (Elsevier Science).

192. Mengue Mvondo Jenner, Ngongo I Seraphin, & Jimbo Claver. (2020). MODÉLISATION DU RISQUE DE CRÉDIT DE NON REMBOURSEMENT PAR L'ANALYSE DISCRIMINANTE ET LA

RÉGRESSION LOGISTIQUE Mémoire de DIPESII en Mathématiques. https://doi.org/10.13140/RG.2.2.22895.46244

193. Michel DIETSCH, & Joël PETEY. (2003). Mesure et modélisation du risque de crédit dans les institutions financières (REVUE BANQUE édition).

194. Min, J. H., & Lee, Y.-C. (2005). Bankruptcy prediction using support vector machine with optimal choice of kernel function parameters. Expert Systems with Applications, 12.

195. Ming-Chun Tsai, Shu-Ping Lin, Ching-Chan Cheng, Yen-Ping Lin, (2009). "The consumer loan default predicting model – An application of DEA–DA and neural network", Expert Systems with Applications, Volume 36, Issue 9, Pages 11682-11690, https://doi.org/10.1016/j.eswa.2009.03.009

196. Moradi, S., & Mokhatab Rafiei, F. (2019a). A dynamic credit risk assessment model with data mining techniques : Evidence from Iranian banks. Financial Innovation, 5(1). https://doi.org/10.1186/s40854-019-0121-9

197. Moro, S., Cortez, P., & Laureano, R. M. S. (s. d.). A Data Mining Approach for Bank Telemarketing Using the rminer Package and R Tool. 24.

198. Musa, A. B. (2013). Comparative study on classification performance between support vector machine and logistic regression. International Journal of Machine Learning and Cybernetics, 4(1), 13-24. https://doi.org/10.1007/s13042-012-0068-x

199. Musa, K., AlShehadeh, A.-R., & Alqerem, R. (2019). The Role of Data Mining Techniques in the Decision-Making Process in Jordanian Commercial Banks. 2019 IEEE Jordan International Joint Conference on Electrical Engineering and Information Technology (JEEIT), 726-730. https://doi.org/10.1109/JEEIT.2019.8717461

200. N'Damas, H.-B. (s. d.-a). Dans quelle mesure une démarche d'intelligence économique permettrait-elle une réduction du risque de crédit bancaire ?

201. rNabipour, M., Nayyeri, P., Jabani, H., Mosavi, A., Salwana, E., & S., S. (2020a). Deep Learning for Stock Market Prediction. Entropy, 22(8), 840. https://doi.org/10.3390/e22080840

202. Nabipour, M., Nayyeri, P., Jabani, H., Mosavi, A., Salwana, E., & S., S. (2020b). Deep Learning for Stock Market Prediction. Entropy, 22(8), 840. https://doi.org/10.3390/e22080840

203. Nabipour, M., Nayyeri, P., Jabani, H., S., S., & Mosavi, A. (2020). Predicting Stock Market Trends Using Machine Learning and Deep Learning Algorithms Via Continuous and Binary Data; a Comparative Analysis. IEEE Access, 8, 150199-150212. https://doi.org/10.1109/ACCESS.2020.3015966

204. Nanni, L., & Lumini, A. (2009). An experimental comparison of ensemble of classifiers for bankruptcy prediction and credit scoring. Expert Systems with Applications, 36(2), 3028-3033. https://doi.org/10.1016/j.eswa.2008.01.018

205. Narayan, Y. (2021). Direct comparison of SVM and LR classifier for SEMG signal classification using TFD features. Materials Today: Proceedings, 45, 3543-3546. https://doi.org/10.1016/j.matpr.2020.12.979

206. Nguyen, H., & Nguyen, T. (2016). Statistical and ANN Approaches in Credit Rating for Vietnamese Corporate : A Comparative Empirical Study. In V.-N. Huynh, M. Inuiguchi, B. Le, B. N. Le, & T. Denoeux (Éds.), Integrated Uncertainty in Knowledge Modelling and Decision Making (Vol. 9978, p. 715-726). Springer International Publishing. https://doi.org/10.1007/978-3-319-49046-5_60

207. Nguyen, L. (s. d.). Credit risk control for loan products in commercial banks. Case : Bank for Investment and Development of Vietnam. 52.

208. NGUYEN, T. L. H., NGUYEN, T. T. H., NGUYEN, T. T. H., LE, T. H. A., & NGUYEN, V. C. (2020). The Determinants of Environmental Information Disclosure in Vietnam Listed Companies. The Journal of Asian Finance, Economics and Business, 7(2), 21-31. https://doi.org/10.13106/JAFEB.2020.VOL7.NO2.21

209. Noble, W. S. (2006). What is a support vector machine? Nature Biotechnology, 24(12), 1565-1567. https://doi.org/10.1038/nbt1206-1565

210. Ohlson, J. A. (1980). Financial Ratios and the Probabilistic Prediction of Bankruptcy. Journal of Accounting Research, 18(1), 109-131. https://doi.org/10.2307/2490395

211. Osmundsen, K. K. (2018). Using expected shortfall for credit risk regulation. Journal of International Financial Markets, Institutions and Money, 57, 80-93. https://doi.org/10.1016/j.intfin.2018.07.001

212. P. Ravi Kumar, V. Ravi, (2007). "Bankruptcy prediction in banks and firms via statistical and intelligent techniques – A review", European Journal of Operational Research,Volume 180, Issue 1,Pages 1-28, https://doi.org/10.1016/j.ejor.2006.08.043

213. Pamela K. Coats & L. Franklin Fant, (1993). "Recognizing Financial Distress Patterns Using a Neural Network Tool", Financial Management, Financial Management Association, vol. 22(3), Fall.

214. Panesar, S. S., D'Souza, R. N., Yeh, F.-C., & Fernandez-Miranda, J. C. (2019). Machine Learning Versus Logistic Regression Methods for 2-Year Mortality Prognostication in a Small, Heterogeneous Glioma Database. World Neurosurgery: X, 2, 100012. https://doi.org/10.1016/j.wnsx.2019.100012

215. Pang, S., & Yuan, J. (2018). WT Model & Applications in Loan Platform Customer Default Prediction Based on Decision Tree Algorithms. In D.-S. Huang, V. Bevilacqua, P. Premaratne, & P. Gupta (Éds.), Intelligent Computing Theories and Application (Vol. 10954, p. 359-371). Springer International Publishing. https://doi.org/10.1007/978-3-319-95930-6_33

216. Parmar, J., Patel, A., & Savsani, M. (2021). A Novel Approach for Credit Card Fraud Detection Through Deep Learning. In K. Kotecha, V. Piuri, H. N. Shah, & R. Patel (Éds.), Data Science and Intelligent Applications (Vol.

52, p. 191-200). Springer Singapore. https://doi.org/10.1007/978-981-15-4474-3_22

217. Patil, P. R., Revankar, P., & Joshi, P. (2009). The Application of Data Mining for Direct Marketing. 2009 Second International Conference on Emerging Trends in Engineering & Technology, 312-316. https://doi.org/10.1109/ICETET.2009.221

218. PIERRE LOUIS DUBOIS, ALAIN JOLIBERT. (1992). Le marketing : Fondements et pratiques. 2ème Edition, Economica.

219. Pierre-Alain FOUR. (s. d.-b). Des données au savoir : Big data et data Mining (2013e éd.).

220. Pławiak, P., Abdar, M., & Acharya, U. R. (2019). Application of new deep genetic cascade ensemble of SVM classifiers to predict the Australian credit scoring. Applied Soft Computing, 84, 105740. https://doi.org/10.1016/j.asoc.2019.105740

221. Pławiak, P., Abdar, M., Pławiak, J., Makarenkov, V., & Acharya, U. R. (2020). DGHNL : A new deep genetic hierarchical network of learners for prediction of credit scoring. Information Sciences, 516, 401-418. https://doi.org/10.1016/j.ins.2019.12.045

222. Ptak-Chmielewska, A. (2019). Predicting Micro-Enterprise Failures Using Data Mining Techniques. Journal of Risk and Financial Management, 12(1), 30. https://doi.org/10.3390/jrfm12010030

223. Qiuju Yin & Ke Lu. (2010a). Data mining based reduction on credit evaluation index of bank personal customer. 2010 International Conference on Future Information Technology and Management Engineering, 570-573. https://doi.org/10.1109/FITME.2010.5655801

224. R. Barron, (1993). "Universal approximation bounds for superpositions of a sigmoidal function," in IEEE Transactions on Information Theory, vol. 39, no. 3, pp. 930-945, https://doi.org/10.1109/18.256500

225. Rachad EL MROUJI. (2020). Elaboration d'un modèle de scoring appliqué à la microfinance.pdf (p. 101). INSEA.

226. Rahman, M. S. (2016). The Advantages and Disadvantages of Using Qualitative and Quantitative Approaches and Methods in Language "Testing and Assessment" Research : A Literature Review. Journal of Education and Learning, 6(1), 102. https://doi.org/10.5539/jel.v6n1p102

227. Rajaa, A., & Karim, A. (2020a). Data Mining au service du marketing digital : Cas des produits bancaires [Data Mining at the service of digital marketing : Case of banking products]. 29(4), 10.

228. Rajaa, A., & Karim, A. (s. d.). En temps de COVID 19 : Le Marketing Digital une idéale alternative au Marketing traditionnel.

229. Rakotomalala, R. (2016). SVM: Support vector machine. Supervised Learning - Classification. Retrieved from http://eric.univ-lyon2.fr/~ricco/cours/slides/en/svm.pdf

230. Rao, P. S., Srinivas, K., & Mohan, A. K. (2020). A Survey on Stock Market Prediction Using Machine Learning Techniques. In A. Kumar, M.

Paprzycki, & V. K. Gunjan (Éds.), ICDSMLA 2019 (Vol. 601, p. 923-931). Springer Singapore. https://doi.org/10.1007/978-981-15-1420-3_101

231. Revel, A. (2016). S´eparateurs `a vaste marge [Support Vector Machines]. Retrieved from https://pageperso.univ-lr.fr/arnaud.revel/MesPolys/SVM.pdf

232. Ribeiro, B., Silva, C., Chen, N., Vieira, A., & Carvalho das Neves, J. (2012). Enhanced default risk models with SVM+. Expert Systems with Applications, 39(11), 10140-10152. https://doi.org/10.1016/j.eswa.2012.02.142

233. Ricco RAKOTOMALALA. (2005). Rakotomalala-33-tutorial.pdf. Revue MODULAD, 33, 25.

234. Rodan, A., & Faris, H. (2016). Credit Risk Evaluation Using Cycle Reservoir Neural Networks with Support Vector Machines Readout. In N. T. Nguyen, B. Trawiński, H. Fujita, & T.-P. Hong (Éds.), Intelligent Information and Database Systems (Vol. 9621, p. 595-604). Springer Berlin Heidelberg. https://doi.org/10.1007/978-3-662-49381-6_57

235. Rudd, J. M., & Priestley, J. L. (s. d.). A Comparison of Decision Tree with Logistic Regression Model for Prediction of Worst Non-Financial Payment Status in Commercial Credit. 6.

236. Ruiz, S., Gomes, P., Rodrigues, L., & Gama, J. (2017). Credit Scoring in Microfinance Using Non-traditional Data. In E. Oliveira, J. Gama, Z. Vale, & H. Lopes Cardoso (Eds.), Progress in Artificial Intelligence (pp. 447-458). Springer International Publishing. https://doi.org/10.1007/978-3-319-65340-2_37

237. Sahin, Y., & Duman, E. (2011). Detecting Credit Card Fraud by Decision Trees and Support Vector Machines. Hong Kong, 6.

238. Salazar, D. A., Vélez, J. I., & Salazar, J. C. (2012). Comparison between SVM and Logistic Regression : Which One is Better to Discriminate? Revista Colombiana de Estadística, 15.

239. Saunders, D., Xiouros, C., & Zenios, S. A. (2007). Credit risk optimization using factor models. Annals of Operations Research, 152(1), 49-77. https://doi.org/10.1007/s10479-006-0136-2

240. Saura, J. R. (2021a). Using Data Sciences in Digital Marketing : Framework, methods, and performance metrics. Journal of Innovation & Knowledge, 6(2), 92-102. https://doi.org/10.1016/j.jik.2020.08.001

241. Savas, C., & Dovis, F. (2019). The Impact of Different Kernel Functions on the Performance of Scintillation Detection Based on Support Vector Machines. Sensors, 19(23), 5219. https://doi.org/10.3390/s19235219

242. Sawant, A. A., & Chawan, P. M. (2013a). Comparison of Data Mining Techniques used for Financial Data Analysis. 3(6), 6.

243. Scheid, François, Fontugne, Willy, & Vaillant, Renaud. (2019). Le marketing digital « Développer sa stratégie numérique » (Eyrolles).

244. Sharma, M., Sharma, S., & Singh, G. (2018). Performance Analysis of Statistical and Supervised Learning Techniques in Stock Data Mining. Data, 3(4), 54. https://doi.org/10.3390/data3040054

245. Shiller, R. J. (s. d.). like corporate stocks, commodities, or real estate ? One might think that so basic a question would. 177.

246. Simonnet, C. (s. d.). La gestion des risques portés par le client en banque et assurance : Comportements et éthique des acteurs. 507.

247. Singh, R., & Srivastava, S. (2017). Stock prediction using deep learning. Multimedia Tools and Applications, 76(18), 18569-18584. https://doi.org/10.1007/s11042-016-4159-7

248. Sivasankar, E., Selvi, C., & Mala, C. (2017). A Study of Dimensionality Reduction Techniques with Machine Learning Methods for Credit Risk Prediction. In H. S. Behera & D. P. Mohapatra (Éds.), Computational Intelligence in Data Mining (Vol. 556, p. 65-76). Springer Singapore. https://doi.org/10.1007/978-981-10-3874-7_7

249. Size Li, Yuanyuan Shi, Zhangdui Zhong, Gang Zhu, & Bo Ai. (2013a). Risk assessment of the individual housing loans by Grey Data Mining based on AHP-GRAP. 2013 Computing, Communications and IT Applications Conference (ComComAp), 131-135. https://doi.org/10.1109/ComComAp.2013.6533623

250. Size Li, Yuanyuan Shi, Zhangdui Zhong, Gang Zhu, & Bo Ai. (2013b). Risk assessment of the individual housing loans by Grey Data Mining based on AHP-GRAP. 2013 Computing, Communications and IT Applications Conference (ComComAp), 131-135. https://doi.org/10.1109/ComComAp.2013.6533623

251. Spuchľakova, E., & Cug, J. (2015). Credit Risk and LGD Modelling. Procedia Economics and Finance, 23, 439-444. https://doi.org/10.1016/S2212-5671(15)00379-2

252. Sublet, R. (s. d.). La modélisation du risque de crédit bancaire sur les portefeuilles professionnels et particuliers. 85.

253. Sudhamathy, G., & Venkateswaran, C. J. (2016a). Analytics using R for predicting credit defaulters. 2016 IEEE International Conference on Advances in Computer Applications (ICACA), 66-71. https://doi.org/10.1109/ICACA.2016.7887925

254. Sun, T., & Vasarhelyi, M. A. (2018). Predicting credit card delinquencies : An application of deep neural networks. Intelligent Systems in Accounting, Finance and Management, 25(4), 174-189. https://doi.org/10.1002/isaf.1437

255. Suykens, J. A. K., & Vandewalle, J. (1998). Least Squares Support Vector Machine Classifiers. Kluwer Academic Publishers. Retrieved from https://citeseerx.ist.psu.edu/viewdoc/download?doi=10.1.1.7.2877&rep=rep1&type=pdf

256. Svabova, L., Michalkova, L., Durica, M., & Nica, E. (2020). Business Failure Prediction for Slovak Small and Medium-Sized Companies. Sustainability, 12(11), 4572. https://doi.org/10.3390/su12114572

257. Talavera, A., Cano, L., Paredes, D., & Chong, M. (2019a). Data Mining Algorithms for Risk Detection in Bank Loans. In J. A. Lossio-Ventura, D. Muñante, & H. Alatrista-Salas (Éds.), Information Management and Big Data (Vol. 898, p. 151-159). Springer International Publishing. https://doi.org/10.1007/978-3-030-11680-4_16

258. Tamtam, S., Laguidi, A., Boutracheh, H., Belmehdi, F., Ayssi, R., & Essadaoui, M. (s. d.-a). • Ont contribué à cette étude: 30.

259. Thanawala, D. D. (s. d.). CREDIT RISK ANALYSIS USING MACHINE LEARNING AND NEURAL NETWORKS. 115.

260. Thi Vu, L., Thi Vu, L., Thu Nguyen, N., Thi Thuy Do, P., & Phuong Dao, D. (2019). Feature selection methods and sampling techniques to financial distress prediction for Vietnamese listed companies. Investment Management and Financial Innovations, 16(1), 276-290. https://doi.org/10.21511/imfi.16(1).2019.22

261. Thiaw, L. (s. d.). Identification de systèmes dynamiques non linéaires par réseaux de neurones et multimodèles. 209.

262. Tremoulis, O. (s. d.). Système de trading automatique et prédiction de cours à l'aide de réseaux de neurones. 109.

263. Trustorff, J.-H., Konrad, P. M., & Leker, J. (2011). Credit risk prediction using support vector machines. Review of Quantitative Finance and Accounting, 36(4), 565-581. https://doi.org/10.1007/s11156-010-0190-3

264. Twala, B. (2010). Multiple classifier application to credit risk assessment. Expert Systems with Applications, 37(4), 3326-3336. https://doi.org/10.1016/j.eswa.2009.10.018

265. Uddin, S., Khan, A., Hossain, M. E., & Moni, M. A. (2019). Comparing different supervised machine learning algorithms for disease prediction. BMC Medical Informatics and Decision Making, 19(1), 281. https://doi.org/10.1186/s12911-019-1004-8

266. Vadim, K. (2018a). Overview of different approaches to solving problems of Data Mining. Procedia Computer Science, 123, 234-239. https://doi.org/10.1016/j.procs.2018.01.036

267. Valérie, R. (s. d.). SVM - Support vector machine. 52.

268. Verplancke, T., Van Looy, S., Benoit, D., Vansteelandt, S., Depuydt, P., De Turck, F., & Decruyenaere, J. (2008). Support vector machine versus logistic regression modeling for prediction of hospital mortality in critically ill patients with haematological malignancies. BMC Medical Informatics and Decision Making, 8(1), 56. https://doi.org/10.1186/1472-6947-8-56

269. Vinod Kumar L, Natarajan S, Keerthana S, Chinmayi K M, & Lakshmi N. (2016a). Credit Risk Analysis in Peer-to-Peer Lending System. 2016 IEEE International Conference on Knowledge Engineering and

Applications (ICKEA), 193-196. https://doi.org/10.1109/ICKEA.2016.7803017

270. Wakchaure, M. A., & Sane, Shirish. S. (2018a). An Algorithm for Discrimination Prevention in Data Mining : Implementation Statistics and Analysis. 2018 International Conference On Advances in Communication and Computing Technology (ICACCT), 403-409. https://doi.org/10.1109/ICACCT.2018.8529489

271. Wang, G., & Ma, J. (2012). A hybrid ensemble approach for enterprise credit risk assessment based on Support Vector Machine. Expert Systems with Applications, 39(5), 5325-5331. https://doi.org/10.1016/j.eswa.2011.11.003

272. Wang, L., Chen, Y., Zhao, Y., Meng, Q., & Zhang, Y. (2016). Credit Management Based on Improved BP Neural Network. 2016 8th International Conference on Intelligent Human-Machine Systems and Cybernetics (IHMSC), 497-500. https://doi.org/10.1109/IHMSC.2016.165

273. Wang, M., Yu, J., & Ji, Z. (2018). Credit risk assessment of high-tech enterprises based on RSNCL-ANN ensemble model. Proceedings of 2018 International Conference on Mathematics and Artificial Intelligence, 73-78. https://doi.org/10.1145/3208788.3208801

274. Wasukar, A. R. (2014). Artificial Neural Network – An Important Asset for Future Computing. 1(1), 7.

275. Weissova, I., Kollar, B., & Siekelova, A. (2015). Rating as a Useful Tool for Credit Risk Measurement. Procedia Economics and Finance, 26, 278-285. https://doi.org/10.1016/S2212-5671(15)00853-9

276. Wen, Z., & Li, T. (Eds.) (2013). Practical Applications of Intelligent Systems. Proceedings of the Eighth International Conference on Intelligent Systems and Knowledge Engineering, Shenzhen, China. Heidelberg: Springer Berlin Heidelberg. https://doi.org/10.1007/978-3-642-54927-4

277. Wen, Z., & Li, T. (Éds.). (2014). Practical Applications of Intelligent Systems : Proceedings of the Eighth International Conference on Intelligent Systems and Knowledge Engineering, Shenzhen, China, Nov 2013 (ISKE 2013) (Vol. 279). Springer Berlin Heidelberg. https://doi.org/10.1007/978-3-642-54927-4

278. West, J., & Bhattacharya, M. (2015a). Mining financial statement fraud : An analysis of some experimental issues. 2015 IEEE 10th Conference on Industrial Electronics and Applications (ICIEA), 461-466. https://doi.org/10.1109/ICIEA.2015.7334157

279. Worth, A., & Cronin, M. (2003). The use of discriminant analysis, logistic regression and classification tree analysis in the development of classification models for human health effects. Journal of Molecular Structure: THEOCHEM, 622, 97-111. Retrieved from https://publications.jrc.ec.europa.eu/repository/handle/JRC21426

280. Wu, D., Olson, D. L., & Wang, S. (2019). Finance-operations interface mechanism and models. Omega. https://doi.org/10.1016/j.omega.2019.01.008

281. Xiao, W., Zhao, Q., & Fei, Q. (2006). A comparative study of data mining methods in consumer loans credit scoring management. Journal of Systems Science and Systems Engineering, 15(4), 419-435. https://doi.org/10.1007/s11518-006-5023-5

282. Yadi, L., Yuning, S., Jiayue, Y., Yingfa, X., Yiyuan, W., & Xiaoping, Z. (2019). Big-data-driven Model Construction and Empirical Analysis of SMEs Credit Assessment in China. Procedia Computer Science, 147, 613-619. https://doi.org/10.1016/j.procs.2019.01.205

283. Yanenkova, I., Nehoda, Y., Drobyazko, S., Zavhorodnii, A., & Berezovska, L. (2021). Modeling of Bank Credit Risk Management Using the Cost Risk Model. Journal of Risk and Financial Management, 14(5), 211. https://doi.org/10.3390/jrfm14050211

284. Yao, J., Pan, Y., Yang, S., Chen, Y., & Li, Y. (2019a). Detecting Fraudulent Financial Statements for the Sustainable Development of the Socio-Economy in China : A Multi-Analytic Approach. Sustainability, 11(6), 1579. https://doi.org/10.3390/su11061579

285. Yao, J.-R., & Chen, J.-R. (2019). A New Hybrid Support Vector Machine Ensemble Classification Model for Credit Scoring: Journal of Information Technology Research, 12(1), 77-88. https://doi.org/10.4018/JITR.2019010106

286. Yeh, I.-C., & Lien, C. (2009a). The comparisons of data mining techniques for the predictive accuracy of probability of default of credit card clients. Expert Systems with Applications, 36(2), 2473-2480. https://doi.org/10.1016/j.eswa.2007.12.020

287. Ying, L. (2018). Research on bank credit default prediction based on data mining algorithm. The International Journal of Social Sciences and Humanities Invention, 5(6), 4820-4823. https://doi.org/10.18535/ijsshi/v5i6.09

288. Yu, H., Chen, R., & Zhang, G. (2014). A SVM Stock Selection Model within PCA. Procedia Computer Science, 31, 406-412. https://doi.org/10.1016/j.procs.2014.05.284

289. Yu, L., Wang, S., & Lai, K. (2008). Credit risk assessment with a multistage neural network ensemble learning approach. Expert Systems with Applications, 34(2), 1434-1444. https://doi.org/10.1016/j.eswa.2007.01.009

290. Zahedi, J., & Rounaghi, M. M. (2015). Application of artificial neural network models and principal component analysis method in predicting stock prices on Tehran Stock Exchange. Physica A: Statistical Mechanics and Its Applications, 438, 178-187. https://doi.org/10.1016/j.physa.2015.06.033

291. Zaki, S. F. P. (s. d.). Classification par réseaux de neurones dans le cadre de la scattérométrie ellipsométrique. 195.

292. Zhang, A. (s. d.). Statistical Methods in Credit Risk Modeling. 156.

293. Zhang, J. (2020). Investment risk model based on intelligent fuzzy neural network and VaR. Journal of Computational and Applied Mathematics, 371, 112707. https://doi.org/10.1016/j.cam.2019.112707

294. Zhang, L., Hu, H., & Zhang, D. (2015). A credit risk assessment model based on SVM for small and medium enterprises in supply chain finance. Financial Innovation, 1(1). https://doi.org/10.1186/s40854-015-0014-5

295. Zhang, L., Zhang, L., Teng, W., & Chen, Y. (2013). Based on Information Fusion Technique with Data Mining in the Application of Finance Early-Warning. Procedia Computer Science, 17, 695-703. https://doi.org/10.1016/j.procs.2013.05.090

296. Zhang, Q., Wang, J., Lu, A., Wang, S., & Ma, J. (2018). An improved SMO algorithm for financial credit risk assessment – Evidence from China's banking. Neurocomputing, 272, 314-325. https://doi.org/10.1016/j.neucom.2017.07.002

297. Zhang, R., & Qiu, Z. (2020). Optimizing hyper-parameters of neural networks with swarm intelligence : A novel framework for credit scoring. PLOS ONE, 15(6), e0234254. https://doi.org/10.1371/journal.pone.0234254

298. Zhang, S., Li, X., Zong, M., Zhu, X., & Cheng, D. (2017). Learning k for kNN Classification. ACM Transactions on Intelligent Systems and Technology, 8(3), 1-19. https://doi.org/10.1145/2990508

299. Zhong, X., & Enke, D. (2017). A comprehensive cluster and classification mining procedure for daily stock market return forecasting. Neurocomputing, 267, 152-168. https://doi.org/10.1016/j.neucom.2017.06.010

300. Zhonglin Lin, Minghua Zhu, Yin, W., & Dong, J. (2008a). Banking Intelligence : Application of data warehouse in bank operations. 2008 IEEE International Conference on Service Operations and Logistics, and Informatics, 143-146. https://doi.org/10.1109/SOLI.2008.4686380

301. Zhou, F., Zhang, Q., Sornette, D., & Jiang, L. (2019). Cascading logistic regression onto gradient boosted decision trees for forecasting and trading stock indices. Applied Soft Computing, 84, 105747. https://doi.org/10.1016/j.asoc.2019.105747

302. Zhou, H., Wang, J., Wu, J., Zhang, L., Lei, P., & Chen, X. (2013). Application of the Hybrid SVM-KNN Model for Credit Scoring. 2013 Ninth International Conference on Computational Intelligence and Security, 174-177. https://doi.org/10.1109/CIS.2013.43

303. Zhou, L., & Wang, H. (2012). Loan Default Prediction on Large Imbalanced Data Using Random Forests. TELKOMNIKA Indonesian Journal of Electrical Engineering, 10(6). https://doi.org/10.11591/telkomnika.v10i6.1323

304. Zhou, L., Lai, K. K., & Yen, J. (2009). Credit Scoring Models with AUC Maximization Based on Weighted SVM. International Journal of

Information Technology & Decision Making, 8(4), 677-696. https://doi.org/10.1142/S0219622009003582

305. Zhou, X., Cheng, S., Zhu, M., Guo, C., Zhou, S., Xu, P., Xue, Z., & Zhang, W. (2018). A state of the art survey of data mining-based fraud detection and credit scoring. MATEC Web of Conferences, 189, 03002. https://doi.org/10.1051/matecconf/201818903002

306. Zhu, Y., Xie, C., Sun, B., Wang, G.-J., & Yan, X.-G. (2016). Predicting China's SME Credit Risk in Supply Chain Financing by Logistic Regression, Artificial Neural Network and Hybrid Models. Sustainability, 8(5), 433. https://doi.org/10.3390/su8050433

307. Zizi, Y., Oudgou, M., & El Moudden, A. (2020). Determinants and Predictors of SMEs' Financial Failure: A Logistic Regression Approach. Risks, 8(4), 107. https://doi.org/10.3390/risks8040107

308. Zurada, J., & Zurada, M. (2002). How Secure Are Good Loans : Validating Loan-Granting Decisions And Predicting Default Rates On Consumer Loans. Review of Business Information Systems (RBIS), 6(3), 65-84. https://doi.org/10.19030/rbis.v6i3.4563

Table des matières

Revue « Marché et Organisations »

Promouvoir la recherche originale sur les relations de plus en plus étroites entre le marché et les organisations. Les acteurs économiques de taille, de puissance et de pouvoir différents dont les intérêts peuvent être convergents, complémentaires ou, le plus souvent, antagoniques, ont tendance à organiser les marchés. La raison du marché, pourtant, est la référence stratégique pour l'entreprise ainsi que pour les institutions publiques de décision économique.

N°6 : Entrepreneuriat et accompagnement. Outils, actions et paradigmes nouveaux, 2008
N°7 : Développement durable des territoires. Economie sociale, environnement et innovations, 2008
N°8 : Développement durable et responsabilité sociale des acteurs, 2009
N°9 : Gouvernance : exercices de pouvoir, 2009
N°10 : Le travail collaboratif. Une innovation générique, 2009
N°11 : Economie sociale et solidaire. Nouvelles trajectoires d'innovations, 2010
N°12 : Relations à la marque et marques de la relation. Regards croisés sur le management relationnel de la marque, 2010
N°13 : Les contrats au service de la recherche ?, 2011
N°14 : Le potentiel économique de l'Afrique subsaharienne, 2011
N°15 : Management de la distribution, 2012
N°16 : Territoire Vert. Entreprises, Institutions, Innovations, 2012
N°17 : Eco-conception, conception et innovation. Les nouveaux défis de l'entreprise, 2013
N°18 : Intelligence économique : entreprises et territoires, 2013
N°19 : La finance globale. Un monde fini, 2013
N°20 : La crise du « développement », 2014
N°21 : La Chine innove. Politiques publiques et stratégies d'entreprise, 2014
N°22 : Go East! Nouvelles Economies de Marché, 2015
N°23 : L'économie du changement, 2015
N°24 : Le temps des artisans. Permanences et mutations, 2015
N°25 : Innovations de proximité et esprit d'entreprise, 2016
N°26 : L'avenir des économies du Maghreb : entre inertie structurelle et envie de rupture, 2016/3 (n° 27)
N°27 : Le sport aux frontières du marché du travail, 2016
N°28 : Dynamiques internationales des entreprises, 2017
N°29 : L'univers du risque, 2017
N°30 : Les petites entreprises dans l'histoire industrielle, 2017
N°31 : Economie sociale et *social business* ? Au défi d'entreprendre et se financer, 2018
N°32 : Éducation et fertilisation des économies africaines, 2018
N°33 : L'entrepreneuriat innovant dans les pays du Maghreb, 2018
N°34 : L'entrepreneuriat scientifique : institutions et innovation, 2019
N°35 : Le champ économique de la culture, 2019
N°36 : Economie sociale et solidaire ? Modèles d'innovation et modes de gouvernance, 2019
N°37 : Rethinking Luxury Business, 2020
N°38 : La santé connectée. Nouvelles technologies et réorganisation des soins, 2020
N°39 : Options stratégiques et systèmes complexes d'innovation, 2020
N°40 : Les services : intégration des systèmes productifs et lien social, 2021
N°41 : Crise pandémique, crise globale. Réalité et controverses théoriques, 2021
N°42 : La crise de la covid-19. Le marché et les organisations en perspective, 2021
N°43 : (Re)faire système. *Bug & reset*, 2022
N°44 : Aléas du marché et management du risque, 2022
N°45 : Le renouveau du transport et de la logistique : les systèmes d'information, 2022
N°46 : Entrepreneuriat et innovation dans l'enseignement supérieur, 2023
N°47 : Le tourisme créatif. Culture, créativité, patrimoine, management, 2023

https://www.cairn.info/revue-marche-et-organisations.htm

Collection « L'esprit économique »
fondée par Sophie Boutillier et Dimitri Uzunidis en 1996

Dernières parutions

► ***Série Economie et Innovation***
T. MICHAUD, *Le projet spatial européen, entre pragmatisme et imagination*, 2020.
J.-P. SCHMITT, N. RAVIDAT, *Management conjoint de la technologie et de la personne. Pour performer et croitre*, 2020.
Y. EL YAHYAOUI, *Economie des plateformes numériques. Captation de la valeur, pouvoir de marché et communs collaboratifs*, 2021.
G. DUTHIL, *Handicap et insertion professionnelle*, 2022.
T. MICHAUD, *La science-fiction institutionnelle*, 2023.
► ***Série Le Monde en Questions***
A. AMINE, C. GALLOUJ, *Consommateurs et pratiques de consommation au Maroc*, 2021.
T. MARINOVA, *Economie sociale et solidaire dans les pays des Balkans. Bulgarie, Roumanie, Serbie : quels enseignements ?* 2021.
T. GARCENOT, *La finance contre le dérèglement climatique. Politiques monétaires et enjeux géopolitiques de la finance verte*, 2021.
A. VALLERAY, *Mondialisation mon amour. Avatars d'une utopie*, 2021.
I. BEN ABDELKADER, *La microfinance dans la région du Moyen-Orient et de l'Afrique du nord (MENA). Aperçu global et enjeux actuels*, 2022.
C. GALLOUJ, *Grande distribution alimentaire au Maroc. Acteurs et stratégies*, 2022.
J. PIERRE-JUSTIN VIRAPATIRIN, *La petite économie insulaire de la Guadeloupe. Bilan, enjeux et perspectives*, 2022.
K. ESSAF, *Les Sukuk : aspects théoriques, rendement et risques*, 2022.
C. GALLOUJ, S. GALLOUJ, *Grande distribution non alimentaire au Maroc. GSS, grands magasins, malls, franchises et e-commerce*, 2023.
► ***Série Krisis***
A. RODRIGUEZ-HERRERA, Travail, valeur et prix. Reprise et clôture d'un débat centenaire (1885-1985) a la lumière des textes marxiens, 2021.
R. DELORME, *La complexité autrement. Une réponse nouvelle à la pandémie et à d'autres phénomènes sociaux complexes*, 2022.
V. YEFIMOV, *L'ordre social monétaire. L'économie discursive défit le courant dominant et l'économie narrative*, 2022.
M. WIELEZYNSKI, *La loi du marché post-esclavagiste. Une approche critique*, 2023.
G. MINART, *Condorcet économiste : un libéralisme économique au service du bien public*, 2023.
► **Série *Clichés***
S. BOUTILLIER, D. UZUNIDIS (dir.), *La Russie européenne. Du passé composé au futur antérieur*, 2008.
R. VOLPI, *La négociation. Pain, paix, liberté*, 2009.
► ***Série Cours Principaux***
R. SANTENAC, *Le cycle des crises financières. Une étude approfondie des causes, des impacts et de la fréquence*, 2020.
B. LANDAIS, *Macroéconomie efficace. Croissance et crises*, 2020.
A. MBULI LANDU, *Le memo d'un comptable. Approche par le SYSCOHADA révisé*, 2021.
M. EL KARRIM, *Introduction à l'économétrie appliquée*, 2022.
Z. FIRANO, *Fondements de la finance de marché. Théories et applications*, 2022.
► ***Série L'économie formelle***
H. AMAAZOUL, *Responsabilité sociétale des entreprises et performance financière. Étude appliquée aux entreprises marocaines*, 2021.
M. BERTONECHE, *Chroniques économiques de notre temps*, 2021.
E. CARREY, H. LANDIER, *Après la guerre contre la Covid : de l'économie financière a l'entrepreneuriat social*, 2021.
J. LATREILLE, *Sale temps pour l'économie marchande*, 2021.
J. LATREILLE, *Escronomistes ! Ces théories qui abîment le monde*, 2022.
M. FOUQUIN, *Dettes publiques à long terme et souveraineté nationale : enseignements des crises du XIIe au XXIe siècle*, 2023.

Structures éditoriales du groupe L'Harmattan

L'Harmattan Italie
Via degli Artisti, 15
10124 Torino
harmattan.italia@gmail.com

L'Harmattan Hongrie
Kossuth l. u. 14-16.
1053 Budapest
harmattan@harmattan.hu

L'Harmattan Sénégal
10 VDN en face Mermoz
BP 45034 Dakar-Fann
senharmattan@gmail.com

L'Harmattan Cameroun
TSINGA/FECAFOOT
BP 11486 Yaoundé
inkoukam@gmail.com

L'Harmattan Burkina Faso
Achille Somé – tengnule@hotmail.fr

L'Harmattan Guinée
Almamya, rue KA 028 OKB Agency
BP 3470 Conakry
harmattanguinee@yahoo.fr

L'Harmattan RDC
185, avenue Nyangwe
Commune de Lingwala – Kinshasa
matangilamusadila@yahoo.fr

L'Harmattan Congo
219, avenue Nelson Mandela
BP 2874 Brazzaville
harmattan.congo@yahoo.fr

L'Harmattan Mali
ACI 2000 - Immeuble Mgr Jean Marie Cisse
Bureau 10
BP 145 Bamako-Mali
mali@harmattan.fr

L'Harmattan Togo
Djidjole – Lomé
Maison Amela
face EPP BATOME
ddamela@aol.com

L'Harmattan Côte d'Ivoire
Résidence Karl – Cité des Arts
Abidjan-Cocody
03 BP 1588 Abidjan
espace_harmattan.ci@hotmail.fr

Nos librairies en France

Librairie internationale
16, rue des Écoles
75005 Paris
librairie.internationale@harmattan.fr
01 40 46 79 11
www.librairieharmattan.com

Librairie des savoirs
21, rue des Écoles
75005 Paris
librairie.sh@harmattan.fr
01 46 34 13 71
www.librairieharmattansh.com

Librairie Le Lucernaire
53, rue Notre-Dame-des-Champs
75006 Paris
librairie@lucernaire.fr
01 42 22 67 13

www.ingramcontent.com/pod-product-compliance
Lightning Source LLC
LaVergne TN
LVHW080932071026
849535LV00013B/4178